U0058106

作者　Stéphanie Gaudet、Dominique Robert

譯者　張曉佩

A Journey Through Qualitative Research
From Design to Reporting

質性研究的旅程

從設計到發表

A JOURNEY THROUGH QUALITATIVE RESEARCH

FROM DESIGN TO REPORTING

STÉPHANIE GAUDET

&

DOMINIQUE ROBERT

Los Angeles | London | New Delhi
Singapore | Washington DC | Melbourne

目次

作者簡介

Stéphanie Gaudet 是加拿大渥太華大學社會學與人類學研究學院副教授，在大學部與研究所教授質性研究、政治社會學以及生命歷程分析。她的研究興趣包括公民與政治運動、青年與家庭社會學以及生命歷程分析。

Dominique Robert 是加拿大渥太華大學犯罪學系副教授，在大學部與研究所教授質性研究以及科學與技術。她的研究興趣包括科學和技術爭議，以及行為遺傳學和神經科學中科學對象的傳記。

譯者簡介

張曉佩

現職：國立臺中教育大學諮商與應用心理學系副教授

學歷：國立暨南國際大學輔導與諮商研究所博士

國立暨南國際大學輔導與諮商研究所碩士

證照：諮商心理師

經歷：臺灣諮商心理學報第八屆副主編

臺中市政府第四屆、第五屆學生輔導諮詢會委員

臺中市諮商心理師公會第五屆理事長、第六屆常務監事

中華民國諮商心理師公會全國聯合會第四屆、第五屆理事

臺中市教育局中二區專任輔導教師團體督導

國立中興大學健康與諮商中心兼任諮商心理師、諮商專業督導

財團法人臺灣世界展望會中區辦事處特約諮商心理師

財團法人臺中市南區家扶中心特約諮商心理師

財團法人南投家扶中心特約諮商心理師

研究領域：家庭暴力、自殺危機、學校霸凌議題、多元文化諮商、生態系統取向

獲獎榮譽：2011 年榮獲 Enrico E. Jones Memorial Award

2021 年榮獲教育部教育實習合作團體同心獎

致謝

我們感謝在構思和撰寫本書期間所獲得的所有支持、幫助、友誼和對話。我們在很大程度上要將本書的完成歸功於魁北克質性研究傳統的研究者——Pierre Paillé、Jean Poupart、Jean-Pierre Deslauriers、Lionel Groulx、Anne Laperrière、Robert Mayer 與 Alvaro Pires。他們創立了歸納性研究的傳統，該傳統受美國社會學芝加哥學派傳統以及歐洲知識論和理論傳統的啟發。本書的靈感主要來自他們的教學。我們也感謝過去 15 年在大學部和研究所階段的學生，他們幫助我們學習和交流質性研究。我們感謝 Alexis Truong 細緻的排版工作，特別是對前一版手稿具啟發性的評論。我們非常感謝我們在犯罪學系以及社會學與人類學研究學院的同事 Chris Bruckert、Maritza Felice-Luna 與 Martin Dufresne 在研究、教學與其他方面跟我們進行的討論。我們感謝渥太華大學學術領導中心 Françoise-Moreau Johnson 所組織的寫作靜修會和寫作小組。該方案在渥太華大學副校長兼教務長辦公室的資助下得以實現。我們還要感謝 Uri Ben-Gal 辛勤的編輯和翻譯工作，以及審稿人的意見，使最後的版本更好與更一致。如果沒有我們在 SAGE 的編輯和製作團隊的耐心和支持，這本書不可能完成，感謝 Jai Seaman、Alysha Owen、Katherine Haw 與 Neville Hankins。最後，質性研究之所以能夠存在，是因為那些願意與我們所有人分享他們生活經驗的人們，這些人都在試圖理解我們生活的世界。感謝所有使實徵研究成為可能的人，尤其是 Michael Parenti 與 Jodi。

作者序

　　人們如何政治性地參與他們的社群？為什麼年輕人會參與角色扮演，並沉浸在漫畫文化中？年長者如何將藥物處方視同於家庭醫生給予的關懷？懲教人員用以判斷是否讓囚犯接受紀律處分的原則是什麼？神經科學如何動員為有爭議的精神疾病診斷提供新的合法性？高中輟學者的生命軌跡有什麼共同點？公民如何生產和宣傳自己的科學知識，以抵制他們所在地區的水力壓裂企業？身為我們生活的社會世界中的學生，提出和回答尖銳的問題是你的任務，當你在學習或工作中進行正式的質性研究計畫時尤其如此。

　　研究是一項令人感到興奮的嘗試，有時間（但永遠不夠）致力於完成對你來說很重要的研究計畫是一種享受。透澈閱讀與你的主題有關的研究和理論、蒐集或產出研究資料、分析這一切並提出解釋——總而言之，產出知識是一種特權。但情況並不總是這樣。開展一項研究計畫是一段艱辛的旅程，有計畫外的彎路、對繼續努力所做的重新評估，以及相當多的自我反省。在我們的經驗中，研究歷程中有一些令人不適的事物是無法避免的。然而，有指導團隊會較容易克服它。在 15 年陪伴學生完成第一個大學部質性研究計畫、碩士論文和博士論文的過程中，我們有幸成為許多成功指導團隊中的一員，正是本著這種指導精神，我們撰寫了本書。

　　有些關於進行質性研究的說明性書籍，也有些關於某一個質性方法具豐厚知識的專論，這兩種類型的書籍，我們都喜愛。在你的研究旅程中，我們將毫不遲疑地將它們推薦給你。然而，本書並不是要提供一個進行質性研究的嚴格食譜，也不是一個關於質性研究的明確總結。我們寫這本書是為了幫助你成為自主、勇於冒險但嚴謹的質性研究者。

　　在本書第一部分，我們將以實際研究的詳細例子為你提供與知識論、方法論、質性研究方法、質性技術和倫理相關的紮實觀點。對你的選擇有所了解，

是成為自由和創造性知識生產者的必要條件。我們的目標是讓你對設計自己的路線充滿信心，而不僅僅是遵循精心設計的地圖。在本書的第二部分，我們將聚焦於分析質性資料，這是在其他研究方法書籍中經常被忽略的過程。藉由我們已進行的研究計畫和使用不同分析策略對資料進行詳細分析產出的研究結果，我們將其作為具體範例，從而揭開多層方法的神祕面紗。我們會給你忠告、建議完成你自己研究計畫的任務、推薦決策指引、討論具體的詮釋挑戰，並提供一些方法來產出強而有力和令人信服的研究結果。

我們希望這本書從計畫的開始到結束都伴隨著你，就像一位導師，會提問、啟發、建議選擇，並在需要時放慢你的速度，但同時也會激勵你。我們希望，透過質性研究帶來的變革性體驗與你同在。

譯者序

　　我從 2016 年開始指導研究生進行學位論文研究至今，幾乎每一位學生都曾有下列這些疑惑：「質性研究需要設計嗎？要如何設計？」「我要如何選擇研究方法？哪一種最適合我的研究問題？」「我只能用訪談來蒐集資料嗎？質性研究沒有其他的蒐集資料方法嗎？」「要如何分析資料？每個不同分析方法看起來都好像！」「如何將分析結果拿來跟文獻對話？跟文獻對話指的究竟是什麼？」對想要進行質性研究的人們來說，這些疑惑無從閃躲，需要直接面對並將其一一疏理與釐清。

　　《質性研究的旅程：從設計到發表》正是一本可以幫助我們疏理上述疑問的書籍，Gaudet 與 Robert 兩位作者以相當堅實的邏輯架構，帶領讀者認識質性研究的反覆性本質，並以深入淺出的文字引領讀者航行在研究哲學典範與方法論的大海中，每一種方法論就像是一條航道，各有其獨特的海象與豐厚的海洋資源。作者們還使用了具體的研究案例說明資料蒐集、分析以及將研究結果理論化的具體策略、原則與步驟，這一個環節是很多質性研究的書籍所忽略、卻最令進行質性研究的人們深感困惑與束手無策的。閱讀本書的經驗，就像隨著兩位作者一同航行於變化多端中有浮標和燈塔引導的航道，在每一條航道上遇見令人驚喜與讚賞的風景，進而領會質性研究世界的智慧。

　　感謝我的學生林昱岑、楊薇庭、張芷宣、蔡珊妮、湯薇與謝宛蓁擔任稱職的讀者與校稿者，因著他們的具體回饋，讓我能將文字語句修改得更簡明易懂，讓這本譯作可以協助更多有興趣航行於質性研究旅程的研究者真正踏上旅程。

　　感謝心理出版社林敬堯總編與團隊夥伴的信任，願意出版本書，並於過程中提供寶貴的資源與協助，讓本書得以順利問世。

　　最後，我誠摯地邀請你展開屬於你的質性旅程，沉浸於其中，享受它！

張曉佩
2023 年晚春於求真樓

如何使用線上資源

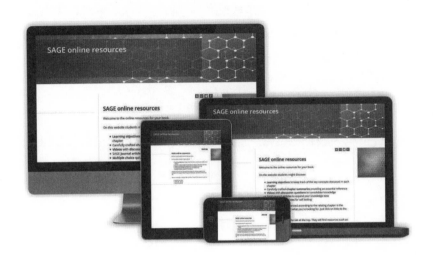

　　《質性研究的旅程：從設計到發表》由豐富的線上資源支援，幫助學生學習並支持教師教學。這些資源可以在 https://study.sagepub.com/gaudetandrobert 找到。

給學生

　　詞彙表教學字卡（Glossary flashcards）可幫助你掌握關鍵專有名詞，並為考試進行複習。

　　SAGE 研究方法案例和 SAGE 期刊文章（SAGE Research Methods cases and SAGE journal articles）資料庫向你展示如何在現實世界中使用本書所概述的方法，並透過示例為你提供額外建議，以將這些方法應用於你自己的研究。

　　知情同意書範本（A consent from template）為你提供客製化、可下載和可列印的表格，提供你在以訪談為主的研究中使用。

　　本書討論案例的完整逐字稿（Full transcripts from examples discussed in the book）——Michael Parenti 的演講稿以及 Jodi 關於社會參與的訪談，讓你有機會在行動中體驗論述分析、紮根理論和敘說分析，並逐步跟隨作者的分析。

　　在第三章提供參考的兩個SAGE研究方法影片（SAGE Research Methods videos）的連結，將讓你對網路民族誌和在一個環境進行觀察有更多的領悟。

給教師

　　可以自行下載與調整包含書中關鍵主題的 PowerPoint 投影片，以用於你的教學中。

第一章
選擇質性探究

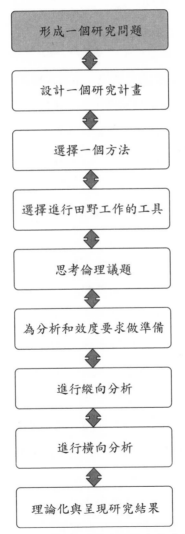

圖 1.1 我們在研究過程中的位置

在本章你將學習：

● 將質性研究定義為以反覆性為基礎的知識生產過程。
● 辨識反覆性研究過程的不同階段。
● 形成一個質性研究問題。
● 了解質性研究中不同的知識論觀點。

壹、前言

　　本書並非可按圖索驥的食譜，而是一本讓你學習創造屬於自己的食譜的書。要當一位優秀的主廚，我們需要具備技能來選擇、準備與混合食材，以及依據專業知識來創造新的食譜。創造的歷程是永無止盡的。質性研究是一場沒有盡頭的旅程，總是有新的現象需要了解、新的**方法**被發現，以及新的知識被創造。

　　社會即是你要研究的對象，因為社會的本質相當複雜、動態、互為主體性，是以我們相信需要特定的**研究設計**來進行研究。在第一章，我們的目標是幫助你在一個**反覆性歷程**的基礎上來設計你的研究計畫，亦即研究的活動是持續從**實徵性**基礎向上移動到理論性的層次，再往下到實徵性的基礎。簡而言之，研究計畫的資料和理論之間存在著持續性對話。

　　在本章，我們會討論質性研究計畫的三個重要成分：(1)你的本體論與知識論信念；(2)它們與你的研究問題的關聯性；(3)反覆驅動的研究歷程。用更知識論的語言來說，我們要邀請你來了解，對你而言採用哪一種知識領域來進行研究是最舒服自在的：**現實主義、結構主義**或**建構主義的知識論**。

　　你可能會問：為什麼在方法論的書籍一開始要討論這些理論性的問題呢？談論方法論就是在談論我們如何觀察真實、我們如何描述真實，以及我們如何創造與組織對社會現象的描述與解釋。方法論就是對方法的反思，是觀察世界的工具，甚者，方法論有助於創造**科學知識**。這就是何以了解「當你在使用質性方法時，你在創造些什麼」變得如此重要的原因。

貳、生產知識的過程

一、創造知識就是制定社會

　　藉由對社會現象提出疑問與加以解釋，研究者就是在制定社會現象。這是一種極大的責任以及創造性思考的極致經驗！我們嘗試去描述、理解與解釋的世界具有悠久歷史與具動態性，所以要創造所謂普及性知識是相當困難的（也不一定是好事）。所謂的普及性知識，意思是指制定明確的規則來解釋現象的產生，例如在自然科學中，我們觀察到好幾次水的沸點是攝氏 100 度，基於這個普遍性原則，我們現在可以預測水在攝氏 100 度時會開始蒸發。但在社會世界中，**情境**（溫度）、要素（水）及其結果（蒸發）之間幾乎不可能找到這種普遍有效的因果關係。

> 因果關係是在自然科學中藉由對實驗中的重複性進行觀察而建立起來的。

　　直至今日，沒有任何社會科學家能成功地辨識出這種普遍性原則，因為我們觀察的特質遠遠不同於那些自然現象。社會現象是鑲嵌於歷史中的，它是一個複雜的研究對象，可以有多種含義，並且它是基於**主觀的**關係。這並不是說社會科學中沒有因果關係，而是指因果關係在社會科學中有不同的意義，它不是代表由因素 A 與因素 B 之間持續因果而建立起來的關係，而是指 A 是現象產生過程中的一部分。

> 在社會科學中，原因是屬於現象構成的要素之一（Campenhoudt and Quivy, 2011）。

　　定義「社會」是每一個社會科學研究計畫的基石，沒有人會有相同的答案，但多數人會同意社會是關係的結果：人類之間的關係、人類與非人類之間的關

係。此外，社會現象是鑲嵌於歷史之中的，因此，它們大多是獨一無二的。它們隨著時間的推移，透過關係而被創造，由具有特定社會特徵的世代、**機構**和組織的遺產形塑而成。舉例來說，在特定國家身為女囚犯的經驗是受到法律、作為建築現實的監獄、社會政策和與囚犯一起工作的專業人員其培訓的歷史性影響。該「囚犯」是由機構（大學與政府）研究、由專業人員透過培訓和個人經驗所傳遞累續後的知識所決定。

社會的複雜性不代表我們無法產出任何關於它的知識，許多社會科學家幫助我們對所身處的世界有更好的理解。他們創造出**在地知識**（localized knowledge），這種知識並非渴望成為普及性的知識，而是與時間、地點和情境有關的知識。這種知識會透過建立更好的公共政策、方案與處遇而有助於社會的改善。這種在地知識引導我們制定社會。例如，我們藉由命名、描述與詮釋來創造社會真實，對社會真實有新的理解，有時對解構禁忌與賦能人們是有所幫助的。有時，新的解決方法是伴隨著對問題有新的**詮釋**而出現。

因為我們制定社會，我們就有責任要確認我們所生產出來知識的**效度**與限制。身為質性研究者，我們首先必須承認我們產出的知識無法解釋直接的因果關係，質性研究的價值與優勢在於「對複雜的社會情境提供豐富的理解——而不是對事件進行因果解釋的能力」（Pascale, 2011: 40）。

二、對科學知識的詮釋與解釋

任何科學知識的產出，都是對特定現象的解釋（explanation）與詮釋（interpretation）。對 Bourdieu 而言，詮釋和解釋是相互關聯的，甚至可能同時發生（Bourdieu et al., 1983）。從教學的觀點來看，我們將它們區分為知識產出的兩個理想目標。我們將解釋定義為證明事物之間的關係，例如模式或重複性。解釋主要基於知識生產的**假設－演繹**過程，是建基於**統計推論**，常被認為更適合用在觀察自然事物，比較不適合用來分析歷史現象。然而，許多統計分析能夠辨識出社會類別之間的高度因果關係，例如社會階級、性別與種族。這些知

識類型有助於解釋大量的因果關係，並且告訴我們社會中的顯著社會趨勢。這些類型的研究主要是解釋，對社會情境的可靠詮釋也將傾向於**理論推論**，亦即產出的知識可以解釋其他類似的案例，即便我們不能從統計上推論出一個普遍的結論（Pires, 1997）。

　　許多社會學家，例如 Dominique Schnapper（1999）堅持認為好的社會研究體現了解釋和詮釋之間的張力，但我們必須知道自己是從哪一端來進行研究。研究對象與研究問題會決定研究目的是偏向於要產出解釋，並且依賴線性的知識生產歷程，抑或是要提供詮釋，並依賴反覆的生產歷程（圖 1.2）。

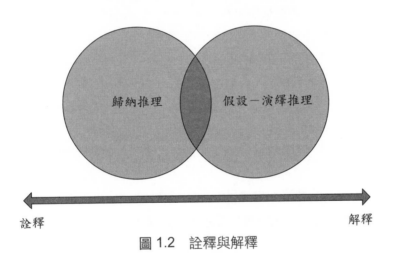

圖 1.2　詮釋與解釋

　　如果你的目的是要觀察一個複雜的現象，例如文化，你的研究設計必須傾向於詮釋的這一端，並且發展一個重複的架構。舉例來說，每個社會中文化界限的存在是為了劃定誰是「我們」的一員（如同一個認同共同體），以及誰是「他們」的一員。在一個種族高度隔離的社會，例如美國，文化群體可能圍繞歷史上的少數黑人、歷史上占多數的白人和其他群體（拉丁裔、亞裔、阿拉伯裔等）而形成。這種界限可以透過訪談或歷史分析而發現，沒有一個普及性的原則可以解釋不同群體間文化界限的改變。如表 1.1，我們在反覆性和線性研究

表 1.1　反覆性與線性研究模式

	反覆性	線性
觀察	觀察大多是多元聲音的（大多是由研究者與研究參與者共同建構的）。	觀察的目標是單一明確的，因為它們將被轉化為變項。
	觀察大多是質性的，但也可以是量化的；然而，它們並不會事先建立。	觀察可以是質性或量化，但通常是將事先確定的類別應用到我們所見的事物（性別、專業、孩子人數）。
	研究者知道主題，想要去研究它，但總會對機緣保持開放。研究者並不確切知道自己將從田野工作中獲得的資訊類型。	標準化的訪談或問卷。
描述	尋找意義和規則。	尋找變項之間的規則關係。
	研究者對自己的研究過程進行自我分析。	研究者盡量避免詮釋。
推論程度	在地化／理論推論	統計推論到母群體

模式中呈現了不同的觀察和描述目標。我們在這裡所說的觀察，是指涵蓋任何蒐集或產出資料的工具（我們將在第四章以嚴謹的定義來討論觀察）。

三、方法論與知識論

　　如同我們前述所說明的，所有的知識都是基於解釋與詮釋，但質性方法大多是致力於對現象提出詮釋。構成有效知識體系的不是方法和資料的簡單選擇，而是和研究對象、研究對象涉及的議題、研究問題、可能的答案、資料蒐集和分析方法以及結論等有關的一系列科學決策的連貫性、**嚴謹性**和透明度。這個決策過程中的艱苦思考就是方法論。換句話說，方法論是「對特定領域進行探究的原則或程序的分析」（*Merriam-Webster Online*, n.d.）。在本書，我們聚焦於被定義為知識產出的反覆性歷程的質性方法論。我們認為的方法論不是基於

對工作和數字等資料的選擇，也不是基於對觀察或問卷等方法的選擇。相反的，我們認為的方法論是源自一系列決策，這將有助於界定你的知識論立場和你的研究設計。

首先需處理的是，要確定最適合你所遇到研究問題類型的探究方法是量化或是質性。這個決定與知識論和本體論的立場有關。**本體論**是「關於存在的本質或存在事物的種類」的討論或反思（*Merriam-Webster Online*, n.d.），**知識論**是「對知識的性質和基礎的研究，尤其是關於知識的限制和有效性的研究」（*Merriam-Webster Online*, n.d.）。

研究者相信「什麼是真實」以及「什麼是有可能被知曉的」都是基於他們的信念。Guba 與 Lincoln（2004）精確地說明了學術研究人員如何讓其他人相信他們的本體論－知識論立場的重要性，但沒人「知道」自己的立場優於其他人的立場，我們最多只能說某一個立場可能更適合於某一個研究問題。舉例來說，如果研究人員想要測試特定疫苗預防結核病的效能，他們可能會採用**現實主義本體論**。這意味著他們相信分子、原子和流體是客觀的真實，也就是說，它們存在於研究人員的知覺和信念之外。他們也會採用**實證主義知識論**，亦即他們相信科學的角色是要理解關於真實的自然組織法則。為此，他們需要在不影響資料的情況下觀察資料，並以假設－演繹的方式分析因果關係模式。考量到癌症患者的經歷，人們很可能更願意接受一種在實證主義知識論中經過檢驗的藥物治療。

然而，如果我們想要理解患者如何詮釋他們從癌症中復原的經驗，我們可以分析他們接受不同類型治療的經驗，例如冥想、瑜珈、針灸、靈修。我們也可以探索他們從所愛之人那裡獲得的支持，以及這些支持對他們有關身體健康的正向思考所產生的影響等。帶著這樣的疑問，我們很可能相信真實是透過我們對它的知覺和經驗建構而成的，我們會對治療和康復的生活經驗感興趣。作為癌症患者，我們更願意接受對**建構主義本體論**和知識論採開放態度的實務工作者所提供的治療，以極大化我們康復的可能性。

　　透過這些例子，我們想說明的是：一種特定的知識論或方法論不能被定義為普遍優於另一種，而是不同類型的研究問題需要不同的知識論和方法論。換言之，某些方法論的選擇可以被定義為更適合某些類型的研究問題。在本書中，我們將聚焦在以反覆性歷程為基礎的質性方法論，這有別於實證主義知識論。特別做此聲明是因為有些質性方法是以更實證主義的立場被使用。在本書我們將聚焦在反覆性與歸納性的探究，因此，我們將專注於質性方法領域，而不是擴展到量化研究設計。了解歷程與意義通常是質性研究方法論的範疇。

　　然而，所有研究者都必須了解我們所處的科學文化類型，因為它會影響我們對科學和知識的看法。將知識視為理所當然——甚至是**科學典範**——是一種危險，因為它會阻礙新知識的產生。如同前述，我們不會知道，也不可能證明某種知識論是否比另一種更好。同樣的道理，也不會有某種方法論比另一種更好，但有可能某種方法論更適合和有利於某種類型的知識。話雖如此，我們是生活在由實證主義知識論和現實主義本體論產生的技術（與經濟增長相關）所驅動的社會中，在那裡，我們每天都航行於影響我們對知識理解的實證主義文化中，這就是為什麼我們需要對知識生產特別警覺：我們需要界定什麼是科學文化，什麼是研究設計和科學產出。

四、解構實證主義科學文化

　　實證主義是科學主義的第一種形式，因而我們經常將其稱為經驗主義的素樸形式。很少有人遵守它，即使在自然科學領域也是如此，但這種知識論深深植根於我們的信念和我們的現代文化中，影響著我們對已知事物的看法。這就是為什麼我們在本章開始時將實證主義解構為一種「科學文化」，而不是一種知識論。在本章的下一個節次，我們會呈現質性方法論的不同知識論範疇。現在，我們將實證主義作為一種文化產物來加以呈現，以幫助你選擇最合適的研究設計。

　　實證主義的發展是為了抗衡**形而上學**和宏大理論，在此典範中，真實遵循法則，科學知識的功能是將受控制與客觀的觀察和普遍性的法則加以連結。因

此，科學的目標是驗證理論主張的真偽。實證主義不適合我們在本書中所呈現的研究問題類型；我們同意科學應該以經驗事實為基礎的觀點，那些無法被觀察到的現象（觀察是指以某種方式被理解，即使是透過部分指標），不能成為科學知識的主題。

　　在實證主義典範中，觀察者與被觀察標的之間的關係應盡可能保持中立，以控制偏見。舉例來說，客觀性是驗證任何實證主義實徵分析的必要標準，自然科學廣泛性地共享這個立場，也長期影響量化的社會研究。我們可以很容易地將其視為對知識的通俗性和學術性理解中的**霸權論述**。甚至在大學生的質性方法課程中也經常默認並採用這種觀點，他們被教導科學是建基在客觀性與假設－演繹歷程或線性歷程的知識產出，如圖 1.3 所示。然而，如同我們所說的，這種對知識產出的理解往往與他們最感興趣的研究問題並不一致。

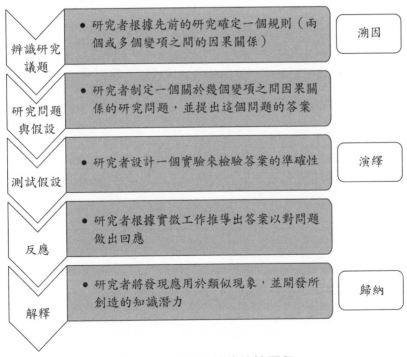

圖 1.3　實證主義的線性歷程

在社會科學領域中，學生面臨了實證主義的支配。顯而易見的是社會科學領域質性方法的最新發展，長期植根於實證主義典範的學科背景，社會科學的誕生，尤其是社會學，是由實證主義思想家所催化而成的，例如 Auguste Compte 與 Emile Durkheim。他們都想發展關於社會現象的科學知識，與自然科學一樣，他們希望根據觀察來發現普遍性的規則。對 Durkheim（2013）而言，社會是透過普遍性法則在運作，就像大自然那樣，但社會學的功能是藉由比較同時發生的社會現象此一基礎上，歸納出因果關係的法則。Merton（1968）重新引入了這種信念，但他透過發展更適合社會科學目的的中層理論觀點來限制普遍性的應用。

這種本體論與知識論是從實證主義和實驗科學發展而來的，理解這一點很重要，以便在研究者之間建立對話，並意識到這種關於科學產出的霸權論述在社會科學中不一定合理。因為「社會」的獨特本質——歷史悠久、複雜、多面向以及以主觀關係為基礎，我們認為社會科學有其專屬的本體論和知識論。

因此，致力於了解社會現象的研究問題與解釋自然因果關係的研究問題是相當不同的，它們將引領整個研究過程中的反覆驅動歷程，並主要使用質性資料方法。

質性研究的定義是：

- 知識產出的反覆性歷程。
- 研究對象的本質是：
  ○ 歷史悠久。
  ○ 複雜。
  ○ 多元聲音。
  ○ 以主觀關係為基礎。

參、質性研究設計

我們認為透過質性探究更能夠了解「社會」的本質，因為它複雜、歷史悠久、基於主體的觀點可以有多種意義。

每一次我們說明我們的研究問題及解釋我們的研究方法論，我們即經歷了無數次的詮釋。這個過程說明了何以維持研究設計的一致性是如此重要。研究對象、理論架構、知識論立場、研究問題與方法，都應該隨時與彼此「對話」。

演繹：

透過邏輯規則的應用，從某些假設性說法中推導出一個說法的過程（*McGraw-Hill Dictionary of Scientific & Technical Terms*, 2003）。

歸納：

一種推理過程，特別是在科學中使用，主要根據經驗或實驗證據從一組前提得出一般結論。此結論超越了前提中所包含的資訊，並且不一定是從前提中得出（*Collins Discovery Encyclopedia*, 2005）。

研究問題是你的質性研究設計的心臟，為了在知識論上與質性研究相呼應，你必須問問你自己是否真的想要採用反覆性與詮釋取向的知識產出歷程。發展假設—演繹設計的誘惑總是非常強烈，當我們指導學生的研究時，常常發現他們使用質性的資料與方法，但卻是提出演繹性問題，並像在描述普遍性的社會模式一樣進行書寫。為了避免落入這個陷阱，你在一開始就必須發展出可以引導反覆性研究歷程的問題。研究問題的形成對發展一個好的研究計畫以及澄清方法論至關重要。

如同表 1.2 所示，疑問詞是形成研究問題與研究設計的關鍵。多數時候，質性研究設計需要用「如何」來建構研究問題。我們如何定義年輕人的經驗？

表 1.2 疑問詞和研究問題

假設－演繹與線性知識產出	歸納與反覆性知識產出
哪個、什麼	如何
誰	
為什麼	某些以「為什麼」開頭的問題可以引導出詮釋性和綜合性的知識
在哪裡	
何時	

我們如何理解政治參與的過程？研究者如何建構無知？角色扮演如何告訴我們日本流行文化？這些「如何」的問題會引發具豐富脈絡性的理解與解釋，也能夠引導我們理解社會歷程。這種知識是無法從演繹型的研究問題獲得的。另有些研究問題並沒有使用「如何」這個關鍵詞，但它們指出了複雜歷程的概念，例如：年輕人在青春期經歷了什麼樣的認同轉變過程？

一、反覆性研究設計

（一）溯因

我們從質性研究設計的基礎開始，亦即知識論立場、研究議題、研究問題和方法之間的連貫性。身為社會研究者，你可以將自己比擬為社會真實的翻譯——你調節你對社會現象的體驗。社會研究者進行觀察、描述、詮釋與解釋，在自然科學中，研究者需要嚴謹，需要驗證他們產出的知識。科學哲學與探究方法的先驅者 Charles Sanders Peirce 曾說，任何探究過程都始於溯因（abduction），這意味著「推斷出最佳解釋」（Dumez, 2012: 231，原著作者譯）。當撰寫研究計畫時，研究者需要想像潛在的知識生產結果，也需要想像為什麼被研究的現象需要解釋。

在反覆性歷程中，溯因的期間特別重要，如同 Alvesson 與 Karreman

（2011）所言，研究者在呈現研究對象的同時也建立了一個謎團，在實驗科學中，原創性可以根據研究結果來判斷，例如依據乳癌來產出新的資料。而在反覆性歷程中，研究對象的建構與「新結果」本身同樣重要。溯因是至關重要的，因為正是透過這種心理歷程，研究者建構了研究對象和研究問題。

　　基於此種建構，研究者也許能夠對真實提出新的詮釋。Wright Mills（1959）在談論社會學想像力時，部分地認同這個過程，儘管他從未談論過溯因。他極力批判「大」理論與數據驅動的研究，教導社會科學家應該對我們已知的事物提出新的詮釋或「綜論」，且不應在未針對問題本身提出新詮釋的情況下蒐集資料。

　　溯因是任何科學探究的第一步，但在質性方法中，當在詮釋資料時，就常會使用溯因的歷程。

（二）歸納

　　歸納指的是基於觀察而提出解釋，是一個由下而上的過程（資料到理論）。在此歸納過程中，研究者將觀察型態，並嘗試建立可應用於其他類似案例的解釋。他們的目標是理解與詮釋，以說明一個「在地」真實，意即他們的解釋會產出「意義」，並有助於理解其他相似的情境、歷程或**論述**。

　　質性研究方法大多是以歸納為基礎，但這並不是說會忽略**演繹**或溯因，而是說歸納的運思（或更精確地說溯因－歸納的心理運思），驅動了整個歷程。它與實證主義的科學方法形成對比。在實證主義科學方法中，是對主要由演繹心理運思驅動而來的主張進行驗證或否證，以此過程來建立知識。

（三）演繹

　　演繹是基於普遍前提的邏輯運思，從中推斷出特定的知識。它是由上而下的過程（理論到資料），我們在此過程中測試我們的解釋：它是否有意義？我們可以將它應用於對比的案例或相似的情境嗎？其經典的例子是亞里斯多德的

邏輯推理，這個普及性的陳述為：(1)凡是人類終有一死（要被測試的普及性法則或理論）。(2)蘇格拉底是人類（實徵性的觀察），因此我們可以得出結論，就是(3)蘇格拉底終究會死（這是我們產出的知識），此即基於普遍性法則進行的演繹。

使用演繹－驅動歷程的科學主張是開始於發展一個基於理論的**假設**，然後根據觀察來檢驗其假設的準確性。否證和驗證大多可以透過使用代表性**樣本**的統計方法來支持，由這種解釋類型產出的知識稱為統計推論，亦即從樣本中觀察到規律性，但這種規律性僅適用於具有與樣本相同特徵的任何群體。例如，對北美一小群白人男性前列腺癌症狀的觀察，可以類推到所有加拿大和美國白人男性人口群。

總而言之，質性研究的過程從溯因開始，溯因推理「從一個謎題、一個驚喜或一種緊張開始，然後試圖透過辨識使這個謎題不再那麼令人困惑，並以更『正常』的條件來解釋它」（Schwartz-Shea and Yanow, 2012: 27）。研究者想像如何根據他們的閱讀和經驗來回答他們的研究問題。他們接著會嘗試解釋（透過歸納的過程）資料的意義，並藉由演繹來「測試」他們的解釋。然而，這個過程並不是就停在這裡（如圖 1.4），他們會回到他們的資料，想像新的答案，並開始新的溯因－歸納循環。

肆、質性知識論的範疇

在質性方法中，研究問題及其反覆性流程是研究設計的核心。如前所述，一致性是一個不可避免的品質指標，當需要解釋對知識產出、本體論和知識論的定位時，一致性是關鍵。

在開始研究之前，很少研究者會問自己知識論／存在性的問題，例如：我是批判現實主義者、結構主義者或建構主義者？然而，研究者需要了解質性知識論的多樣性，以便定位自己的研究計畫。一般來說，經驗豐富的研究者在不同的本體論和知識論典範中發展他們的研究問題和設計，這是因為分析的效度

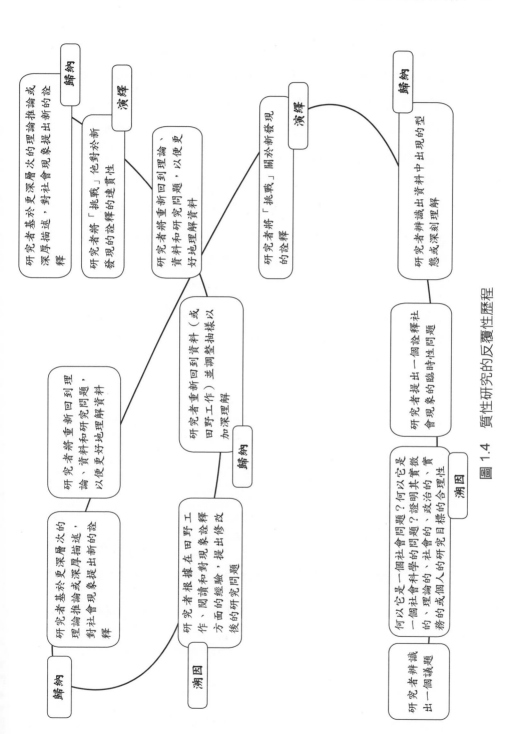

圖 1.4　質性研究的反覆性歷程

通常取決於研究過程中採用的知識論典範、研究方法和結果詮釋之間的一致性。

　　在運用反覆性歷程的社會科學中，我們重視無數的本體論、知識論和方法論。本體論是指我們認為真實是什麼，而知識論可以被理解為我們認為可以認識關於我們世界的什麼，至於方法論則包括我們對研究問題的建構以及用於「理解」我們研究對象的相關工具和分析方法。

　　為了闡明知識論之間的差異，圖 1.5 呈現基於本體論觀點的樹狀圖。用一種非常簡單的方式，我們可以定義兩個基本的本體論：現實主義和建構主義。現實主義的論點基礎是「真實存在於我們對它的感知之外」此一信念，相較之下，建構主義的論點聲稱「真實至少有部分是根據我們對它的感知建構而成」。從這些本體論中，提出了不同的知識論（關於什麼是可被知曉的信念）。儘管可以說許多知識論的存在是因為它們與理論密切相關（例如後結構主義知識論、女性主義知識論），但我們現在所介紹的，是在社會科學領域的學生和學者普遍使用的知識論。

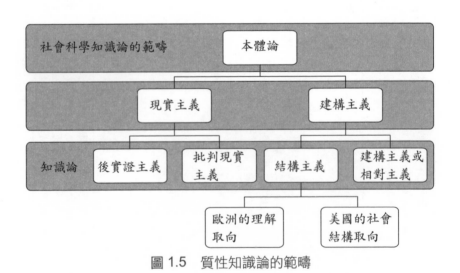

圖 1.5　質性知識論的範疇

一、現實主義本體論

採用現實主義本體論的研究者認為真實存在於觀察者之外，是基於區分主體和客體的笛卡兒本體論，這種本體論觀點自西方世界啟蒙運動以來一直處於主流位置。現實主義包括差異極大的知識論，從實證主義到批判現實主義都有。我們在這裡更感興趣的是理解實證主義作為一種科學文化的角色，而不是作為人們認識世界的理解。因此，我們不會以知識論來定義它。另一方面，我們將介紹後實證主義知識論，因為它在質性方法論的發展中扮演著重要角色，儘管我們不會在本書中進一步闡明這一觀點。

（一）後實證主義

後實證主義是一種溫和的實證主義觀點，研究者承認真實的存在，但觀察和描述真實的方式並不完美。後實證主義者可能同時使用質性和量化的研究方法，在自然和健康科學中，研究者經常使用這種典範，他們相信真實是可以被感知的，但他們會使用機率來解釋變項之間的關係（相關性）以允許知識的不完善。例如，關於使用菸草和乳癌的研究可以得出這樣的知識聲明：吸菸者比不吸菸者在晚年罹患乳癌的可能性更高。這種知識主張不是通則性的，其與實證主義者的主張相反，實證主義者會試圖促進一種通則性的因果法則，例如菸草導致癌症。

在社會科學領域，Glaser 與 Strauss（1967）等質性研究創始人植根於後實證主義的視角，相信客觀真實的存在，他們透過訪談等工具來大幅增加觀察結果，以檢驗他們所發展的持續性分析和理論性解釋。他們根據芝加哥社會學派發展的分析歸納法提出了歸納研究過程。歸納過程是在觀察的基礎上發展理論推論。

（二）批判現實主義

在本體論上，批判現實主義者認為客觀真實存在於我們之外，但我們透過

感官、認知基模和知識對真實所產生的不同理解是社會建構的。在知識論上，批判現實主義者非常近似於結構主義者。

　　批判現實主義者，包括唯物主義者，捍衛世界是透過因果關係而存在的觀點，社會科學的任務即是探索這一觀點。然而，他們對因果關係的概念與實證主義者或後實證主義者的概念截然不同，因為他們認為因果關係是事物固有的，而並非存在於事物之間。在社會世界中，事物是嵌入在複雜的關係中，它們之所以有力量，是因為它們處於關係之中（Elder-Vass, 2012）。例如，身為一個女人並不是一個單獨的真實，它與社會對性和性別差別待遇的經驗有關，也與生物學事實有關，例如生育週期，並在男性和女性、兒童和成人之間引入不同類型的權力關係。英國的社會科學傳統主要發展此種知識論觀點。

二、建構主義本體論

　　我們在建構主義本體論中定義了兩種截然不同的建構主義知識論，第一種類型與軟性本體論相關（結構主義），第二種類型與對現實主義的高度批判性觀點相關（建構主義）。

（一）結構主義

　　我們向 Charmaz（2000）借用了「結構主義」這個名稱。社會結構主義者認同真實是主觀建構的本體論信念，舉例來說，關於「什麼是異常」的知識取決於大眾的論述、文化與制度。關於社會異常，沒有一個普及性的定義或實有。然而，對結構主義者來說，本體論問題不像批判現實主義者或建構主義者那樣具有爭議性，例如 Goffman（1961）在其著名的精神病院研究中，呈現了患者與工作人員之間以及患者與患者之間的互動，是如何由那些可辨識且規範日常生活行為的規則建構而成。即使 Goffman 分析了幾種類型的互動，其中一些互動受到權力地位的影響，他也沒有從本體論的觀點提出科學議題或問題。

　　一些結構主義知識論的支持者，有非常相似的本體論內涵。我們將聚焦在

對社會科學實徵研究有強大影響力的兩個分支：(1)基於歐洲大陸傳統的**理解取向**；(2)以美國互動主義觀點為基礎的社會結構主義。

　　第一種是歐洲大陸的理解取向。社會科學的豐富性首先在於它「理解」的能力，意即從研究對象的生活經驗中詮釋真實，Dilthey（1942）將自然科學和人文與社會科學加以區分，後者的目的在於理解人類經驗的深刻意義。法國和德國社會學的一個重要分支就是基於這種知識論觀點，其中以 Weber 最為知名。

　　這些作者並不主張對我們的社會世界進行相對論的詮釋，他們認為不同類型的科學可以同時存在。如果我們以 Passeron（2001）為例，普及性法則的創造適用於一種科學類型。在社會科學中，重要的是對由人類實踐而觀察到的真實所產生的理解。例如，思考周全的研究者將考量行動以及主觀性，他們的目標是發展情境模式，諸如類型學和理想類型學。儘管沒有發展關於存在本質的本體論論述，他們還是非常接近批判現實主義者。他們關注社會科學分析和掌握經驗式情境的能力，根據不同的有效性和**可遷移性**標準捍衛關於社會世界的科學觀點。依照美國的傳統，我們將他們比擬為詮釋主義者。

　　第二種是美國的社會結構主義。我們可以將 Mead（1934/1963）以及近代的 Berger 與 Luckmann（1966）及其著作《現實的社會建構》（*The Social Construction of Reality*）視為社會科學中結構主義的先驅。後兩者並未提出或捍衛某種本體論立場（Andrews, 2012），相反的，他們發展一種實用主義的社會行動取向。他們的著作是關於知識以及如何社會性地建構我們與真實的關係，其論文主要受 Mead 的社會心理理論的啟發，並為互動主義和第二波紮根理論鋪路（Charmaz, 2014）。

　　儘管他們沒有採取本體論立場，但我們可以將這一傳統定位為非常接近批判現實主義。社會結構主義者，就像批判現實主義者，同意他們的立場相當接近（Andrews, 2012; Elder-Vass, 2012）。對許多社會結構主義者而言，真實是既主觀又客觀的存在，因此，他們可以被標記為批判現實主義者。但是，根據他們的研究焦點，我們可以注意到他們之間存在著細微差別。對多數社會結構主

義者而言，例如 Goffman，本體論的問題不是主要焦點，最重要的是，現實主義者相信社會世界的物質性，因為他們認為這種物質性創造了權力關係，他們關注的對象是組成物質世界的多個主體間的關係。他們的本體論使他們依據權力來定位自己，而社會結構主義者則不會過分強調這個問題。

在社會結構主義中，重視的是真實（物體、身體、地點）以及對此一真實的主觀看法。例如，社會結構主義者可能對青少年如何互動，以及他們如何定義他們的互動感興趣，其重點放在將青少年的互動視為一種現象的理解上。**批判現實主義者**則將研究這些互動的演變，以及它們如何改變與權力團體（政策、制度）之間的關係。

（二）建構主義

我們將結構主義與建構主義加以區分，是因為它們的哲學與本體論根基截然不同。對建構主義者而言，本體論問題至關重要，而且他們主張相對論的本體論。對他們來說，凡存在的事物都是社會創造的。此外，他們將自己置於笛卡兒主體—客體二分法之外——我們提出的所有其他知識論都是基於該二分法。他們提倡真實主要是透過論述而被創造，藉以挑戰本質主義對真實的觀點。對他們來說，語言是具展演性的，並創造社會類別。

他們的知識論是基於「真實是流動的」此一信念，關於這種流動性的知識可以透過論述、社會腳本和視覺符號來獲得。因此，任何基於這種知識論架構的研究都將符號（語言、論述、視覺）界定為研究對象。一些批判性研究者，例如另類會計研究者，會將稅務檔案視為一種制度性論述而加以研究。

伍、本章摘要

在本章，你了解到研究設計的第一步是：為你自己弄清楚你是更喜歡詮釋單一的「同時發生」情境，還是使用假設過程來解釋因果關係。透過選擇詮釋一種情境式社會現象，你正在開始你的質性之旅！在本章，你學會了定義質性

探究、辨識一個反覆性的研究問題，並理解你正在著手的過程有著溯因－歸納本質。此外，當你閱讀質性研究報告和文章時，你對所面臨不同類型的本體論與知識論有所理解。這些基礎是必要的，有助於你撰寫研究計畫（第二章）和選擇與你的信念、研究目標以及你將建立和欲解決的謎團相一致的質性方法（第三章）。

你的研究計畫檢核清單

現在，你對質性探究更加熟悉了，你可以：

√ 選擇一個適合你的研究問題的方法（量化、混和、演繹—質性或反覆歷程質性方法）。

√ 說明你內心選擇的質性方法的合理性。

√ 草擬第一版研究問題（確認你的研究問題是由「如何」提問，或建議提出詮釋的「為什麼」提問所形成）。

√ 合理化你的知識論立場。

√ 開始設計你的研究計畫。

後續你應該閱讀

Alvesson, Mats and Dan Karreman. 2011. *Qualitative Research and Theory Development: Mystery as Method.* Thousand Oaks, CA: Sage.

• Alvesson 與 Karreman 解釋何以質性探究的明確目標是發展理論。質性研究者在他們的問題脈絡化過程中建立了謎團，他們的角色是發現新的謎團並提出解決謎團的新方法。作為創新者，質性研究者需要藉由研究報告來解釋他們如何透過對所蒐集的資料進行詮釋以解開謎團。

Pascale, Céline-Marie. 2011. *Cartographies of Knowledge: Exploring Qualitative Epistemologies*. Thousand Oaks, CA: Sage.

● 在這本書中，作者清楚說明基於歸納法的質性方法，解釋和描繪質性研究中不同的知識論，並將自己置於批判領域。

網站：http://atlasti.com/qualitative-research/

● 在這個網站，德國質性研究軟體 atlas.ti 提供質性方法的定義以及啟發該軟體的知識論觀點，網頁中放置了有關質性研究和發表的影片，章節標題「形成一個質性研究問題」提供了幾個質性問題的例子，可作為對本章的補充。

YouTube 頻道：https://www.youtube.com/watch?v=IsAUNs-IoSQ

● 來自研究品質中心的 YouTube 頻道提供了幾個關於質性研究的影片，建議的影片解釋了何時以及為何要在研究計畫中使用質性方法。它提供了有關教育研究的具體資訊，適用於任何研究者，並提供發展質性研究計畫的步驟流程。

YouTube 頻道：https://www.youtube.com/watch?v=2X-QSU6-hPU

● Chris Flipp 提供有關質性和量化方法之間差異的剪輯片段，可作為本章中有關演繹和歸納資訊的補充。

想獲得更多支援與啟發嗎？這裡有線上資源可以幫忙！請使用**詞彙表教學字卡**（glossary flashcards）掌握關鍵詞，查看 SAGE **案例和期刊文章資料庫**（library of SAGE cases and journal articles）中的實際方法，並跟隨本書中所討論資料的完整逐字稿逐步分析。

第二章
設計一個反覆性的研究計畫

圖 2.1　我們在研究過程中的位置

在本章你將學習：

● 設計一個質性研究計畫。
● 依據兩個決策樹狀圖來選擇你的研究對象。
● 記錄你的研究問題。
● 撰寫質性研究計畫。

壹、前言

在本章，我們將關注發展研究計畫時會同時發生的三個過程：(1)計畫的設計；(2)文獻的蒐集、彙編和分析；(3)撰寫計畫。透過本章，你將學習如何設計一個質性研究計畫、了解文獻回顧的過程，最後本章的結尾會呈現研究設計，亦即研究計畫。你會注意到，研究設計和計畫撰寫是兩個獨立的過程。

研究計畫的核心是它的設計——你如何發展概念性和實徵性的架構，使身為研究者的你能夠形成議題，並提出好的研究問題。事實上，研究的品質和嚴謹性取決於你的研究問題的重要性，也許最重要的是，取決於設計本身不同元素之間的連貫性。

貳、設計一個反覆性的研究計畫

每個研究計畫都植根於個人的質疑，其源於閱讀或觀察所引發的經驗和反思。很重要的是，要準確辨識那些激發我們好奇心的問題，儘管這項任務看似簡單，但在反覆性的研究過程中可能會變得相當複雜。事實上，我們建構問題的方式與我們得到的結果同樣重要，甚至更重要，它會不斷地被重新定義。在以假設—演繹邏輯進行的線性研究過程中，議題／問題／研究假設的三組合，在研究的實徵階段之前將具體成形。相反的，在反覆性計畫中，議題、問題和我們定義為假設命題的內容，在資料蒐集和分析過程中會不斷演變。

在本章中，我們會跟隨Maxwell（2013）的模式，它最能說明設計的過程：一個反覆性過程，在此過程中，組成計畫所有元素之間的一致性成為評估研究

效度的主要標準。如果我們跟隨圖 2.2 的每一個橢圓形，我們需要明白，研究問題會隨著新的資料分析、新的理論解釋以及研究目標的修訂而改變。

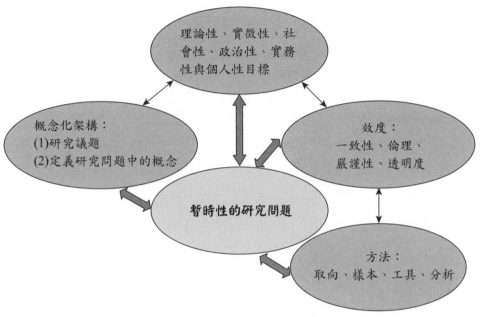

圖 2.2 發展一個反覆性研究設計

研究問題重視「我們已知」和「我們欲知」之間的落差，在社會科學質性研究計畫中，研究問題通常是從我們觀察到或經歷過，並且想了解的社會現象中加以闡明出來的。所有質性研究都必須有實徵性目標，否則田野工作就不再重要。然而，即使最初的提問通常來自經驗觀察，研究者將其研究問題適切地置於社會科學辯論中仍然是相當重要的。

你如何概念化你的研究問題，將會影響研究的重要性與原創性。兩個研究者可以有相同的研究計畫，例如青春期母親的生活軌跡，但是根據他們的不同目標，會以完全不同的方式來概念化問題（如表 2.1）。研究者可以從公共衛生和幸福的角度研究這個問題，並關注與這些婦女的貧困處境有關的風險因子。

表 2.1　研究目標

用來確定研究目標的問題：	
我想要蒐集哪一類型的資料？	實徵性目標
我想參與哪些理論性的討論？	理論性目標
我在研究中的個人興趣為何？	個人性目標
我的研究是否更鎖定學術性讀者？更鎖定公共政策的專業人員？更鎖定社區與社會組織？更鎖定脆弱性人口群？	政策性和／或實務性目標

最重要的是，即使研究者是要測試或提出新理論，他們也有實徵性目標，他們的目標是要更好地辨識與貧困經驗相關的因子，並對此一人口群及其生活環境有更多的了解。有些研究者可能有政治性目標，希望記錄這些婦女的狀況，以支持與他們有關的公共政策；另一方面，有些研究者可能對定義當代的年輕加拿大人進入成年期更感興趣，研究年輕青春期母親的生活軌跡將使他們能夠理解此種被邊緣化的軌跡，以對成年分類提出質疑，並重視其他年輕成年人的生活歷程。在後者這個例子，實徵研究的使用會連結到更理論性導向的目標：當代加拿大社會對成年的定義。實徵性目標是觀察真實，理論性目標是定義真實。

　　另一個澄清研究計畫設計的重要步驟是闡明你的目標，關鍵的第一步可能是決定你的研究目標能否被妥善地理論化或描述，換句話說，你想對一個現象提出新的意義嗎？或是更好地辨識與描述這個現象？接下來，我們可以根據其主要理論性或實徵性目標來定位研究計畫，如圖 2.3 所示。

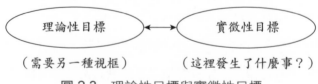

圖 2.3　理論性目標與實徵性目標

　　顯而易見的是，理論性和實徵性目標之間的區別並不像在圖中看起來那麼清楚，而且即使研究問題主要是理論性問題，研究計畫仍然是實徵經驗取向的。過於理論化的質性研究計畫通常會被視為是令人感到失望的。仰賴所研究現象的經驗基礎是必要的，並且必須在報告的所有階段都體現出來。理論性計畫的挑戰是與資料進行持續且富有成效的對話。

　　相反的，一些研究計畫的目標在於描述、觀察和辨識現象，其目標是回答如下的問題：這裡發生了什麼事？即使計畫的主要方向是實徵性的，也不能是純粹的描述性。事實上，以事件為導向的、軼事的或簡單的事實描述並不屬於科學的範疇，而是更適合新聞界。在質性研究中所說的描述是對應於 Geertz（1973）的「深厚描述」概念，亦即是對田野經驗的描述，其中研究者明確地呈現和解釋在這些經驗脈絡中反覆出現的文化和象徵關係。因此，當研究者的描述包含許多細節，並將其詮釋整合到描述中時，一個研究計畫可以實現巨大的科學價值。

　　當理論性目標被優先考慮時，研究者傾向於將資料當作案例、理論樣本，以便更好地回答具有更廣泛理論性質的問題。Stake（1995）將此類研究描述為工具案例。儘管我們不完全認可 Stake 的說法，工具案例與本質案例的區別在於後者相當關注啟發層次。事實上，許多研究者感興趣的是更全球化的理論性問題，例如定義「成人」、「雙性戀」、「女性」等社會類別，他們選擇某些案例作為理論樣本，以檢驗概念化並進一步發展分析。例如，我們可以透過探究與國家 DNA 資料庫有關的無罪推定法律定義，更廣泛地檢視國家與公民之間的關係轉變（Vachon, 2008）。

　　一個總體的實徵性目標更能夠回應實徵、實務或政策目標，從經驗上來說，每一個新的社會現象都值得研究、觀察和描述。例如，學生可能會仔細描述呼吸器在某些臨床情況中的使用，以了解它引發的問題和挑戰。豐厚的描述主要回應實徵性目標，但研究需要使用**概念**，並可能導致更多的理論性問題。最重要的是，我們不想強加一個模式，因為研究者很可能在更大的理論性問題中有

實務性的目標。重要的是清楚地確認我們自己的目標，支持我們的每一個選擇，並能夠在層次結構中組織目標，以盡可能地闡明我們的研究問題。

如前所述，即使是一個以理論為主的研究計畫，也必須有實徵性目標。實徵性目標使我們能夠為未來的田野工作做準備，並確定我們要分析的資料類型。

一、選擇研究問題

確定實徵性、理論性或實務性目標只能幫助我們具體指出研究問題，借用 Maxwell（2013）的模式，我們必須明白研究問題的選擇是我們計畫的核心——它是基本的。如同我們所說的，這個問題通常來自個人經驗，我們的任務是說明為什麼這個問題會成為一個科學問題。因為研究問題是反覆過程的一部分，而不是假設—演繹和線性過程的一部分，如同我們在第一章所見的，它不需要測量變異量、驗證假設或建立變項之間的因果關係。質性研究中的問題與對現象的深入理解有關，尤其是透過對現象的詮釋。

在計畫中，這個問題明確說明了研究的對象和我們試圖理解的現象；在設計的階段，這個問題成為計畫目標、研究議題、理論架構和方法論方面的基石。依據 Maxwell（2013），研究問題在設計階段具有兩個基本功能：(1)界定研究目標（察覺目標與理論架構之間的連結）；(2)引導你的研究方法。

構想研究問題是設計研究計畫的重要一步，這可能需要很多時間。重要的是你的問題要清楚，既不要太模糊，也不要太狹隘。舉例來說，請思考下列這個問題：城市地區環境的變化，如何改變其中居民的生活？這樣的問題太模糊，會導致不精確的結果。要回答這個問題，需要大量的資訊來源：記錄交通習慣改變、生活品質、鄰里社交等影響的資訊；來自兒童、青少年、成人、高齡者、商人、工人等資訊；關於增加公園、關閉行人徒步區、區域規劃等資訊。另一方面，太狹隘的問題即使不會簡化所研究的社會問題，也會有化約的效果。我們也必須避免在問題的表述中做出價值判斷，例如：年輕的剛果移民抵達加拿大後如何因應歧視？在這個問題中，研究者假設這些年輕人實際上受到了汙名

化,但可能並非該群體的所有成員都有這種經歷。

　　同樣重要的是,了解我們的問題是否在先前已經得到解答。如果已經得到解答,請解釋為什麼我們對先前研究者提供的答案不滿意,例如,現有結果可能無法幫助我們理解我們想要解釋的現象。進行文獻回顧的另一個原因是,要確認跟我們的問題有關的理論性辯證,例如,與年輕人在臉書上互動方式有關的研究問題可以置於女性主義辯證、關於社會群體形成的理論性辯證或關於傳播理論的辯證中。在這裡,文獻回顧成為一個重要的工具,文獻回顧閱讀筆記的品質可以決定一個研究是技術設計良好但品質差的研究,還是一個整體非常優秀的研究(詳見本書第 40 頁的科學文獻回顧與閱讀筆記)。

　　為了幫助你選擇問題,我們根據你在希望觀察什麼和解釋什麼方面的想像能力,準備了一個決策樹狀圖,如圖 2.4 與 2.5。這種對資料進行想像以及想像你從資料分析中可能得到什麼結果的能力,對於適切設計研究至關重要。僅根據理論來設計實徵性研究計畫將是一個非常嚴重的錯誤,因為在整個研究過程中會發現經驗和理論之間存在著落差。例如,學生可能對學校中性少數群體被邊緣化的現象感興趣,他們可以提出一個研究問題和一個概念化架構,但他們能否在田野工作中成功地找到相關人士來討論這個問題?僅根據理論性的考量來選擇問題,可能會在理論和經驗層面之間造成難以彌合的分歧。讀者會有一個既定印象,就是進行田野工作主要是要賦予已經存在的理論性答案正當性,基於此原因,我們必須確認從一開始就做好研究的設計,並考量到實徵性議題和實際經驗的限制。

　　為此,我們建議分三個階段使用決策樹狀圖。首先,決定研究目標是以理論為主,還是以實徵經驗為主。第二,決定觀察**共時性**,還是**歷時性**的現象。最後,決定觀察一種情境、一種論述、**實踐**和**表徵**,還是一種歷時現象的**敘說**。我們接著將著手更清楚地定義每個階段。

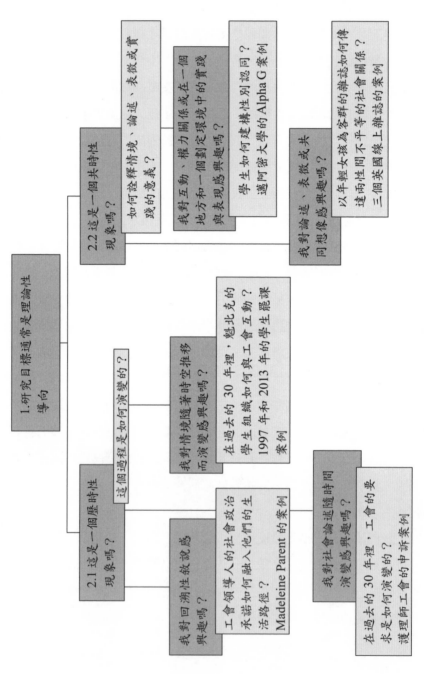

圖 2.4　理論傾向研究的決策樹狀圖

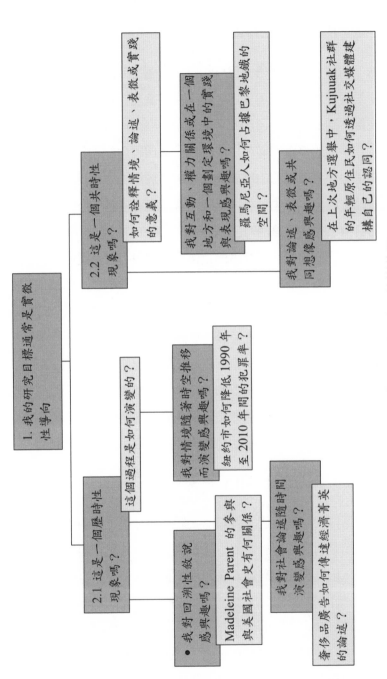

圖 2.5　實徵傾向研究的決策樹狀圖

（一）決定研究目標是以理論為主或以實徵經驗為主

　　你必須處理的第一件事與研究目標和研究問題之間的連結有關，必須確定研究目標主要是實徵性，還是理論性。如果是實徵性目標，研究問題必須非常精確地聚焦在觀察到的現象上，因此，研究者必須合理說明研究問題的實徵性意義：參考所觀察到的事實和剪報、說明關於這個現象在「我們已經知道」和「我們需要知道」兩者間落差的重要性，以有助於增加對此現象的了解。如果涉及一種新的社會現象，它也可能與更好地管理處遇措施或公共政策有關。

　　如果你的目標主要是理論性的，那麼你的田野工作將發揮 Stake（1995）所說的工具性案例研究的功能。研究者的目標是合理說明對常見問題提出新解釋的理論性意義或顯示新定義的意義，以幫助理解該現象。在這種情況下，確定與問題相關的理論性辯證尤為重要，因為它們為理論性探究提供了理由。你必須回答這個問題：「我想參與哪些理論性辯證？」

　　讓我們思考以下這個問題：承擔責任的經驗如何定義成年期？田野工作可能會聚焦在失去自主權但仍有責任感的成年人，或是尚未獨立但已擁有自主權的年輕人身上。在這裡，理論性目標是關於我們如何定義成年人的類別，以及某些與當代社會判斷獨立和自主觀點有關的責任經驗（實踐和表徵）。

（二）決定觀察共時性或歷時性的現象

　　為了正確地選擇問題，我們必須知道我們是對觀察正在演變的現象更感興趣（**歷時性**），還是對理解置於時間中同時發生的現象更感興趣（**共時性**）。這個部分很關鍵，因為與歷程有關的研究設計和與共時現象有關的研究設計大不相同。例如，一個研究者可以觀察青年在一個組織中的社會參與（歷時性），而另一個研究者可以關注青年的生命歷程，以了解他們選擇參與該組織的過程（共時性）。研究目標都是青年社會參與，但研究者的建構和分析方式卻完全不同，這種不同的觀點將影響**方法論取向**和研究工具。

（三）決定觀察情境、論述、實踐和表徵或敘說

　　為了設計研究，你必須能夠想像你想要觀察的標的。一般來說，質性研究涉及以下幾個方面：論述、敘說、實踐和表徵。然而，我們認為研究者必須決定將聚焦或著重於這些面向中的哪一個。

1. 情境

　　情境是鑲嵌在時間和空間中的社會互動，觀察情境讓我們分析**敘說**、**論述**、**表徵**與**實踐**，但我們研究的焦點還是放在發生於時間與空間中的互動。在這裡，我們指的是地理空間和非地域性的社會空間，例如網際網路上的網絡。舉例來說，研究者可以選擇分析 Tinder（譯者註：此為一款手機社交應用程式）上的性別互動。觀察的情境將引導我們選擇方法論取向，例如民族誌或個案研究——我們將會在下一章討論。

2. 論述

　　一般而言，論述是「一組由特定和一致的邏輯結合在一起的陳述，由不一定屬於自然語言的規則和法則組成，並提供關於物質性或想像性實體的資訊」（*Dictionnaire Larousse en ligne*, n.d.）。在社會科學裡，論述包含兩種現象。首先，指的是行為者使用的社會語言結構，例如：受訪者是在試圖說服他的對話者，還是在尋找一種意義來賦予他試圖描述的現象？第二，指的是在一段特定歷史時期由社會建構成的一致性邏輯，如同Foucault（1971）所定義的。例如：Foucault 說明了關於性的論述是如何隨著時間的推移而演變，這種類型的論述指的是社會不自覺接受的世界觀。因此，社會論述與社會語言結構息息相關，如在過去 15 年的公共政策發展過程中使用「危機」一詞，此與強加某種世界觀不無關係。再次強調，需要注意的是論述無所不在。舉例來說，在作為生活故事而進行的訪談中，論述和敘說都會出現，但是如果研究與歷程有關，則對敘說的關注將高於對論述的關注。

3. 敘說

　　在日常生活中，我們制訂一個具連貫性的故事來向自己和他人解釋我們的經驗以及事件是如何產生的。敘說創造了一個人用來安排一系列事件的時間線索，必須指出的是，敘說是了解個人**主觀性**的窗口。在健康科學、教育、社會工作、社會學敘說和立場觀點中，都使用敘說來理解個人的經驗。敘說同時具有描述性與解釋性，例如，它可以是了解諸如母職、生活轉變或疾病等經驗的相關工具。敘說分析將賦予人們認同和社會角色、引導表現和互動社會規範的重要性。

4. 實踐與表徵

　　分析社會實踐通常與社會表徵研究有關，這就是我們將這兩個**概念**放在一起的原因。實踐指的是人們採取的行動，對 Bourdieu（1980）而言，社會實踐既是客觀性，也是主觀性——它是一種由社會規範和約束構成的行為，同時它也是主觀性的，是因為它也是一個人可能想採取用來定位自己的一組行為。舉例來說，你可能想了解為什麼年輕的美國黑人喜歡嘻哈文化，以及他們如何在日常生活中實踐這種文化。為此，你需要辨識「嘻哈」和「美國黑人青年」的社會表徵。社會表徵是「被視為與所意識到的事物相對應的心理狀態或概念」（*Oxford English Dictionary Online*, n.d.），表徵與論述密不可分，區別在於社會表徵指特定的標的物（例如酒精的社會表徵），而論述指的是在一個歷史性過程中，發展了某種現象更為全面性的觀點。

　　在圖 2.4 與 2.5 中，我們依據下列三點呈現一個決策樹狀圖：(1)你的研究目標的取向（實徵性或理論性）；(2)你的研究對象的時序性（歷時性或共時性）；(3)你想要觀察的現象的類型：故事、論述、情境、實踐與社會表徵。在每個選項下，皆提供一個研究問題的範例。

參、理論性或概念性架構

　　到目前為止，我們已經討論了目標、研究問題以及圖表中目標與研究問題之間的連結。現在我們將討論研究問題與我們所說的理論性或概念性架構之間的連結。理論架構包括我們基於文獻回顧和理論辯論後對研究目標的了解，或許會有人主張在闡明理論架構之前不可能對你的研究問題做出決定，因為研究設計是反覆性的，因此我們主張在你的研究設計中，這兩個方面將進行對話。如果你的研究目標是理論性的，你的理論架構可能會先於研究問題被設定，但它需要在整個過程中不斷發展。

　　理論性架構是一個廣泛的典範，研究者可以在這個典範上探究問題。

　　例如：馬克思主義的理論架構，或女性主義的理論架構。

　　概念性架構是研究者用來觀察現象的不同概念（作為工具）的呈現，這是將研究問題朝向操作化邁出的一步。

　　事實上，文獻回顧有三個目標：(1)允許你透過呈現「現有研究教給我們的內容」與「我們應該知道的內容」之間的落差，來證明你的研究問題在實徵上、社會上和政治上的重要性；(2)允許你將你的問題置於辯證中，以確定你的研究的理論重要性（特別當你的研究目標主要是理論性取向時）；(3)幫助你根據選擇的理論架構來定義研究問題的概念。

一、證明研究問題在實徵上、社會上和政治上的重要性

　　讓我們使用我們如何定義成年期作為例子。我們有很多關於進入成年期的資訊、知道進入成年期的傳統指標在當代社會被推翻或取代，並且可以由文獻探討時所閱讀和討論的相關內容來支持那些陳述。但我們對目前生活的這個社

會所提出的主觀定義知之甚少，因此，該研究的實徵性理解需要我們訪談人們，以了解他們對這個生命轉銜的定義。心理學、人口學、社會學、醫學和護理學等學科都關注這個生命階段，但對進入成年期的定義卻大相逕庭。你研究的理論重要性可能在於要更清楚地從概念上來定義這個階段。最後，實務的、社會的和／或政治的目標可能是分析這種重新定義後的結果，因為它們跟以年輕人為主的公共服務和政策有關。

二、將研究問題置於理論辯證中

多種學科都在努力定義成年期，在人口學中，我們辨識和進入成年與老年有關的標記、關注年齡和事件之間的交集，並考量年齡、群體和世代的影響。定義成年期的議題出現在人類發展心理學領域；它出現在犯罪學和法律中，攸關於確定某些行為的責任；它出現在與生活轉變有關的公共政策中，這些生活轉變會使某些人受到傷害；它也出現在社會學關於生命年齡、社會腳本制度化的辯證中。這些例子反映了更多以學術為導向的辯證，但同時也有與自主、獨立和責任觀念相關的理論辯證。

三、定義研究問題的概念

文獻，尤其是更理論性的著作，不僅會向你介紹與你主題相關的當前辯證，還會幫助你定義鑲嵌於研究問題中的概念。在你研究問題中的每個字都有意義。例如，成人期的定義可以參考將人類定義為理性實體的理論，而責任的觀念則成為我們理論參考架構的關鍵；女性主義理論認為人類是相互依存的，因此我們有必要將成年人定義為重新協商與他人相互依存關係的人；行為主義理論則從身體和神經變化來理解人類發展的特定階段。當然，你在這個研究階段概念化每個專有名詞的方式，將對研究設計中其他息息相關的元素產生影響。

你的理論定位與你的知識論取向密不可分，事實上，如果你採用批判的視角，你的研究問題很可能將目標放在分析男女之間、社會階層、年齡組、人與

機構、人與大眾媒體之間的權力關係。因此，你將使用 Bourdieu、Luhmann、Butler、Foucault、Boltanski 和 Lamont 等作者的文獻來定義你研究問題中的概念。如果你採用建構主義的觀點，你更感興趣的將會是更精確地定義、更精確地理解，以及更精確地描述情境、實踐和行為者，而不會關注權力關係。你研究問題中的概念可以透過使用 Berger、Luckman、Goffman 和 Mead 等作者的文獻來定義，僅舉幾例。

在發展概念性架構時非常需要創造力，因為一個單一的研究主題，比如轉銜進入成年期，可以用不同的方式來研究。質性研究的效度取決於理論、知識論和實徵性選擇的連貫性。研究設計是否具有理論連貫性？舉例來說，如果你在一個想要以批判參考架構為基礎的研究中，卻根據功能主義理論來定義概念，就會出現連貫性的問題。你的參考架構是否論及當前的辯證？研究問題的概念是否已被明確定義？

四、研究方法與效度

你想要觀察什麼？你認為你將如何觀察它？你將依據什麼標準來選擇要觀察的文件、人們和情境？在接下來的章節，我們將討論要做出的各種選擇：方法、領域範圍、技術、分析策略。在第六章，我們也將討論確保研究效度的各種方法。

肆、撰寫研究計畫

從本章一開始，我們即討論了在研究計畫設計過程中必須做出的不同決定。研究者必須能夠想像研究計畫、研究問題、理論架構、方法和研究效度之間的各種關聯性。請注意，研究設計是非常有機性的：目標的更改會對設計中的所有其他元素產生影響。我們還必須強調，研究設計將在整個研究過程中不斷演變，質性研究的歷程具有反覆性的特質。

在撰寫研究計畫時，有必要刻意地簡化這種有機模式。實際上，寫作階段

需要對研究計畫進行更線性的呈現。換句話說，研究計畫是一個線性論證文本，必須呈現你對設計中每個元素的選擇。用更直觀的術語來說，研究設計要求我們知覺三維建築，而寫作階段則要求以二維形式呈現這些資訊，就像建築師在制訂計畫時所做的那樣。

在緒論中，最好用一個具體的例子來介紹主題，然後再闡述你的問題：研究問題。此外，必須在緒論中快速地呈現目的。舉例來說，在社會參與的研究中，我們將以下列方式來開始一個研究計畫：

> 　　報紙媒體和政治家強調加拿大和許多西方國家的年輕人投票率低，這是否意味著現今的年輕人比以前更少參與社會活動？這個研究有兩個目的，首先，我們的目標是了解年輕人對社會參與的表徵，並根據他們的社會表徵來重新界定其定義。第二，我們想確定年輕人在政治和社會參與的多樣性，並特別注意任何新出現的社會實踐。
>
> 　　我們的研究問題是：年輕人如何定義社會參與，以及他們在成年初顯期如何進行參與？文獻回顧顯示，社會參與度通常因人們的社交網絡、年齡、性別或社會階級而異。在這個研究中，我們將關注時間的影響，並與 18 至 25 歲的年輕人進行兩次訪談，第二次訪談將在五年後舉行，以了解實踐如何改變（或者沒有改變）。

在你的研究計畫中，此部分的目標應該是論證研究問題的重要性。為什麼提出你的研究問題很重要？已經有研究提出答案了嗎？帶著這樣的問題，你關注的是哪些理論性辯證？你進行問題化的品質和深度，部分取決於你閱讀筆記的品質，基於這個原因，值得投入有效的摘要練習──製作比較表，並系統地更新你的文獻目錄。

學生經常問我們，是否需要寫一個關於問題化的部分（構成理論性和實徵性問題以及與我們研究問題相關概念的定義）或另一個關於理論架構的部分（被選擇用來激發假設性主張的理論）。我們的回應是：一切皆有可能。如果你的

知識論是批判導向的，你的理論性目標優先於實徵性目標，且你的理論架構引導你以一種與你的學科當前實務截然不同的方式來定義你的概念，如此一來，你應該依據你的理論取向，設立一個節次來呈現你的概念。這裡的目標是確保你的寫作能清楚反映你在理論辯證中以及與主題相關的可用知識範圍中的立場。

　　換句話說，你需要合理說明並解釋你想透過研究加以解決的問題。研究計畫中的這個部分在社會科學中是最具原創性的，如同偉大的科學哲學家Bachelard所言：

> 最重要的是，一個人必須知道如何架構問題。無論我們在科學界說些什麼，問題都不會憑空出現。正是這種對問題的界定，定義了真正的科學精神。對一個科學頭腦來說，所有的知識都是對問題的回答。如果沒有問題，就沒有科學知識。沒有什麼是不證自明的，問題不會憑空出現，一切都是建構的（1999: 14，原文作者譯）。

　　本節中就研究問題與理論架構提出的論點，邏輯上應該能夠引導你在方法論的範疇中提出你的研究問題。本節的目標是為你的理論性問題提出操作化的內容──換句話說，你如何提出假設性主張。你已經在緒論中提到了研究問題，你應該在方法論和假設性主張中發展它，以引導你的研究：對你的研究問題的暫時性回答是什麼？這不是根據假設－演繹方法的要求來發展一個要被否證的研究假設，而是發展一個讓你探索研究資料的途徑。

　　在方法論的節次，你需要說服你的讀者明白使用歸納質性方法來回答研究問題的優點。至此，我們已經提到了這麼做的幾個原因，這些原因應該與你的研究目的有直接相關。在此節次，你是自己的擁護者！你必須證明你所做的所有選擇都是正確的：為什麼你的方法論取向（第三章）與你的田野工作最相關？為什麼你選擇訪談法而不是觀察法？你基於什麼標準來選擇資料來源？為什麼？你會使用什麼工具（第四章）？你預計如何分析資料？你預計使用軟體嗎？你如何維護研究參與者的匿名性與保密性（第五章）？你如何確保研究計畫與研

究結果的效度（第六章）？

這些是你的評估委員會或你的贊助者（如果研究是有經費贊助的）在允許你開始進行田野工作之前想要獲得答案的問題。針對這個研究計畫，你必須附加所有你將使用的文件，包括：指南、資料蒐集工具、知情同意書等。

科學文獻回顧與閱讀筆記

科學文獻回顧包括產出一篇文章，以綜合和評估關於特定主題或研究問題的大量檔案文件。使用的檔案文件可以來自多種來源，例如書籍、學術文章、研究報告等。這項繁瑣的工作通常先於研究設計的寫作，可提供你所需要的資訊：

- 確認過去的研究做過什麼、使用了哪些理論方法，以及你將如何合理說明自己的理論選擇。
- 確認哪些內容尚未被分析，或可以用不同的方法來研究。
- 確認你的研究目的，並決定重點是放在理論性目標或實徵性目標。
- 確認應該從歷時或共時的角度來處理你的研究議題。
- 形成你的研究問題。
- 確認你將要觀察的對象：情境、論述、實踐與表徵、敘說。

一、產出閱讀筆記

用來產生良好文獻回顧的工具之一是「閱讀筆記樣板」，該樣板採用一系列任務的形式，引導你生產和組織閱讀筆記。該樣板將幫助你評估所回顧的文獻在你研究設計中的相關性和重要性，並允許你保留原始文本中論證的複雜性。以下是閱讀筆記樣板的部分工作：

1. 寫下完整的文獻出處。
2. 摘要內容：
   (1)用一句話摘要每一段。

(2)就每一段，指出作者提出的論點。請注意，作者可以針對多個段落
　　展開論證。
3. 辨識研究中使用的關鍵概念和理論方法，以及被引用為理論靈感的作者
　　們。
4. 如果你閱讀的文獻是實徵性研究，確認其用來產出和分析資料的方法。
5. 確認關鍵詞。

　　表 2.2 呈現閱讀筆記樣板的格式。

表 2.2　閱讀筆記樣板（取自 Lefrançois et al., 2009）

用一句話摘要每一段	主要論點
第一段　青年民主教育課程被視為解決民主社會危機的靈丹妙藥。在這種情況下，重要的是要知道在魁北克教授的課程是否解放或再製了特定風格的公民。	民主教育方案本身並不是解放性的，但可以解放／再製特定類型的公民。
第二段　文章分為兩部分：(1)魁北克課程的介紹；(2)Westheimer 與 Kahne（2004）類型學的介紹。	
第三段　學校結構受到社會經濟脈絡相當大程度的影響。民主教育課程應該超越學校的圍牆。	有必要分析社會經濟脈絡，因為結構因素會影響課程的發展。
第四段　該課程的目標是使學生對正義和相互性的議題具備敏感度。 ……	
第九段　「共同利益」的概念是該課程的基礎 ……	課程背後的「共同利益」概念，是鼓勵順從而不是顛覆。

理論：辨識文本中所使用的主要概念
所使用的概念：公民身分
理論取向：Westheimer 與 Kahne（2004）提出的公民類型學
方法：辨識所使用的方法論與來源
所使用的實徵性資料：政府檔案文件、論述分析
關鍵詞：為進一步的文獻研究確定關鍵詞——公民身分、正義、共同利益、學校、學生

此樣板簡化了撰寫文獻回顧的過程，只需寫下你在樣板中確定的主要論點，並用你自己的話進一步解釋所呈現的重要概念和結果。

二、運用樣板來進行文獻回顧

在完成所有你想要回顧的文獻閱讀筆記樣板後，你需要以主題來分類所找到的資訊。以主題、使用的方法和重要概念來建立另一個表格以對這些不同的文獻進行分類，是一件有用的事。完成此表格可呈現對現有知識的詳盡探討，幫助你確認還有什麼是需要學習，或可以用不同方式來解釋。不要忘記，在撰寫文獻探討的結論時，作者經常會提到未解決的問題或他們希望關注的問題。當你界定你的研究問題時，此類資訊在辯護研究原創性上具有重要價值。

伍、本章摘要

在本章中，你學習了如何做出基本選擇——這在形成研究問題中扮演關鍵角色。你的研究問題是研究設計的核心，你需要做出很多選擇，但是為了勾勒出你的研究計畫，決定你是更強調實徵性目標還是理論性目標，是一個優先事項。接下來，你被要求選擇一個更合適的實徵分析目標，無論是情境、論述、敘說或是表徵和實踐。我們用三個圖來呈現與這些不同選項相關的研究問題示

例。在本章,你還了解到研究設計的過程和研究計畫的寫作是兩種不同類型的智力任務,學習到闡明清楚的研究設計意味著要將你的目的、理論架構、問題、方法和極為重要的效度加以連結。此外,你了解到撰寫研究計畫是一種溝通的行動,你需要說服見多識廣的讀者相信你的研究具有價值和合理性。你了解到文獻探討在顯示研究計畫的必要性方面扮演重要角色,也學會如何準備閱讀筆記。

你的研究計畫檢核清單

現在,你對研究設計更加熟悉了,你可以:

√ 完成你的圖書館研究和文獻探討,以確定已經進行了哪些研究以及你的主題中還存在哪些落差。

√ 確認你的研究在此階段要完成的研究目標。

√ 如果有需要,重寫你的研究問題(別擔心,研究問題會不斷調整和改進,直到你的研究結束)。

√ 選擇你的研究設計。

√ 撰寫研究計畫初稿,即使只是一部分。須知你之後仍然需要對你的方法論做出決定(第三章)。

後續你應該閱讀

Green, Helen. 2014. 'Use of Theoretical and Conceptual Frameworks in Qualitative Research.' *Nurse Researcher 21*(6): 34-8.

• 在這篇文章中,研究者揭露了作者們如何在質性研究中使用「理論性和概念性架構」這個術語,研究者解釋說其間幾乎沒有區別,完全取決於作者們如何定義理論。理論可以簡單地由幾個概念之間的關係(因果關係、對立關係、從屬關係等)來定義。

- Maxwell, Joseph. 2013. *Qualitative Research Design: An Interactive Approach,* 3rd edition. Applied Social Research Methods Series, Vol. 41. Thousand Oaks, CA: Sage.

- 這本書是任何質性研究者書桌上都該有的「必備品」之一，Maxwell 以非常全面的方式說明了反覆性研究的機制和研究設計的重要性。每章都以範例和練習結尾，幫助資淺（或沒那麼資淺）的研究者對研究設計的每一步採取反思的態度。這本書是理解反覆性設計的好夥伴。

網站：http://uottawa.libguides.com/c.php?g=265260&p=2314609

- 渥太華大學圖書館提供資訊以界定你的研究主題，並幫助你在社會科學領域進行圖書館研究，該網站有一個策略練習表的連結，可助你開啟你的圖書館研究。它顯示了使用詞庫以辨識關鍵字同義詞的重要性，每一個關鍵字都應該跟你的研究問題中的概念有關。

網站：http://libguides.usc.edu/writingguide/researchproposal

- 南加州大學圖書館提供一個綜合性網站，幫助學生準備研究計畫和研究報告。其中一些提示適用於量化研究，但大多數都適用於任何類型的研究計畫，提供了如何撰寫緒論、精簡摘要，或如何準備文獻探討和管理研究計畫類別的相關資訊。

網站：http://slideplayer.com/slide/4930414/

- 這是 John Creswell 與 Viki Clark 的投影片演示，Creswell 寫了幾本關於質性探究的書，他在幾張投影片中介紹了質性研究設計的本質。

想獲得更多支援與啟發嗎？這裡有線上資源可以幫忙！請使用**詞彙表教學字卡**掌握關鍵詞，查看**SAGE案例和期刊文章資料庫**中的實際方法，並跟隨本書中所討論資料的完整逐字稿逐步分析。

第三章
選擇一個方法以引導方法論決策

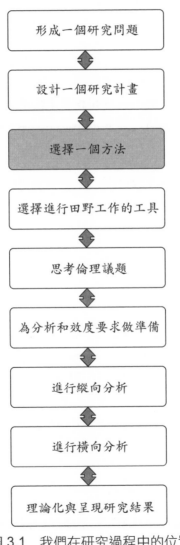

圖 3.1　我們在研究過程中的位置

在本章你將學習：

- 定義質性研究的五個主要傳統：現象學、紮根理論、論述分析、敘說分析與民族誌。
- 了解每個傳統的基礎與前提要件。
- 區分在同一通用傳統下共存的思想流派。
- 描述在每個傳統中完成資料分析的主要步驟。

壹、前言

　　為了使你的研究連貫一致——這是科學中最重要的品質指標之一，研究問題、研究的知識論基礎和設計，以及你選擇或創建用來產出和分析資料的方法之間必須有很好的契合度。本章將提供你一些傳統質性研究方法的概述（如表3.1）。方法論取向是指可以意識和捕捉到實徵真實的方式，我們將方法理解為一種與研究資料進行互動的方式。每一個方法都有其哲學或學科根基，由一系列概念和原則組成，並提出具體的方法和技術來分析資料。

表 3.1　所選擇的五種方法論取向

	方法				
	現象學	紮根理論	論述分析	敘說分析	民族誌
來源	哲學	社會學	應用語言學	文學	人類學
主要目標	了解某個現象的生活經驗	創造某個社會歷程的實質理論	記錄使用中語言的產生結構和實踐的方法	顯示故事在個人、社會和政治情境中的作用和效果	透過見證或參與來提供對環境或情境的豐富描述

　　知識論立場和方法論取向之間存在選擇性的相似處，選擇使用某種知識論立場進行研究，可能會引導你更考量某些方法或方法中的流派。但是請注意，

一個特定的研究計畫，可能有不止一個合適的選擇。也請注意，以下篇幅介紹的每種方法都經歷了許多版本，並隨著時間的推移形成了不同流派。因此，具體說明你在研究中所使用方法的流派或版本是重要的，並要詳實說明它與你採用的知識論基礎的關係。例如，Glaser 與 Strauss（1967）的紮根理論版本比較貼近後實證主義的知識論，而 Charmaz（2014）的版本比較貼近結構主義知識論。將一般性方法等同於明確和獨特的知識論立場，是一種有害的捷徑。

就本書的目的而言，選擇要涵蓋的質性方法論是一項必要的練習──儘管是一項困難的練習。之所以困難，有兩個原因。第一個原因是，進行選擇一定會面臨偏好的問題，沒有一個選擇會同意每個人對該領域的看法並被認為是完整的。在本書，我們決定介紹五種方法論取向，則必然會忽略其他方法（請見本章末「後續你應該閱讀」所列的其他重要方法），其他學者也提出他們的選擇（Creswell, 2012; Jacob, 1987; Marshall and Rossman, 2006; Silverman, 2005b）。

使選擇質性方法變得困難的第二個原因，是我們最終會進行人工分類。繼 Atkinson 等人（1988: 233）之後，我們想強調我們以下建議選擇的局限性。第一，在關於傳統的特徵和這個傳統中「誰的作品具代表性」，存在著爭議。第二，許多方法都具有共同的特徵。第三，有些方法所提供的指引很廣泛，以至於研究者必須建立自己的方法路線圖來開展研究。最後，許多實徵研究樂於結合一些方法，無論是否明顯易見。

在第七到九章，我們將為你提供一些詳細範例，在範例中我們使用其中一些方法來處理 Parenti 與 Jodi 兩位社會運動家的演講和訪談，亦即論述分析流派，以及紮根理論和敘說分析的結合。演講和訪談是為社會參與研究計畫而蒐集的，在此之前，你需要熟悉可用的方法，這是必要的，讓你可以從中選擇一個方法來進行研究；或者如果你想要，也可以從這些方法中選擇兼容的元素加以結合，提出自己的主張。本章的目的是給你一些參考，如此一來，你就會知道需要進一步鑽研哪些方法，才能正確引導你的研究計畫。對於本章涵蓋的五

種方法，我們將提供一些簡要的歷史脈絡、描述其基礎與前提要件、區分通用方法中的不同流派，以及列出分析實徵性資料時建議的主要步驟。對分析的具體方法進行介紹，即使是表面上的介紹，也是掌握每種方法論取向特殊性的好方法。在這些重要的提醒之後，讓我們嘗試在質性研究涵蓋的廣泛領域中界定一些參考依據。

貳、現象學

Edmond Husserl（1859-1938）發展了一種旨在探索主觀經驗的方法——現象學，即研究純粹現象的科學（Groenewald, 2004）。這位德國哲學家被認為是具顛覆性的，因為他拒絕了他那個時代的觀點——**邏輯實證主義**被認為是自然科學和人文科學的基礎。Husserl承認，人們已經使用物理學和數學的假設－演繹模式和方法對時空世界進行探索，並獲得巨大的成就。然而，他認為自然世界的另一部分，即人類主觀經驗的自然世界以及社會世界，都不能以同樣的方式去認識（Fouche, 1993: 112-13）。

Husserl認為，意識，這個區分人類與自然現象的要素，需要用一種尊重和考量其特殊性的方法，以人文科學加以處理。這一特徵讓現象學成為質性研究最重要的基礎之一，因為它的*存在理由*（raison d'être），就是發展和使用對人類真實的主觀性質具敏感度的方法。這就是為什麼一些質性研究者提倡從現象學分析的第一「層」開始任何質性研究分析階段的原因（Paillé and Mucchielli, 2010: Chapter 5）。因此，我們可以說幾乎所有的質性方法都植根於 Husserl 的觀點。然而，如同我們將在本節後續所看到的，比起作為一種廣泛哲學傳統，現象學作為一種用於進行實徵研究的方法論方法，是更為具體的。

一、基礎與前提要件

現象學有專屬的複雜詞彙和思想體系，然而，為了簡介現象學，我們將只介紹其中四個概念和前提要件：

- 對生活經驗的關注。
- 懸置個人世界觀的必要性。
- 還原的分析歷程。
- 目的是描述而非解釋。

（一）生活世界

對 Husserl 而言，研究的重點是生活世界。我們只能透過意識來知覺「外在世界」，且這更適用於情緒、關係和經驗的世界，因此，我們所知道的一切都是透過我們的意識來調節的。世界「本身」（as it is）不是重要（或可能）的研究對象；然而，生活的世界是。生活世界指的是未被理論化的經驗，是某種未明確說明的常識，現象學的目標是獲取未經處理的經驗，即未被概念架構扭曲的深層「感覺」。現象學家渴求的是現象的「原始」經驗，這只能透過親身經歷過這種現象的人才能獲得。因此，在現象學傳統中，會明確地挑戰專業知識的平衡，而且參與者被概念化為共同研究者。

（二）懸置

為了獲取生活經驗，現象學——尤其是 Husserl 的現象學，要求研究者懸置自己的經驗、成見和偏見。需要進行一些工作（例如寫日誌）以將懸置充分展現出來，讓研究者與自己保持距離，並對所研究的現象形成一種純粹的態度。正是以將自己的經驗和聲音加以懸置作為代價，研究者才有足夠的開放度，能夠充分聽到與看到共同研究者的生活經驗。

（三）透過還原尋找本質

透過獲得生活世界，而不是理論世界，現象學家的目標是辨識所研究現象的本質，本質就是將現象加以區分的成分和屬性：「這種方法——本質還原的方法——包括任意增加或減少被研究的概念其質量，直到達到不變的結構，也

就是沒有它，紅色就不可能是紅色的。」（Fouche, 1993: 122-3）。舉例來說，靈性實踐和宗教實踐有什麼區別？除了宗教實踐需要參與週期性的集體儀式這一事實之外，人們可以證明它們在本質上非常相似並且具有相同的組成元素。因此，透過比較許多共同研究者對某種現象的經驗，有可能萃取出其本質性與必要的元素。藉由這麼做，現象學家可以辨識現象的本質，並標記一種現象（例如宗教實踐）與另一種相似但不相同的現象（例如靈性實踐）之間的界限。

（四）描述而非解釋

現象學的目標是產生智慧，而非產生解釋性科學。現象學的分析過程試圖產出與人們經驗相呼應的文本——是一種使讀者透過認同共同研究者，並使讀者自己對現象的體驗能進而浮現，從而理解所研究現象的一種描述。這相當於好的小說所達到的效果，小說並不試圖解釋這個世界，但作為讀者，如果我們認同其中的人物，我們就可以形成對這個世界的理解。

二、現象學的不同流派

Husserl 的現象學觀點稱為先驗現象學，被一些人描述為「就像一位實證主義者嘗試揭示生活世界」。事實上，Husserl 反對相對主義，相對主義認為對生活經驗的真實或單一描述的觀點並不存在。Husserl 相信透過適當的距離和懸置，研究者可以描述共同研究者的真實經驗。當研究者採用「本然」（from nowhere）的觀點，並從他們的分析工作和寫作中抹去自身的存在時，這種立場是顯而易見的。這裡用一個例子說明我們所說的「本然」觀點：「哀悼的歷程包括四個階段」這句話與「我們對共同研究者的敘說進行分析後，發現哀悼是經歷了四個階段」這種有條件的主張完全不同。在某種程度上，Husserl 追求的是類似於實證主義者的客觀觀點。

另一方面，Merleau-Ponty（1945/2012）及其存在主義現象學與 Husserl 的立場背道而馳，因為他堅持情境性（situatedness）。對他來說，意識是經驗性

的，並且處於特定的脈絡中，無論一個人多麼努力試圖懸置，所形成的觀點從來都不是「本然」的。因此，讓研究者的立場明確化是相當重要的，因為一個人只會從某個地方、從特定的時間點、在生活中和在世界上說話。

Heidegger 及其詮釋學現象學，同樣背離 Husserl 的實證主義傾向和對現象進行描述的堅持。Heidegger（1927/1962）將現象學研究的產出視為研究者的詮釋，研究者再次被視為在生產知識過程中那些代答問題的主動代理人。

表 3.2 根據研究者主張的立場和研究者的陳述賦予現象的狀態，來區分這三個現象學流派。

表 3.2　現象學的不同流派

	先驗現象學 （Husserl）	存在主義現象學 （Merleau-Ponty）	詮釋現象學 （Heidegger）
研究者的立場	研究者採用本然的觀點	研究者處於情境中，參與者也是，必須把這一點列入考量	
研究者所陳述內容的狀態	研究者的描述符合生活世界		研究者對生活世界提出了詮釋

第一代哲學現象學家為研究者鋪路，這些研究者於 20 世紀後期成為現象學在人類和社會科學以及教育學領域的指標性人物，例如：Giorgi（1985）（心理學）與 Schutz（1973）（社會學），以及 Moustakas（1994）（心理學）與 van Manen（1990）（教育學）。如果你的研究問題與特定現象的主觀經驗有關，那麼這些作者的著作非常值得一讀。

三、現象學的方法

由於現象學培植一種「不知道」的態度，以意識並接受共同研究者的經驗，

因此它需要一個內省的重要階段（Munhall, 2007: 170）。這種態度對於產出實徵性資料以及分析都相當重要，與後實證主義科學研究形成鮮明對比，使一些研究者對遵循嚴謹的分析步驟持謹慎態度。事實上，有些研究者強調「慢想」（dwelling）和「沉思」（contemplating）資料、與資料同在，並讓它產生一些見解的重要性（Munhall, 2007: 179-80）。有些研究者則是更快地跳到一系列較正式的步驟來挖掘生活經驗的本質意義。遵循 Butler-Kisber（2010: 53）所言，研究的分析階段可以分為五個步驟，每個步驟的目標都是要萃取出資料的本質。綜覽這些步驟將使你更能了解現象學對你的研究來說具體意味著什麼。為了說明這些步驟，我們將參考我們在 Michael Parenti 投身政治的聲明中對現象學的應用。你可以在本書的輔助網站（https://study.sagepub.com/gaudetandrobert）上找到他的演講，題名為〈我如何成為一位社會運動家〉（How I became an activist），它也是我們在後續第七至九章中用來說明不同分析策略的部分資料。這個演講長度有 20 分鐘，謄寫成逐字稿後總共有 10 頁 486 行。

（一）沉浸在資料中

研究者需要對資料有深入的了解，包括資料的邏輯、語氣和內容。為了確保這一點，研究者必須一遍又一遍地閱讀資料，置身在他們的資料中。當研究者沒有自己產出研究資料時這一步驟尤其重要，無論他們使用的是檔案文件，還是由其他人謄寫的訪談逐字稿。當我們使用現象學來分析 Parenti 的演講時就是這種情況，因為演講時我們並不在現場。

（二）萃取重要的描述

緊接著，研究者會從資料中萃取跟其研究經驗有關的每一個重要陳述，並刪除不同主題或多餘的陳述。這一步驟最終會產出重要陳述的編號列表，從 Parenti 的演講中，我們辨識出 69 個與他成為社會運動家的過程有關的重要陳述。例如，重要陳述編號 8：「我的家在政治上相對貧困，是藍領、義大利裔美國

人、工人階級、低收入。我們真的很窮。」

（三）形成意義

反覆閱讀重要的陳述，以辨識資料中出現的主要面向。研究者為與該經驗某個面向有關的一系列重要陳述，寫一或兩句話來表達其外顯和內隱的意義。這一步驟最終會產出一個表述意義編號表，每個表述意義後面一併呈現其所指的各種重要陳述的編號。從上一步驟辨識出的 69 個重要陳述中，我們最終得到了 17 個含括所有這些重要陳述的表述意義。例如，表述意義編號 4：「我在經濟和政治都被剝奪的環境中長大。」（重要陳述編號 8 和編號 19）

（四）辨識主題

這些表述意義被歸類為更廣泛的主題，明確地指出構成經驗的共同關鍵元素。例如，我們辨識了主題「艱困是成為社會運動家的（肥沃）土壤」，這個主題包括兩個表述意義，包括前述所辨識出來的表述意義編號 4。

（五）撰寫現象學的文本

在已辨識的主題和所有先前已執行步驟的基礎上，研究者撰寫一篇敘說來呈現所研究現象的基本要素和意義，「文本必須從參與者的角度傳達他或她的親身經驗」（Paillé and Mucchielli, 2010: 92，原文作者譯）。從 Parenti 的演講中，我們透過詳細描述主題所得出的現象學敘說，是以第一人稱寫成的短篇文本（半頁）。

在對每個來源進行單獨分析後，研究者接著會面臨一系列的現象學敘說。現在可以辨識所有敘說中反覆出現的型態和差異，或者寫一個敘說來反映現象學敘說中特別引人注意的一般結構（Paillé and Mucchielli, 2010: 94），或者詳細闡述一種類型學來顯示所研究現象的生活經驗多樣性。

參、紮根理論

在 1960 年代後期的美國，強調客觀主義、複製、解釋、**推論**和工具嚴謹性的後實證主義典範仍然占主流位置，但民族誌方法論和社會建構主義正在興起。隨著 Barney Glaser 與 Anselm Strauss 的著作《紮根理論的發現》（*The Discovery of Grounded Theory*）在 1967 年出版，紮根理論也正在興起。大約在同一時間，他們還發表了關於瀕死病人生活軌跡的紮根理論著作（Glaser and Strauss, 1965/1970; 1968; 1971）。Glaser 接受的是量化和功能主義傳統的訓練，而 Strauss 則是接受芝加哥學派的訓練，也是符號互動論的支持者。以 Mead（1934/1963）、Blumer（1969）、Goffman（1961）和 Becker（1963）的著作為基礎的符號互動論，從歷程、學習和協商意義、互動、趨勢和認同來概念化社會經驗，對紮根理論產生了巨大影響。Glaser 與 Strauss 明確指出量化和質性資料的有用性，即使他們具影響力的著作是強調後者。在質性研究大多被認為是一種輔助性方法的時代，同時也是大規模量化研究受到關注的初始階段，紮根理論使質性研究系統化並獲得認可（Bryant and Charmaz, 2007）。

一、基礎與前提要件

紮根理論可能是質性研究中最受歡迎的傳統之一，已經有很多以它為主題的著作，我們也很想說有許多質性研究的學者認為他們與紮根理論是有淵源的。為了能在紮根理論的豐富水域航行，我們將關注其四個概念和前提要件：

- 目標是產出理論。
- 這些理論是植基於正在研究的實徵性資料中。
- 持續比較的分析過程是這個方法的關鍵。
- **理論抽樣**是資料蒐集和理論化的基礎。

（一）產出理論

在其原始形式中，紮根理論的目標是產出理論，但在這裡，理論被認為是一個不斷發展的過程，而不是最終的產物。Glaser 與 Strauss 認為社會科學對複製已知假設的執著，已經被視為是有其局限性的，雖然宏大理論成果豐碩，但兩位創始人認為社會學需要更多的中層理論，因此，社會學的研究不應該局限於驗證從宏大理論中得出的假設，而是要產生新的理論（Glaser and Strauss, 1967: vii-viii; 2），紮根理論呼籲將社會經驗概念化。但是請注意，很多研究經常借用紮根理論的工具（編碼、分類等），但卻沒有產生理論的雄心壯志。

（二）理論必須以經驗為基礎

紮根理論創造的歸納性理論是實徵分析的產物，根據創始人的說法，正因為它們是以經驗為基礎，所產生的理論才能「讓預測和解釋行為變得可能……（並且）可應用於實務上」（Glaser and Strauss, 1967: 3）。理論不會從資料中被找到、不會在資料中等著被蒐集，理論是從研究者的分析中產出的。為了達到這樣的目標，歸納工作是關鍵，尤其是在理論形成的早期階段。事實上，紮根理論經常被描述為要求研究者在熟悉相關研究主題的文獻之前直接進行田野工作（Glaser and Strauss, 1967: 37）。這種取向的支持者建議研究者進行田野工作，並運用他們的常識和不定概念（sensitizing concepts）來分析資料。他們將「不定概念」這個名詞歸功於 Blumer：

確定概念（definitive concepts）提供了「要看什麼」的處方，而不定概念只是建議了觀察的方向（1954: 7）。

因此，透過他們的不定概念，研究者可以研究他們的資料，並辨識所研究現象的特殊性。當描述現象的類別確立後，研究者可以使用它們和該主題先前的相關文獻進行系統性的對話。

（三）持續比較

藉由使用持續比較這樣的基本工具，讓產生一組相互關聯的概念類別（亦即理論）以解釋現象的歸納過程變為可能。紮根理論的支持者使用持續比較來建立通往更高抽象層次的道路，例如：一個研究者從經驗觀察開始（在醫院病房田野觀察瀕死病人），產生概念範疇（失落、一個瀕死之人的價值），進而建構實質理論（關於特定現象的理論，例如死亡），最後提出形式理論（狀態轉移理論，一種抽象的理論，用來解釋死亡和一生中發生的其他轉變）。紮根理論學者將經驗觀察進行相互比較以產生概念類別；將經驗觀察與概念類別進行比較，以辨識或精煉概念類別的向度和特性；將概念類別相互比較以準確描述它們的特殊性並建立實質理論；將田野觀察和概念類別與實質理論進行比較以改善它們；最後，將實質理論相互比較，以產生更具解釋力的形式理論。

（四）理論抽樣

產生紮根於經驗的理論此一漸進過程仰賴於資料的產生、分析，以及更多的資料、案例或參與者**抽樣**之間的連續循環。事實上，當開始分析時，就要開始撰寫研究報告。在理想的紮根理論世界中，進行第一次訪談、完成第一次觀察或蒐集第一份文件後會立即開始進行分析。基於對某一個資訊來源的分析，會確立具目標性的選擇標準，以選擇下一個參與者、觀察地點或文件。因此，抽樣決策始終是從分析、概念性領悟和需要加以測試的初步觀點中得到的產物。理論抽樣還意味著，抽樣決策總是致力於發現、改進、提煉那些構成尚在成形中的理論（例如政治影響理論）的所有類別（例如聲望）以及每個類別的特性（例如聲望此一類別的層次、來源和作用）（Charmaz, 2014: 96）。

二、紮根理論的不同流派

在這兩位創始人的著作於 1967 年出版後，隨著時間的推移，他們持續共同

或個別地持續改善精進這個方法。事實上，在某一時刻，他們對紮根理論中的歸納其適切層級存在著分歧的看法。Glaser 追求強烈的歸納，亦即先進行田野工作；而 Strauss 則看見在田野工作之前以文獻回顧展開研究的效用（Corbin and Strauss, 1990; Glaser, 1978; Strauss and Corbin, 1990）。Strauss 與這些學者的學生和其他紮根理論學者也繼續採用這種方法（Charmaz, 2014; Clarke, 2005）。以知識論為基礎，表 3.3 以一種非常概要性的方式區分了紮根理論的四個分支。

表 3.3　紮根理論的不同流派

古典紮根理論		結構主義紮根理論	批判現實主義紮根理論	後現代紮根理論
後實證主義：堅持驗證和解釋（因果機制）		結構主義：認可情境知識和研究者作為選擇機制的角色	批判現實主義：堅持溯因而非歸納	後現代：強調情境性、偏見和矛盾
純歸納法	「知情」歸納	Charmaz（2014）	Oliver（2011）	Clarke（2005）
				Kools（2008）
Glaser（1978）	Glaser and Strauss（1967）			
	Corbin and Strauss（1990）			

這個分類是片面的，沒有考量最初由 Glaser 與 Strauss 所提出的這個方法已有多種改編版。事實上，許多研究者將紮根理論作為他們的方法，但卻很少完整地使用它。紮根理論作為一種研究現象的方法，體現了堅實的歸納過程、持續比較和致力於生產理論的理論抽樣原則。相反的，許多研究者受到紮根理論

的啟發，但只是簡單地使用一些因此方法而普及化的分析工具——特別是編碼和分類。

三、紮根理論的方法

紮根理論與現象學一樣，是一種用來理解社會經驗的廣泛性研究方法，也是一個獨立的科學研究，它也提供給我們很有趣的資料分析工具。Paillé（1994）以 Glaser 與 Strauss（1967）的著作為基礎，詳細描述了一個六步驟的反覆性分析過程，可用於分析任何類型的資料，無論是訪談逐字稿、觀察筆記、影音剪輯等。接下來，我們將著重於 Paillé 對這些步驟的出色說明。同樣的，我們相信對此進行綜覽性說明，將使你能更了解紮根理論對你的研究來說，具體意味著什麼。

（一）初始編碼

這一個步驟需要仔細閱讀資料，並在心中謹記一個問題：「這是關於什麼？」（Paillé, 1994: 154）。編碼意味著逐行閱讀資料，以便簡明扼要地辨識最佳關鍵詞來綜合資料的實質內容，並相對應地註釋資料。這些關鍵詞在紮根理論中稱為代碼，可以來自研究者（**客位觀點**）或參與者（**主位觀點**）。在這個階段，分析工作仍然更接近描述而不是詮釋。雖然編碼是紮根理論研究開始時的核心步驟，但隨著資料的產出和分析，編碼將逐漸被放棄。事實上，對於研究者來說，初始編碼步驟的目標是讓研究者自己沉浸在資料中，然後慢慢地進行更抽象的閱讀，閱讀後的成果會體現在豐富的概念類別中。

（二）分類

奇怪的是，分析資料過程中的第二步類似於第一步，研究者再次閱讀資料並提出以下問題：「我面臨的是什麼現象？」（Paillé, 1994: 159）。此步驟與上一個編碼階段的區別，在於分類將分析過程提升到充分理解的層次，而非描

述的層次（代碼）。研究者的理論敏感度在這裡會得到充分發揮，因為分類步驟是在於看到資料中的意義，而不僅僅是辨識實質內容。因此，可以預期的是從同一資料摘錄的類別將少於代碼。產出類別是一個複雜的反覆試驗過程，這就是為什麼這一步驟的固有部分是要為自己寫備忘錄。備忘錄是分析日誌的入口，詳細說明了在產出類別時所發生的心理歷程。表 3.4 呈現一個類別的備忘錄示例：政治化。在對 Parenti 的演說進行分類過程的早期階段，我們將三個摘錄標記為「政治化」，而我們需要用符合在該類別下所標記的三個摘錄的方式，從頭開始定義這個類別。隨著更多摘錄被標記在該類別下並與之進行比較，該類別的初始定義和特徵將發生變化。

表 3.4　「政治化」類別備忘錄示例

我如何定義這個類別（1994: 164）？	「政治化是對不平等有所意識的過程，這種不平等是基於制度、集體或個人行動而產生的。」
這個類別有什麼特徵（1994: 165）？	「政治化」是一個過程，此過程是由早期影響、經歷轉折、積極參與一項事業、經歷內心的變化、學會應對因個人的政治行為而產生的社會成本等步驟所組成。
這個類別所需的社會條件是什麼（1994: 165）？	要發生「政治化」，就必須發展一種承認和談論權力問題的詞彙，必須公開表達對慣例或官方命令的異議，並採取行動。
這個類別採用什麼形式或向度（1994: 166）？	「政治化」是一個漸進（從個人的童年開始發展）或突然（在遇到有政治意識和投入的大學朋友之後）的過程；它可以處於意識的光譜中，從有意識和有選擇權（參加非暴力工作坊），到不易覺察和非自願（不適應中產階級猶太社區的持續性感覺）；它可以用不同的方式採取行動（參加示威、組織政治活動、寫信給民意代表）。

（三）建立類別之間的關係

Paillé（1994）建議紮根理論的第三步是辨識類別之間出現的關聯性。是什麼樣的順序、邏輯和型態將它們連結起來？類別之間的連結可能具有不同的性質：階層、依賴、功能關係、因果連結等。哪些類別是核心的？哪些是邊緣的？在這個階段，研究者可能想畫一個圖（或多個圖）並寫備忘錄來描述圖中將類別連結在一起的箭頭或線條。

（四）整合

紮根理論方法的每一步都需要將資料帶到更抽象的層次，研究者逐漸從最初的研究問題轉往更一般性的探問。因此，在整合階段需要更明確地描繪研究目標：最終，「我的研究與什麼有關？」（Paillé, 1994: 172）。整合之前產出的類別和圖表的主題是什麼？例如，對關於 Parenti 如何成為社會運動家的談話進行分析後的結果，加上對其他參與者就該主題的談話和訪談的分析結果，可能會引導出一條與尋找自身使命感有關的敘事線；也就是說，不僅只是從事政治活動，還要在自己身上發現和發展一種強烈的熱情（在 Parenti 的例子中，就是他對正義的熱愛），這種熱情塑造和消耗了一個人生活的大部分領域，並將經歷苦難加以合理化。此外，使命感的視角將苦難轉化成為個人承諾和更高道德目標的一種證明。

（五）建立模式

此步驟的目標是將目前已建構的研究目標逐步形式化為一個有清楚特徵、明確歷程、可預測結果的模式，為此，研究者必須問自己：「這種現象的組成成分或向度是什麼？」「出現這種現象的必要條件是什麼？」「這種現象的後果是什麼？」「它與其他現象有什麼關聯性？」「它遵循什麼節奏或動力？」（Paillé, 1994: 173-7）。回答這些問題有助於我們發展一個模式，在我們的範

例中，該模式不僅描繪了人們如何成為社會運動家，而且更廣泛地描繪了尋找自身使命感的過程。

（六）理論化

　　當模式變得明朗具體時，對其進行測試。理論化是一個過程，此過程的目標是加強或修改從上一步驟所產出的理論。依照 Glaser 與 Strauss 所言，進行理論化的方法是繼續應用理論抽樣原則，但這次是在現象及其組成元素的規模上。繼續以我們的例子來說明，假設對 Parenti 的演說和其他關於成為社會運動家的類似資料的紮根理論分析，使我們發展了一個與找到自身使命感有關的模式，該模式可以由不同的元素組成，例如對「召喚」持開放態度、將一個人的問題定義為「考驗」等。對模式的每個元素進行理論性抽樣，將需要回頭檢視原始資料和／或產出其他資料，並找到多個對「召喚」持開放態度或將問題定義為「考驗」的例子。這些例子將有助於精煉模式，並確保其所有屬性均已明確列出到不會再發現其他屬性的程度。

　　理論化可以透過分析式歸納來完成，研究者在其中繼續蒐集新資料並尋找「負面案例」：與模式某些組成部分相互矛盾的參與者或經驗。研究者進一步修改和調整模式以使其足夠一般化，以讓它也可以應用於負面案例。

　　我們應該理解的是，忠於創始人的精神，紮根理論必須不僅僅是進行質性研究的一系列步驟──它必須是一個具雄心壯志的研究計畫（產出中層理論）和對歸納分析的承諾。當然，許多受過該傳統訓練的研究者對其進行了批判和修改，以創立不同版本的紮根理論，更有甚者，如我們在前面所述，許多研究者僅滿足於簡單地使用原始紮根理論工具箱中的第一個工具（編碼與分類）。在這些情況下，雖然可能受到紮根理論的啟發，但在我們看來，這種分析更接近於質性研究的內容分析或主題分析。

肆、論述分析

　　在方法論文獻中關於論述分析的意義，並非總是很清楚。因此，為了保險起見，我們追溯社會科學中的「語言學轉向」。論述分析學者轉向語言學並決定「認真看待語言」（Alvesson, 2002: 63），他們的意思是，他們將分析重點放在使用的語言上。為了更加理解這一轉變涉及了什麼，我們首先需要呈現質性研究者經常採用的預設立場：語言的符應理論（Alvesson, 2002），或關於語言和資料的事實主義觀點（Alasuutari, 1995c）。

　　許多質性研究者深深接受「語言或多或少直接反映了人們持有的信念和實踐」此一觀點，對他們來說，當務之急是使語言和資料盡可能「透明」到可以了解「真實」的信念或表徵以及「真實」的行動或實踐。他們想讓語言與「事實」相符應。找到讓語言中性化的方法是研究真實的必要條件，例如你可能需要進行訪談以記錄監獄官員使用單獨監禁的情況，你所感興趣的是監獄官員在使用單獨監禁方面所制訂和實施的做法，基於這個理由，你要確保他們告訴你的內容有盡可能準確地反映他們實際所做的事情。因此，你會強烈關注參與者和研究者在研究的資料產出或蒐集階段引入的「偏見」，也會強烈關注對資料進行三角驗證，以確保參與者真實描述他們的想法和行動。以下這些問題成為關注的焦點：參與者是否遺漏了資訊或美化了故事，以隱藏令人不快的擔憂或行為？訪談者是否在不知不覺中透過提示和問題來引導參與者以找到「想要的」答案？為了減少（如果不能消除）這些偏見，許多研究者會希望和參與者建立密切連結，以使參與者能夠以充分的細節和完全信任的方式來分享他們的真實故事（Alasuutari, 1995c）。這種想法是：研究者和參與者之間的連結愈好，研究資料就愈真實和完整，有了信任，參與者就不會以扭曲真實的方式來使用語言。或者，研究者可能會走不同的路徑，選擇向參與者隱匿他們的研究問題或目的，以避免影響他們用取悅研究者的方式來描述他們的經驗。在這種情況下的想法是：如果有可能的話，不知道研究目的、假設和研究者在這個問題上的

立場，將使參與者很難「愚弄」研究者（Alasuutari, 1995c）。語言的符應理論或事實主義觀點，將語言視為通往真實的必經之路，如同它就是思考和生活。符應理論假設只要滿足某些條件，語言就有能力完美地描繪思想和行為：參與者完全信任或不知情。這取決於研究者使用能增加實徵性資料可靠性的技術和技巧。但論述分析學者拒絕採用語言符應理論或事實主義的觀點，他們將人們在互動中使用的語言，視為一種值得對其本身進行分析的真實層次。

一、基礎與前提要件

相較於現象學與紮根理論，論述分析是一個更多樣化的傳統。我們強調論述分析流派的共同點是拒絕語言符應理論或事實主義觀點，然而，用更積極的方式來說，我們認為其共享以下三個概念和前提要件：

- 語言作為我們文化的一個標本，人們使用它的方式值得分析（Alasuutari, 1995b）。
- 語言是具展演性的；它建構了某種版本的世界。
- 分析過程的重點是情境性，也就是所謂使用中的語言。

（一）語言／資料是一種標本

論述分析學者採用語言學轉向，將語言作為研究的主要焦點。在這種脈絡下，你仍然希望進行訪談以了解監獄官員使用單獨監禁的情況，但這些訪談將是蒐集監獄官員談論他們使用隔離監禁相關資訊的重要機會。他們對單獨監禁的看法將是研究的重點，你不會假設其反映他們真實想法或行為。語言不是（或者不僅僅是）一種傳達其他東西的媒介，例如符應理論中所設想的信念或行為（Alvesson, 2002）。個人選擇的詞彙、所做的對立和聯想、語言層次、比喻和重複，都應該在分析中被注意。文字是標本，是文化的基礎（Alasuutari, 1995b）。就像考古挖掘引領發現屬於某個社會的器物一樣，語言是一個社會、一部分人口或一個群體的重要組成部分。它不是（或者不僅僅是）另一個真實

層面的反映，例如思想或行動。就像發掘到的每個標本一樣，語言本身就值得分析。

（二）展演性

語言對人們有顯著的影響，人們用語言做事。語言創造了行動的路徑，使某些行為和想法更有可能發生，而使另一些不太可能發生。例如，當面對一個問題和一個可能的解決方案時，參與者傾向於思考所提供的解決方案並投票支持或反對它。提出相同的問題和解決方案，但要求參與者對解決方案發表評論，而不是要求他們投票，可能會產生更多的解決方案。這並不是說人們只是照著被吩咐的去做、按照被教導的去想，但總是可能有人會選擇重新審視問題原本的定義。語言會追蹤某些行動的決定因素，被要求投票或評論這兩者是不一樣的。此外，人們用語言來完成事情：吹噓、懇求、譴責、奉承、說服、展現權威等。妓女或性工作者這兩個名詞喚起不同的語體風格、內涵和社會想像，前者更可能意味著邊緣性，後者更可能意味著勞動性。

（三）情境性或使用中的語言

幾乎沒有中性使用的語言，這就是為什麼許多論述分析流派偏愛研究使用中的語言——以便掌握話語的脈絡。這種脈絡對於理解選擇某些字詞所傳達的含義至關重要。Alvesson（2002: 63）舉了一個很好的例子：「現在是 9 點」這個句子可以表示「現在是 9 點，讓我們集合並開始會議」，或「現在是 9 點，會議已經開始，你遲到了」，或「現在是 9 點，要開始會議已經太晚了」。語言是一種情境實踐，必須在其使用脈絡下進行研究。

二、論述分析的不同流派

每個論述分析流派都以自己的方式定義論述，並有自己的分析策略。為了了解流派的範圍，我們借用了 Phillips 與 Hardy（2002: 20）所發展的類型（圖

3.2），這個類型相當有幫助。

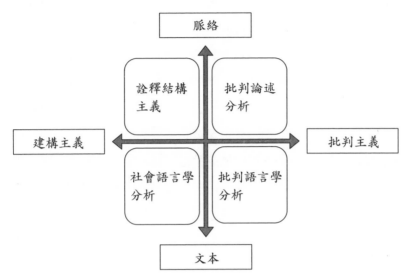

圖 3.2　論述分析的不同流派（取自 Phillips 與 Hardy, 2002: 20）

　　論述分析的流派可以沿著建構主義－批判主義的軸線加以定位，在光譜的
一端，研究者可能想關注社會建構的過程，例如：「校園霸凌」這個名詞是如
何變得大眾化，成為青少年之間具傷害性的校園互動代名詞，以及它又是如何
成為一個社會問題？在光譜的另一端，研究者可能想探究在這種現象中發揮作
用的權力動力，例如：公共衛生如何強加其對校園霸凌的定義（從而邊緣化教
育、心理學和法律的定義），並致使社會政策的醫療化？當然，不考慮權力就
很難專注於社會建構的過程，反之亦然；這就是為什麼在 Phillips 與 Hardy
（2002）之後，我們選擇將這種抉擇以連續線而不是二分法（非此即彼）的方
式加以呈現。

　　此外，論述分析可以沿著文本－脈絡軸線進行定位，同樣的，這個選擇是
一種程度上的問題。在絕大多數使用論述分析的研究中，特別關注的是文本本
身或某些人所說的近側脈絡：文件的體裁、它相對於其他文本的位置、它的結

構，以及產出文本的直接條件。在其他研究中，遠端脈絡將是最重要的：文本產出時的社會政治氛圍、盛行的文化規範，以及建立文本的制度規則。

這兩條軸線交會後，我們發現四個廣泛的流派。社會語言學分析著重於建構歷程和文本，在這一類別下，我們可找到一個其目標是在確定「綠色福音派」修辭特徵的研究（Prelli and Winters, 2009），或者一項透過對會議進行對話分析來記錄董事會每個成員立場的研究。批判語言學分析很類似，但是以權力問題為中心，如一項研究是仔細地分析家庭語言互動的逐字稿，以重現成人用來確保對兒童具支配力的那些不得要領的策略，另一項研究是透過關注媒體中使用的隱喻來分析生物管理的普遍性，這些隱喻是為了預防目的而必須從兒童身上蒐集 DNA 樣本。詮釋結構主義流派旨在呈現建構歷程，同時將它們置於遠端脈絡中，例如研究公司收購的論證演變，以顯示商業文化隨時間推移而產生的變化（Hirsch, 1986），就是這種方法的例證。最後，批判論述分析對描繪權力動力感興趣，並密切關注遠端脈絡，Peled-Elhanan（2010）對以色列歷史指南中將大屠殺合法化的研究，或是 Carabine（2001）對英國一個世紀以來未婚媽媽的族譜分析，都屬於這種方法。

三、論述分析的方法

上一段落指出在論述分析中沒有共同的分析策略，我們將依賴 Fairclough（2001）系統化的策略來說明一種可能性，並讓你了解進行論述分析的具體含義。Fairclough 是批判論述分析的主要理論家之一，與 van Dijk（1985）和 Wodak（2002）齊名。

Fairclough（1995）受到 Foucault、法蘭克福學派以及 Roy Bhaskar（1975/1997）的影響，對呈現符號學（所有賦予意義的活動，包括談話和文本）如何導致支配關係意識型態的再製感到興趣，主要關注全球化和排他性的論述，並希望透過揭示在這些過程中發揮作用的權力關係來促進社會變革。為了實現這一點，Fairclough 的論述分析策略（2001: 236）被鑲嵌於一個由五步驟

組成的架構中，在此我們將僅聚焦於分析的第二步驟，即仔細閱讀文本。在分析的這個時機點，我們的疑問是：關於這個問題的論述是什麼？因此，使用如下四層探問來密切關注語言。

（一）結構分析與論述順序

一個文本在它之前和之後的文本鏈中如何出現？以及在哪裡出現？換句話說，所研究的文本在意義圖像範疇內處於什麼位置？重要的是，要理解文本不一定是指文件檔案，文本可以是高速公路上的廣告招牌、訪談逐字稿或電子遊戲。每個文本都是對另一個文本的回答，因此，重要的是將文本視為更廣泛互動過程中的一個時間點，無論是私人談話，還是社交對話（Fairclough, 2001: 239-40）。

（二）互動分析

每個文本都是豐厚的，必須對其進行分析以發現四種類型的產物（Fairclough, 2001: 241）：

1. 表徵：文本中的事實和利害關係是如何體現的？
2. 認同：文本創造了哪些認同？
3. 價值：什麼是令人滿意的、積極的、好的與不受歡迎的、消極的、壞的？
4. 關係：文本與哪些社會領域（個人、公眾、政府、政治等）相關或有所連結？

（三）論述間的分析

文本很少是同質性的，通常由不同的體裁風格組成，因此，這個步驟的問題是：文本借鑑了哪些體裁風格？喜劇、訪談、廣告或演講等（Fairclough, 2001: 241）？

（四）語言學與符號學分析

最後，閱讀文本以在句子和字詞的選擇方面發現意義的結構：

1. 文本是如何組織的？是敘述性、爭論性，還是陳述性（Fairclough, 2001: 241）？
2. 這些子句是如何組合的？文本使用的是複雜句、複合句或簡單句（2001: 241）？
3. 文本包含什麼類型的子句？子句的語法和語義、及物動詞或不及物動詞、動作動詞、代詞的選擇、情態等（2001: 242）？
4. 文本使用什麼字詞？詞彙、隱含意義和本義、隱喻等（2001: 242）？

檢視所使用的代詞、動作動詞、詞彙選擇、子句組合和所有其他語言學面向，都是了解真實如何被建構的方式，也是了解種族、性別、異性戀或障礙歧視等權力結構如何出現與再製的方式。當加入批判的視角時，論述分析學者可以將這些選擇解釋為意識型態再製或抗拒的運作機制。

伍、敘說分析

敘說分析是一個涵蓋性術語，指的是多種方法論立場和工具，其關注的是人們創造的故事以及生活故事的傳奇本質。與本章中描述的其他方法一樣，敘說分析是一種質性研究傳統，有其歷史、辯證和特定類型的研究問題或議題。然而，與本章介紹的其他傳統一樣，研究者有時會選擇從敘說分析中借用特定的分析工具（例如研究資料來源中所描繪的人物），而沒有在這一特定傳統中開展他們的整個研究。有些人將敘說分析歸類為論述分析的一個分支，這兩種傳統當然具有重要的共同性，例如將使用中的語言作為分析的重點。不過，為了清楚起見，我們傾向將敘說分析視為一種獨立的傳統來介紹。為了我們的討論，我們將提出一個定義，該定義借用了 Prince（引自 Alasuutari, 1995a）的一

些關鍵元素：故事或多或少是對包含情節的過去事件的連續性述說，也就是說，將事件改變為存在狀態。Alasuutari 提出了以下故事範例：「約翰在遇到瑪麗之前一直很快樂，然後他變得不快樂。」（1995a: 71）因此，敘說不同於簡單的描述、列表或論證。有一些個人敘說可以聚焦於分析個人認同問題，例如 Elizer 的青春故事（Spector-Mersel, 2010）；也有集體敘說，例如適用於世界各地印第安人、猶太人或巴勒斯坦人的「僑民敘說」（Said, 2000）或「綠色敘說」（Starkey and Crane, 2003）。

　　敘說分析的起源可以追溯到文學研究，最早可追溯到亞里斯多德（西元前384-322 年）對希臘悲劇的剖析，然後是俄羅斯形式主義學派（1910 年代至 1930 年代）的 Propp（1968）對民間故事或語言結構主義的研究，以及 Lévi-Strauss（1963/1999）對神話的研究讓敘說分析再次被看見以及普及化（Kohler Riessman, 2008）。然而，為了後續的綜覽，我們將重點放在所謂的「敘說轉向」——將文學概念和方法論工具（如序列、情節、人物和故事情節）應用於非文學材料，如檔案、政治文本、訪談逐字稿、觀察筆記。這一股浪潮始於 1960 年代，於 1980 年代中期在社會科學和健康科學的許多學科中蓬勃發展（Kohler Riessman, 2008: 14）。依據 Pinnegar 與 Daynes（2007）所言，「敘說轉向」是對傳統或實證主義科學研究方式、將研究參與者物化、數字崇拜以及關注普遍真理的反動。

一、基礎與前提要件

　　由於「敘說」此一專有名詞的定義和對「敘說分析」的理解相當多元，要準確描述敘說研究之間的基本共同點，有曲解某些傳統的風險（Robert and Shenhav, 2014），但我們提出敘說分析領域的三個共同點：

- 敘說被認為是了解和描繪世界的基本方式。
- 與其說敘說分析學者關心的是事實真相，不如說是敘說的**逼真性**（verisimilitude）。

● 分析是聚焦於探究連結性，因為故事中的每個人物或角色都需要從關係的脈絡來被理解。

（一）了解世界的基本方式

　　Bruner（1987）提出兩種了解世界的方式。首先是具有科學特色的理性主義和實證主義方式，長久以來，這種了解世界的方式已經被提倡為是我們心智運作（或應該運作）的理想方式。理性主義—實證主義的方式專注於使用事實來產出達到普遍真理標準的正式和系統性描述和解釋（Bruner, 1991）。第二種了解世界的方式是貫穿於人類經驗各個面向的敘說方式，其專注於人們建構特定故事以呈現和構成經驗的方式。「敘說轉向」的前提是關注人類不斷創造的那些故事，並確定它們被形塑和被分享的方式，以及故事的內容、所涉及的人物、行動的順序、情節和對觀眾的影響。

（二）逼真性而非事實真相

　　　不像邏輯和科學程序產生的結構可以被否證後淘汰，敘說結構只能達到「逼真性」或合理性和真實性。如此一來，敘說是真實的一種版本，其可接受性是受到慣例和「敘事必要性」的影響，而不是實徵驗證和邏輯必要性的影響（Bruner, 1991: 4）。

　　故事沒有真假；它們或多或少是可信的，也或多或少地達到了說服、訓誡、娛樂觀眾和傳達感受的目的。一個事件可能會有多個說法，每個說法都是其中一部分，並且承載某一種觀點（Bruner, 2002）。事實上，要述說一個人如何決定攻讀並完成大學學位的故事可以有很多方法，例如：

　　　我總是對電視上的犯罪節目著迷，到了決定我高中畢業後要學什麼的時候，我很興奮地得知可以透過申請去就讀我所在城市的大學犯罪學

系以成為一名犯罪學家。我做到了，我被錄取了，但在第一個學期之後我很快就明白，作為一名犯罪學家與在我最喜歡的電視節目中看到的內容沒什麼關聯性。儘管如此，這些課程還是讓我感興趣，我決定完成我已經開始的學位。

同一個人可以述說不同的故事：

我的兄弟姊妹都去就讀大學，毫無疑問我也會。事實上，這件事甚至從未在家裡被討論過，我也從未思考過上專業大學的可能性。我總是喜歡上學，而就讀大學也是順理成章的。我想，如果我告訴我的父母我不想去讀大學，他們會十分震驚。當我開始大學生活的時候，比我預想的要難一些，但我在我的學系中交到了朋友，並且一起奮鬥。我們組成學習小組，但大多時候我們都在聊天，而不是學習，但一年過後，我適應了。儘管對犯罪學家的工作有點失望，但毫無疑問我會完成我的學位。當今，擁有大學學歷是必要的。

第一個故事強調與某個主題的情感連結，第二個故事則列出影響故事述說者教育軌跡的內隱期望。這些敘說是同樣如實、同樣片段、同樣真實的，也是同樣詮釋性的。

（三）連結性

就像人們需要考量邪惡女王的動機，才能完全理解白雪公主的行為一樣，我們需要考量故事的每個順序及每個角色之間的相互關係。在敘說分析中，意義是具關係性的，它不是事件或角色的屬性，因此，需要全面考量所研究的資料，組成故事的每一個部分僅在與其他部分有所關聯時才有意義。例如，透過詳細編碼將資料分割成碎片會阻礙敘說分析，分析的重點是將事件和人物連結起來的關係，而不僅僅是事件和人物本身。

二、敘說分析的不同流派

　　為了清楚起見，我們將敘說分析這門學問分為兩大流派：古典與後古典（Robert and Shenhav, 2014），圖 3.3 將這些差異加以視覺化。

圖 3.3　敘說分析的不同流派

　　我們在這裡所說的古典流派敘說分析，包含不同的模式。俄羅斯形式主義（Propp, 1968）和他們的繼任者，如 Labov 與 Waletzky（1967）採用語段觀點，聚焦於辨識敘說中事件的時間順序。在這些取向中，分析是受到句子研究的啟發，研究者的目標是發現「句法」（syntax），也就是它的元素組合在一起的方式。敘說如何展開？什麼事件使行動的進展複雜化？主角在逆境中表現得如何？

　　懷抱著對敘說進展的興趣，Frank（1995）對慢性疾病的經驗進行了廣泛的訪談研究，他表示關於慢性疾病的敘說，基本上分為三種類型：

1.「恢復原狀的敘說：我曾是健康的，現在我生病了，但明天我會好起來的。」（Frank, 1995: 77）
2.「探尋的敘說：疾病是重塑自我的機會。」（1995: 166）

3.「混亂的敘說：我的生活一團糟，而且會一直這樣下去；所有人都失控。」
（1995: 101）

這說明了慢性疾病的經驗是多元的，沒有一種固定模式，這些不同的經驗
可能需要醫療專業人員和家庭成員提供不同類型的支持。

另一個古典視框的敘說分析受到 Lévi-Strauss（1963/1999）和 Greimas
（1966/1983）的啟發，採用典範式的觀點。跟語段焦點著重在歷時性結構不同
的是，這種取向致力於藉由辨識基礎性的對立來發現敘說的意義結構，也稱為
符號結構。Wang 與 Roberts（2005）使用這種方法來探索一個中國農民女兒在
1970 年代成為學校教師，並與農民子女一起工作的認同建構敘說。這種類型的
研究突顯了一個農民女兒在課堂上作為老師承擔權威角色時所需的關係重構。

在後古典敘說流派中，更強調的是敘說的生產和傳遞脈絡，而不是其結構
本身。換句話說，它將焦點轉移到視故事述說為一種展演（Peterson and Langel-
lier, 2006）。因此，敘說不是可以在實徵資料中被找到的結構，而是需要被研
究的開放和動態的過程（Herman and Vervaeck, 2005）。由於興趣著重在生產而
不是產品上，因此讀者或對話者（或研究者）的角色被視為有助於共同建構敘
說的一個因素：「一個特定的自我是透過……敘說構成的，由現場聽眾及其問
題和評論引發而成。」（Kohler Riessman, 1990: 1195）。Bülow（2004）分析慢
性疲勞症候群患者支持小組的互動，她明確地分析了領導者和參與者共同產出
敘說的方式，從這個角度來看，領導者從參與者那裡精心策劃了一系列故事，
並共同述說了集體故事。

此外，後古典取向堅持這樣一個事實——預設受眾的屬性很可能與文本的
寫作相互作用，這種互動觀點為敘說分析學者開闢了整個研究領域：「例如述
說角色與述說權利、觀眾反應等」（De Fina and Georgakopoulou, 2008: 381）。
在這些互動中，認同、權力、性別、資歷和文化等概念是重要的。

三、敘說分析的方法

敘說分析包括許多流派，其中包括許多方法論策略，我們將只使用一個範例來使敘說分析更加具體，並幫助你決定它是否可以成為你進行研究的一個選項。為探討自 1930 年代以來西方電影的轉變與美國的社會變化有何關係，Wright（1975）進行了一項有趣的結構式敘說研究。他同時使用語段和典範工具，將西方電影視為現代神話，並將其與資本主義的各個階段加以連結。Harvey（2011）將 Wright 的方法分為四個步驟。

（一）辨識二元對立

辨識哪些群體的哪些特徵是相互對立的（牛仔與印第安人、定居的農民與游牧民族）。唯藉由辨識其所對立的事物，我們才能顯現一個角色的意義。例如，如果黑色與白色相對，那麼黑色很可能是指沒有光；如果黑色與粉紅色相對，那麼黑色很可能指的是負面情緒或負面前景。

（二）為角色進行象徵性編碼

對於結構主義而言，在神話中發現的對立（本例是指在西部片中）總是代表文化和概念層面上的概念性對立。因此，在這個階段，我們必須確定每個人物的對立在文化或社會良知中代表什麼概念。圖 3.4 呈現 Harvey（2011: 2）在本案例中的建議。

（三）辨識情節的功能

這個階段的目標是將敘說濃縮成它的功能，為此，必須列出「描述角色的單一屬性或動作」的單句陳述，例如「英雄對抗反派」（Harvey, 2011: 3）。這些敘說功能是社會或制度性行動的指標，而不僅僅是社會良知，這與先前辨識的對立完全不同。

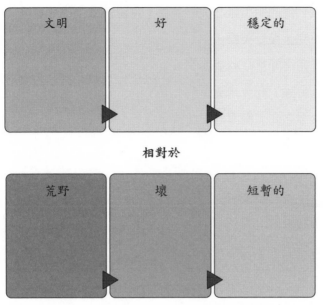

圖 3.4　為角色進行象徵性編碼的範例

（四）確定敘說順序

順序能確保敘說「有意義」，亦即述說一個故事而不僅僅是列出事件。
更具體地說，順序提供了創立角色和解決衝突的規則（Harvey, 2011:
3）。

敘說指定了與制度或社會需求相一致的角色和衝突解決方案，隨著制度和
社會的變遷，其神話的敘說結構也會發生變化。這裡有一個例子，是 Wright
（1975: 48-9）在研究第一階段從西部片中發現的經典情節：

1.「英雄進入一個社會團體。」
2.「英雄不為社會所知。」
3.「英雄被發現具有非凡的能力。」

4.「社會意識到他們與英雄之間的差異；英雄被賦予特殊地位。」

5.「社會並不完全接受英雄。」

6.「反派與社會之間存在利益衝突。」

7.「反派比社會強；社會是弱小的。」

8.「英雄和反派之間有深厚的友誼或敬意。」

9.「反派威脅社會。」

10.「英雄避免捲入衝突。」

11.「反派危害英雄的朋友。」

12.「英雄對抗反派。」

13.「英雄戰勝反派。」

14.「社會安全了。」

15.「社會接受英雄。」

16.「英雄失去或放棄他的特殊地位。」

在 1930 年代到 1970 年代的西方電影中，Wright 辨識了四種按時間順序排列的敘說，在如上描述的經典情節之後，他也發現了復仇情節、過渡情節和專業情節。

（五）小結：將神話置於社會－經濟脈絡中

Wright 研究的有力假設是制度和社會建構了個人的互動，因此，社會的變遷應該引發其基本神話的變化。如果真是如此，那麼在每一次重大的社會變遷之後，我們都應該能觀察到西方敘說結構的變化。Wright 方法中的最後一個步驟是顯示敘說結構的意義如何反映現有社會結構中既有的主流意識型態。他以令人信服的方式呈現從經典情節到專業情節的發展，如何反映了商業經濟的變遷。

再次強調，敘說分析是多元的，如同 Wright 設計了一種專注於意義結構（對立）和時間順序結構（順序）的方法，許多使用敘說分析的研究者亦從敘說分析範疇內，或超出敘說分析範疇的許多流派中借用了工具和原則。

陸、民族誌

雖然對於一些研究者來說，任何專門用於蒐集文件、進行訪談或觀察環境的田野工作時期都可以被稱為「民族誌」，但 O'Reilly 建議對這個專有名詞進行「關鍵最低限度的定義」，這對我們的目標很有幫助。用她的話來定義民族誌：

> 是一種互動−歸納研究（透過研究來發展設計），仰賴一系列方法，涉及在日常生活（和文化）脈絡下與人類的直接和持續接觸，觀察發生的事情，傾聽所說的內容，提出問題，並寫出尊重人類經驗不可還原性的豐富書面紀錄，承認理論的作用以及研究者自身的作用，並將人類視為部分客體／部分主體（2005: 3）。

我們都知道需要乃發明之母。民族誌作為一種記錄文化的系統方法，應歸功於人類學家 Malinowski（1922/1966），他在 20 世紀初研究美拉尼西亞特羅布里恩群島（Trobriand Islands in Melansesia）的居民時，發展了參與觀察的方法。人類學家需要找到一種方法來蒐集他們感興趣的社會相關資訊，由於除了探險家、殖民者和傳教士所寫的旅行日記外，沒有其他書面紀錄，因此要了解沒有書面佐證支持的文化，唯一方式就是真正去融入這個社會。透過在場和參與，可以寫出對一個群體的準確描述。

民族誌的另一個支柱是芝加哥社會學派（Atkinson et al., 2001），從 1910 年代中期到 1940 年代初期，芝加哥學派在美國占主流地位，當時移民、城市化和相關社會情況（如無家可歸者）呈上升趨勢。應 Robert Park（1864-1944）和 Ernest Burgess（1886-1966）的邀請，社會學專業學生將這座正在轉型的城市作

為他們的實驗室。他們學會了在活體內（in vivo）（移民的貧民窟、青年團體等）研究人和活動。第二次世界大戰後，芝加哥第二學派與符號互動主義攜手並進，延續了民族誌田野工作的傳統，並將其應用於醫院和精神病房等機構以及被邊緣化的人口群。

一、基礎與前提要件

雖然民族誌是人類學的首選方法，但如今它已應用於許多學科中，如：護理、教育、健康社會學、組織研究、社會心理學。無論研究者認同的學科是什麼，在進行民族誌研究時，都會遇到三個主要問題：

1. 花時間。
2. 將焦點放在觀察和／或參與。
3. 選擇個人的觀點。

（一）時間

民族誌的主要特徵之一，是研究者沉浸在研究環境中的時間很長，如果不是幾年，通常也是幾個月。融入一個環境到可以理解的程度需要時間：了解一個群體如何組織時間、分配任務、分配等級和職位、重視的象徵、價值觀、態度、紀律和違紀等。投資時間記錄一個環境的各個面向，不僅在研究者想要寫一篇關於一個群體的完整性專論時很重要，研究者可以選擇一個更具體的主題，例如紋身藝術家與身體建立的融洽關係，但仍需投資時間記錄藝術家作品的更廣泛脈絡，這將加深研究者理解紋身藝術家看待身體的觀點。

（二）觀察／參與

民族誌通常意味著兼容並蓄，透過非正式談話、正式訪談、檔案工作和文獻分析來蒐集資料，但大多數情況下，它需要時間和觀察，出現在那裡，「四處閒晃」（Shaffir, 1999）。觀察和參與（在某種程度上）是打破「文字隔閡」

的條件，有些人聲稱，更仔細地觀察，更能保證經驗可以準確地再現；有些人強調的則是觀察可以傳達真實的紋理細節。舉例來說，我們並不總是能夠用語言表達我們在日常生活中所發生的事情，我們並不總是知道我們在一天中做了什麼。依靠 Joe 對一天的描述來描繪他所做的事情是一回事，而親臨現場觀察他的行為可能會得出另一種說法。這不是因為 Joe 身為訪談參與者在他所做的事情上撒了謊，而是因為他沒有意識到自己早上打了多少次電話、凝視著天空做白日夢的次數，或者在向同事解釋任務時使用的語氣等。蒐集這樣的細節可以讓描述更加豐富，讓研究者能夠向讀者傳達「身臨其境」的感覺。透過參與在環境中扮演一個角色，研究者可以走得更遠，並且可以如歷其境地體會某種經驗。例如，透過參與，研究者在認可助教角色和批改大學生論文時，會經歷到木匠學徒對師傅的依賴或處於權威地位的感覺。

> 關於在環境中觀察的重要性，請觀看 Sarah Delamont 以民族誌進行的採訪，網址 https://study.sagepub.com/gaudetandrobert

（三）觀點：主位／客位／自我

傳統上，民族誌學者描繪其研究群體實踐而撰寫的專論通常是「來源不明的」，亦即使用不具人格的形式。在一項關於滑板運動的研究中，描述方式聽起來可能是這樣的：「鼓舞城市滑板者的是對風險／樂趣的追求，他們渴望強烈的感覺，有時甚至低估了他們所承擔的、及對他人所造成的危險。」以這種風格寫成的專論沒有述說者，給人一種以超然、客觀的方式來描述生活的印象。這就是民族誌中所謂的「自然主義」（Spencer, 2001: 448-9）。這種局外人或客位的觀點，同時也是科學修辭的重要工具，後來受到人文社會科學的質疑。

許多民族誌學者選擇拋開這個慣例，確保賦予和他們一起工作的群體成員發聲權，並試圖讓主位的觀點占主導地位，也就是所謂的局內人觀點。參與者的引述被包含在專論中，事件或經歷的描述被準確地歸屬於參與者，而專論的

目的是讓被剝奪權利群體的觀點被聽到。在一篇採用主位觀點的滑板專論中，
我們看到的是像下面這樣的陳述：

> Andy認為自己是一名中級滑板手，他解釋說：「我想突破我的極限，
> 把城市的設施當作我的遊樂場，我想提高我的技能和速度。滑板運動
> 是對約定俗成說不，也對所謂從一個地方移動到另一個地方的正確方
> 式說不。」

這種讓參與者有發聲權的渴望受到了審視和辯證，畢竟，選擇引用哪些參
與者、採納哪些人的觀點不總是研究者的責任嗎？我們是在自欺欺人地假裝我
們的專論反映了參與者的觀點嗎？

對於某些人來說，這場辯論的答案是承認他們專論的著作者身分，拒絕試
圖以來源不明的方式描述一個群體，也拒絕試圖呈現研究參與者的觀點。專論
開始採用第一人稱敘說風格，作者的地位得到明確體現。在關於滑板運動的自
我民族誌研究中，我們可能會讀到如下的主張：

> 我（研究者）第一次走進滑板公園並嘗試滑板動作時，感到十分害怕。
> 那裡的男孩和女孩顯然比我更有技巧，他們以相當快的速度從我身邊
> 經過。作為一個25歲的新手滑板者，我覺得自己格格不入，在那時候
> 我遇見了 Andy。

採用這種自我民族誌風格的作者在記錄和參與者共度的時光時，會反思性
地討論他們的性別、種族、國籍、社經背景以及他們與「他者」的關係（Madi-
son, 2005）。

二、民族誌的不同流派

對民族誌作品進行分類，是一項即使最優秀的民族誌學者也覺得困難的任
務（Loseke and Cahill, 1999）。儘管如此，嘗試還是有用的。為此，我們相當

仰賴 Roy 與 Banerjeę（2012）提出的分類，如圖 3.5，儘管他們傾向於將民族誌
等同於人類學此一學科的方法論取向。我們略微修改了他們提出的類型，這裡
不會詳細介紹，但足以闡明民族誌研究中存在的基本區別。

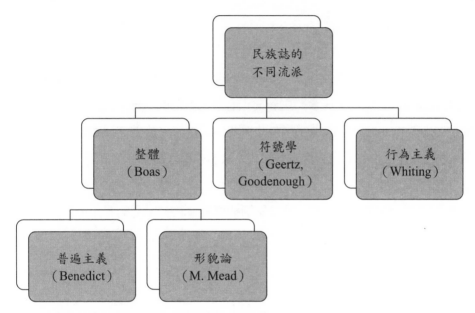

圖 3.5　民族誌的不同流派（改編自 Roy and Banerjeę, 2012）

　　民族誌的整體流派起源於 Franz Boas 的美國人類學著作，它支持採用歸納
和歷史取向來研究文化的形成。整體流派將文化視為一個「整體」，並傾向於
研究一個群體的所有生活向度：家庭、社群、政治、經濟、信仰與儀式等。根
據該流派支持者的說法，行為模式的出現是慢慢成形並成為一個群體的行為規
範。一些民族誌學者比較這些文化特性的發展，尋找它們之間的共同性，亦即
許多（如果不是所有）文化共有的特徵，這是以 Ruth Benedict 為首的普遍主義
分支；而在光譜另一端的學者，對每種文化發展的特點和特質感興趣，是以
Margaret Mead（1901-1978）為代表的形貌論分支。

　　民族誌的符號學流派與意義的記載有關，根據這個流派的論點，文化是一個符號系統，需要由該文化的原住民和民族誌學者來進行詮釋。因此，民族誌的重點不僅在於觀察到的行為，還在於人們對這些行為的看法。為了將這些觀點傳達給讀者，「豐厚描述」──亦即對脈絡和生活經驗的詳細描述是很重要的。如此詳細而生動的描述是產生逼真效果（帶給讀者他們認識參與者的印象）的關鍵，是出色民族誌的重要品質標準。

　　民族誌的行為主義流派與 John Whiting（1908-1999）和 Betrice Whiting（1914-2003）有關，是後實證主義文化心理學研究的一種形式。它假定一個群體的文化與其成員的性格之間存在某種關係，這個民族誌流派讓研究關注在差異和對比的文化中，兒童的性格發展或兒童的攻擊行為。基於一群人的生物學、他們生活的生態、他們所擁有的社會互動和文化，描繪了一系列關於該社會成員應具有的性格的假設，然後根據仔細抽樣的資料和常見的量化分析方法來對這些假設進行檢驗。

三、民族誌的方法

　　在本節中，除了介紹民族誌使用的特定分析方法外，我們想請大家關注民族誌中兩個相互關聯的方法論發展：多點民族誌（multi-sited ethnography）和數位民族誌（digital ethnography）。

（一）多點民族誌

　　民族誌通常會讓人聯想到有界線的領域，此想法是指民族誌研究對象被具體化到一個劃定的領域。與我們之前提到 Malinowski 的研究一樣，研究 20 世紀初特羅布里恩人的文化，意味著在他們居住的島嶼上與他們共度時光。多點民族誌的出現對民族誌對象和物理空間之間的人為關聯提出質疑。此外，多點民族誌強調這樣一個事實：研究對象永遠不是被指定的，無論是按領土、時代或群體，總是一系列選擇決定後的結果（什麼是文化的一部分？要強調什麼面

向？要淡化什麼方面？）（Marcus, 1995）。甚者，「當代社會愈來愈具有流動性、連結和交流的特徵」（Hine, 2007: 655）。因此，多點民族誌強調研究對象的連結和關係，民族誌研究必須涵蓋由研究對象本身決定的各種具相互關聯性的場域。舉例來說，在對藥品進行民族誌研究時，可能意味著在微生物實驗室進行長時間的觀察，然後閱讀和分析該實驗室發表的研究文章，接著在「競爭」的實驗室進行另一段觀察，隨後參加這些科學家進行社交和辯論最新科學聲明的研討會。該研究可能會繼續在製藥實驗室進行一段時間的觀察，在該實驗室中，根據微生物學說明創建分子，並對患者進行臨床試驗，直至新藥商業化等。在多點民族誌中，研究者會追蹤研究對象創立的連結，研究者也會成為研究對象的一部分（更多資訊可以參見：Latour, 2005; Latour and Woolgar, 1979/1996; Mol, 2002）。

（二）數位民族誌

　　虛擬世界在當代生活的流動性和連結性中扮演著重要角色，在一般的人文和社會科學中，特別是在民族誌傳統中，虛擬世界都是一個研究主題。研究者有興趣記錄人們如何與虛擬世界互動（Ochoa et al., 2011）。虛擬世界還可以提供進行研究的工具，例如：線上問卷調查和訪談、數位影像和研究部落格（Hsu, 2014; Murthy, 2008）。最後，虛擬世界提供民族誌研究重要的場域和社群來源，例如：遊戲世界、社交媒體、虛擬社群、組織網站等（Burke and Goodman, 2012; Cooper et al., 2012; Moore et al., 2009）。為了在虛擬世界中進行觀察，Marcus 等人（2012）強調準備工作的重要性，為進行虛擬世界的民族誌研究，你需要設置工作空間，以便長時間在線上，在硬體設備（麥克風、耳機、操縱桿等）和網際網路有良好的配備，以最大程度減少可能阻礙你進行田野工作的技術性錯誤。對於想要融入的社群，你必須學習他們所使用的語言和習俗，並提高技術熟練度（命令、選項、速度、靈巧度等）。為了研究參與者，你必須在線上為你自己創立一個虛擬化身（地下寶藏守護神或是性感的惡魔？），選

擇一個你想要在網路世界呈現的類型（只有觀察、成為這個或那個團體或論壇的一部分、是否建立站點／居所？）作為參與觀察的一部分，網絡世界還允許透過擷取聊天紀錄、截圖、影音內容以及視覺效果來進行個人或團體訪談以及文獻研究。生活存在於物理世界和網絡世界中，跟隨我們研究對象所創建的連結，意味著有能力並願意在兩者之間航行。

> 關於網路民族誌的豐富性，請觀看 Robert V. Kozinets 的訪談，網址
> https://study.sagepub.com/gaudetandrobert

（三）民族誌分析法

　　無論田野工作是在線上、線下或是兩者並行，民族誌學者——特別是如果他們與民族誌的符號學派有密切關係（見上文）——通常有興趣解碼事物對一個文化或群體成員的意義，其焦點會放在文化的組織方式，成員共享的分類和類別。Spradley（1979: 93）採用古典民族誌方法，用以下內容表達了這一點：「民族誌分析是尋找訊息提供者所概念化的文化的各部分及其關係的答案。」（楷體字為引用文獻所強調）這種類型的分析適用於你的研究嗎？為了幫助你反思這一點，讓我們看看這具體的意思是什麼。為了揭示人們使用的文化意義系統，Spradley 提出了四種分析工具：

1. 領域分析：辨識包含具有共同屬性細項的大類別。
2. 分類分析：揭開領域的內部結構。
3. 成分分析：找出區分一個領域的細項屬性。
4. 主題分析：辨識領域之間的關聯性。

　　我們在此僅說明領域分析，為此，我們改編了 Spradley（1979: 100-5）提供的一個例子，該例子是基於他對在 Brady's Bar 這個以男性為主導環境下工作的女性進行的研究。

步驟一：選擇一份訪談逐字稿或觀察筆記。

　　Spradley 從對雞尾酒女服務生的訪談逐字稿中選擇了以下簡短摘錄：

> 一張大約有七個人的桌子，他們故意讓我為難，每個人都分開點餐，
> 而不是像大多數人那樣輪流依序點餐。他們也都想用大面額鈔票付錢。
> 我跟吧檯要了四杯玻璃杯裝的百威啤酒遞給他們，但他們不要玻璃杯
> 裝的。我很憤怒，但我還是保持笑容並跟他們說我很抱歉。（Spradley,
> 1979: 101）

步驟二：尋找大眾化類別，也就是參與者所說的事物或行為的名稱（潛在領域
的細項）。在這裡是指摘錄中女服務生所說的客人的行為：

　1. 分開點餐。
　2. 用大面額鈔票付錢。
　3. 他們決意不要玻璃杯裝的啤酒。

步驟三：辨識一個可能的領域名稱，也就是包含大眾化類別的專有名詞。

　　這三個行為可以包含在「讓女服務生為難」的總稱下。

步驟四：辨識領域和大眾化類別之間的語義關係：

　　客人做出的三個行為是「讓女服務生為難」的手段或方法（如圖3.6）。換
句話說，〔X：大眾化名詞〕是〔Y：領域〕的一種方法。

步驟五：透過額外的訪談逐字稿或觀察筆記尋找屬於已被辨識領域的其他大眾
化類別用語。

　　在我們的資料中辨識領域的主要困難，是強加身為研究者的我們所熟悉的
資料分析類別。在這種民族誌分析中，實徵的準確性至關重要，為了產出研究

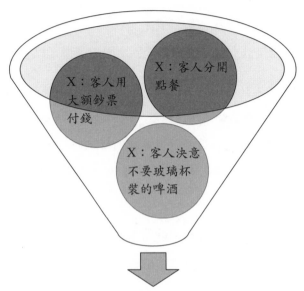

是讓 Y：女服務生為難的一種方法

圖 3.6　辨識語義關係（改編自 Spradley, 1979: 102）

參與者共享的文化地圖，分析必須定錨在參與者的詞彙中：即主位類別。如前所述，領域分析只是這裡提出的民族誌分析的一個面向，想發現更多民族誌分析的豐富性，Spradley 的著作相當值得一讀。

柒、本章摘要

本章介紹了五個質性研究的傳統取向：現象學、紮根理論、論述分析、敘說分析以及民族誌。我們討論了它們的核心要件和哲學基礎，並隨著所有方法的發展和演變，呈現了它們的多樣性。在每一個傳統取向中，我們也提供例子來呈現分析實徵資料的步驟。因此，你有一些可供選擇的選項或可以混合搭配的元素，以創建你自己的方法。

你的研究計畫檢核清單

現在，你對質性研究的一些主要方法更加熟悉了，你可以：

√ 回到你已經讀過的、關於你研究主題的實徵研究，並確定它們使用的方法（不論是否明確），以理解它們在特定研究的設計、分析和結果中所產生的差異。

√ 決定兩種或三種最適合你正在設計的研究方法。

√ 閱讀所選方法的其他相關文章，以擴大你對它們的理解，並進一步縮小你的選擇範圍。請參閱下面的「後續你應該閱讀」以作為開始。

√ 證明你最終選擇的方法是合理的，列出它的特殊性，並分析它如何適用於你的研究問題、知識論基礎和研究設計。

√ 重新審視你的研究問題、知識論基礎和研究設計，以在需要時對其進行調整，並確保最適合你所選擇的方法。

後續你應該閱讀

Creswell, John W. 2012. *Qualitative Inquiry and Research Design: Choosing among Five Approaches.* Thousand Oaks, CA: Sage.

● 這本書深入探索並比較敘說研究、現象學、紮根理論、民族誌與個案研究，提供完整的實徵研究並對其進行評論，以說明所涵蓋的每個傳統方法。

Jacob, Evelyn. 1987. 'Qualitative Research Traditions: A Review'. *Review of Educational Research 57*(1): 1-50.

● 據我們所知，這篇期刊文章非常獨特，因為它比較和濃縮了本章未涵蓋的質性研究傳統和教育理論，即使你不屬於下列這些學科，你也可能會感興趣：生態心理學、整體民族誌、認知人類學、傳播民族誌和符號互動論。對於本書和上述建議的 Creswell 著作來說，是一個很好的補充。

Kindon, Sara et al. 2007. *Participatory Action Research Approaches and Methods: Connecting People, Participation and Place*. London: Routledge.

- 如果你想進行以產出具體社會變革為目標的合作研究，這本書專門介紹我們未在此處說明的重要方法，你可能會感興趣。

Wertz, Frederic J. et al. 2011. *Five Ways of Doing Qualitative Analysis: Phenemenological Psychology, Grounded Theory, Discourse Analysis, Narrative Research, and Intuitive Inquiry*. New York: Guilford Press.

- 全書致力於對質性研究中五種不同的傳統方法進行應用比較，每種傳統方法都由專門研究該傳統的研究者進行說明與應用。這本書有助於更深入地了解所涵蓋的傳統方法，並幫助你確認與你的研究最適配的方法。

Werunga, Jane et al. 2016. 'A Decolonizing Methodology for Health Research on Female Genital Cutting'. *Advances in Nursing Science 39*(2): 150-64.

- 這篇文章以切割女性生殖器為主題，探討後殖民女性主義、非洲女性主義和多元交織性的去殖民化方法論潛力。雖然這不是一篇「如何做」的文章，但它可能有助於你思考在進行你的研究時，是否需要進一步了解女性主義和後殖民方法論。

想獲得更多支援與啟發嗎？這裡有線上資源可以幫忙！請使用**詞彙表教學字卡**掌握關鍵詞，查看**SAGE案例和期刊文章資料庫**中的實際方法，並跟隨本書中所討論資料的完整逐字稿逐步分析。

第四章
為你的田野工作選擇工具

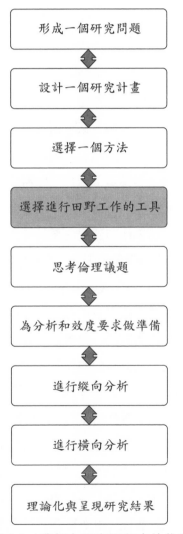

形成一個研究問題

設計一個研究計畫

選擇一個方法

選擇進行田野工作的工具

思考倫理議題

為分析和效度要求做準備

進行縱向分析

進行橫向分析

理論化與呈現研究結果

圖 4.1　我們在研究過程中的位置

在本章你將學習：

- 辨識進行田野工作的三種主要工具其特殊性：觀察、訪談和檔案文件。
- 區辨使用這些工具時的方法。
- 比較每種工具可以採用的類型和形式。
- 描述為你自己的田野工作進行觀察、訪談和選擇檔案文件時所採取的步驟。

壹、前言

　　本書的重點——實徵性質性研究，需要一個具體的基礎來工作：你的資料或來源。蒐集或產出你的資料或來源，通常稱為田野工作階段。「田野」工作可以透過觀察、訪談或檔案文件來完成，無論是在「真實」或虛擬世界中，還是在兩者的某種組合中。為了準備這項任務，你需要根據你的研究目的、選擇的方法論方法和知識論基礎，來決定蒐集或產出實徵性資料的最佳方式。就這一點來看，你會蒐集或共同建構你的實徵性資料嗎？

　　「資料蒐集」或「資料蒐集階段和工具」等專有名詞在質性研究中很常見，這些隱喻暗示了後實證主義或現實主義的觀點——研究資料等著被研究者蒐集。從建構主義的角度來看，這些隱喻具有誤導性，沒有確實掌握研究者在生成資料中所扮演的相當積極的角色；因此，建構主義者通常更喜歡像「共同建構」或「產出」這樣的表達方式。我們將跟隨他們的引導。本章描述一些潛在的工具，以及它們的一些變體，可用於產出你的研究資料。如圖 4.2 所示，你對資料生產工具的選擇，會遵循兩個重疊的原則：連貫性和彈性。

　　簡而言之，田野工作階段的品質仰賴於此：對蒐集或產出實徵資料而做出的哲學、理論和相當實務性選擇之間的連結和必要連貫性有所覺察。田野工作階段的品質還需要研究者對田野的動力保持開放和反應，以便可以在必要時隨著田野工作的進展以及詮釋的發展，重新審視他們的選擇。

　　在此，我們將檢視研究者經常用來產出實徵資料的三種方式：觀察、訪談

連貫性	● 所有研究工具（觀察、訪談、檔案文件）都包含許多哲學假設，用於田野工作的工具類型的初步選擇，必須與所選擇的知識論和理論、研究目的和方法相一致。
彈性	● 但實證工具的初步選擇可能會隨著田野工作的發展而改變，當在該場域花費更多時間時，機會或阻礙可能會浮出檯面，因此可能會改變研究問題，並可能需要更改或添加工具。
……和更多的彈性	● 此外，每個工具都有不同的模式、類型和風格，這些也會根據田野工作的進展而改變。舉例來說，在知識論和方法論方法的基礎上，研究者可能會選擇進行開放式觀察，但在田野工作數週或數月後，可能需要驗證新出現的詮釋並選擇更結構化的觀察階段。

圖 4.2 選擇資料產出工具時關於連貫性和彈性的「警告」列表

與檔案文件。我們認為這些是質性研究的三個基本工具，但它們有變體，而且它們之間的界限並不像一開始想像的那麼牢固不可鬆動。以藝術為基礎的研究為這種滲透性做了很好的說明。例如，作為訪談的一部分，你可能會要求你的參與者從雜誌上剪下圖片來製作拼貼畫，以表達你想要探索的真實（例如養育自閉症兒童）。隨後，此拼貼畫將成為跟你的參與者進行訪談的催化劑。在這種情況下，你使用的資料生產工具跨越了訪談、觀察和檔案文件的邊界，它變成了此三者的一部分。我們希望盡可能為你提供更多有關觀察、訪談和檔案文件基本形式的資訊，以便你可以輕鬆地調整它們，並在需要時將它們混合使用，也調查隨著時間推移在質性研究中開發的混合工具（請參見本章末「後續你應該閱讀」作為開始）。

在本章，會各自用一節來介紹這三個工具，每節都有一個大致的架構，圍繞著定義、該工具不同類型和取向的討論，以及將其付諸實踐的步驟指引。

貳、觀察

在兩週半大時，Myriam已經被她祖父的臉迷住了，當祖父抱著她，跟她說話時，她專注地研究他的鼻子、眼睛和嘴巴。觀察似乎是我們很自然在做的事情，然而，對研究者來說，觀察是一種經過完整訓練的研究策略。觀察是前一章介紹的研究方法之一——民族誌的重要工具，但觀察可以被用在許多研究方法中。如你在第三章所讀到的，觀察在 19 世紀被認可，並且經常被發現應用於學術中，當時田野工作被認為比以探險家編年史和傳教士日記「空談」為基礎的社會科學來得實際。

一、觀察的定義

觀察是研究者的活動，他們在環境中互動，在環境中花費大量時間，並密切記錄他們的經驗（受到 Peretz, 1998: 48 的啟發）。觀察涉及的不僅僅是眼睛，它是一種包羅萬象的研究策略，因為它需要非正式的對話，通常包括訪談和對研究環境產生或使用的文件進行分析（Silverman, 2013）。觀察背後的想法是，如果不是真正進入，要盡可能接近你正在研究的真實。雖然需要時間和參與，以及一個受歡迎的觀察場所，但觀察與對環境和團體的深入研究有關，例如精神病院（Goffman, 1961）、生物醫學實驗室的科學研究人員（Latour and Woolgar, 1979/1996）、滑輪德比聯盟中的女性（Finley, 2010），或所謂的「次文化」，例如美國的義大利移民（Whyte, 1956）。我們在這裡提到的組織、團體和「次文化」也包括網路社群。雖然有些人強調在網路上保持民族誌學者的態度以及對平凡事務心領神會的難度（Silverman, 2013），但有些人則認為網路民族誌可產生相當豐碩的成果（Murthy, 2008）。

不管是線上或線下，觀察工作的變體可以歸類為不同的模式、取向和類型。

觀察是原地（in situ）觀察、直接觀察、民族誌、田野工作、參與觀察、數位或在線民族誌或網路民族誌的總稱。

二、觀察的取向

讓我們假設你已經決定記錄下大部分可觀察到的行動和行為，並假設社會成員賦予這些行動和行為的意義對你來說很重要，接下來的問題是：你將如何接觸你的觀察環境？你會以研究者的身分出現，還是決定去「臥底」，並採用另一個角色的身分（Peretz, 1998: 53）？這一決定直接呼應個人所採取的知識論立場：真實是一種等著被研究者蒐集的東西，還是由包括研究者在內的社會成員共同構建的？第一種情況，研究者希望在不影響「事實」的情況下「蒐集」它們；第二種情況，研究者接受環境中的互動必然會改變事實。依據你的知識論立場，你將會傾向特定的倫理和反應性立場。反應性是由於你作為研究環境中的「局外人」而可能發生的反應。同樣的，雖然我們將這種選擇呈現為二分法，但選項是位於一個連續體上，其間只是程度上的差異，如圖 4.3 所示。

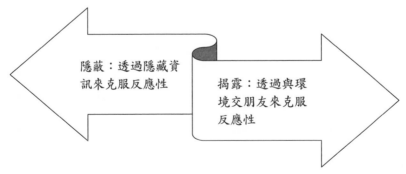

隱蔽：透過隱藏資訊來克服反應性

揭露：透過與環境交朋友來克服反應性

圖 4.3　取決於反應性管理決定的觀察取向

（一）隱蔽觀察

隱蔽觀察是指研究者盡可能最少程度地洩露關於他們作為研究者的身分和目標等資訊的情況，在最極端的例子是使用「臥底」的方式。在進行網路或數位民族誌時，這似乎是一種常見的做法，因為資訊通常蠻快就會被認為是屬於公共領域的（Murthy, 2008）。雖然它對個人的冒險精神具吸引力，但隱蔽觀察涉及許多倫理考量、情感議題、結構限制和資訊重新編碼的挑戰（這些議題詳見第五章），只有在無法用其他方法來進行研究的情況時才會被考慮。

Marquart（2003）述說了他作為一名博士生的故事，他試圖記錄獄警如何向一些囚犯提供幫助，以換取他們的霸凌服務，亦即要求他們去恐嚇那些被獄警標記為搗亂或麻煩製造者的囚犯。可以合理地認為，如果獄警知道有研究人員在場，他們將不希望被觀察或會避免與囚犯進行此類安排。將此類行動公之於眾不僅會使一些獄警難堪，而且還會衍生因違反機構規定而受到懲罰的恐懼，因這些機構規定並未正式允許此類行為。為了克服這些困難，Marquart 選擇通過甄選程序並被聘為獄警。他在完成獄警職責的同時，主要目的是暗中觀察和記錄獄警與囚犯之間的互動和「交易」的資訊。透過隱藏可能引起參與者反應性（行為改變）的資訊，Marquart 成功地記錄下一種在檯面下眾所皆知、但研究中仍然噤聲的現象。

研究者不需要完全「臥底」以進行隱蔽觀察，研究者可能會選擇介紹自己的研究者身分，但會以模糊的方式介紹研究目標，以免洩露他們的真實研究對象。透過讓參與者處於部分不知情的情況中，一些研究者希望確保參與者能夠更「自然」地行動和反應。再一次提醒，在你考慮這條路徑之前，仔細考慮這種觀察方法的陷阱。在你所屬機構的倫理委員會允許你進行此類研究之前，你將需要強而有力的科學邏輯依據和倫理辯證。舉例而言，你需要證明這個研究不能以其他方式來進行，並且因為參與者是公共場合的無名路人，所以這樣做只會最小限度地損害參與者的基本權利。

（二）揭露觀察

在連續體的另一端，當進入一個環境時，研究者可能會選擇清楚揭示自己的研究人員身分和目的，並預先處理參與者的反應。在這種情況下，研究者會試圖建立信任，並在環境中停留足夠長的時間以「融入」其中。研究者成為「牆上的蒼蠅」的可能性和渴望是值得商榷的，要成為環境的一部分並期望人們表現得好像沒有研究人員在場一樣，這有點天真。儘管如此，選擇這種方法有助於克服一些重要的倫理和關係問題，我們將在下一章的倫理議題中討論。

三、觀察的類型

在選擇一個最適合你研究的模式與取向之後，你必須決定你將執行的觀察類型。當然，因為田野工作是動態的，你所選擇的觀察類型可能會隨著研究進展到不同的實徵階段而改變。

觀察類型之間的區別將體現在研究者發展的觀察網格特徵中（Deslauriers and Mayer, 2000; 137-8）。的確，在進入田野之前，研究者必須知道並弄清楚自己需要觀察什麼。觀察網格基本上是提醒研究者需要哪些資訊元素才能回答研究問題的列表（見圖 4.5）。

（一）結構式觀察

結構式觀察的特點是在田野工作開始前制定詳細的觀察網格，它經常出現在假設—演繹研究中，研究者有明確的假設來進行否證。在這種情況下，網格是由依據研究問題的主要操作性概念而產生的指標所組成。例如，想要在一間雜貨店記錄消費習慣，你可能有一個觀察網格，其中詳細說明了消費者的行進模式（僅限外圍，或外圍和通道）、他們購買的產品類型，甚至他們選擇某些產品的品牌等。這種觀察的一個潛在缺點是，這樣的網格預先結構化了研究者的興趣，使他們對田野工作中出現意料之外的因素視而不見，但這些因素可能

與他們的研究息息相關。

（二）開放式觀察

　　在連續體的另一端，開放式觀察的特點是較少細節與持續修改的觀察網格。研究者想要確定在場域中、觀察的情境或環境中，什麼是重要的。然而在歸納傳統中，這些決定不能在田野工作開始之前就完全做出，觀察網格是隨著投入田野的時間而持續發展。這種觀察類型背後的假設是，環境告訴我們什麼是有關聯的，我們必須對其內在邏輯、潛規則和意想不到的動力保持敏感。

四、逐步進行觀察

　　以下七個步驟受到 Peretz（1998: 49）的啟發，目的在讓你了解隨著觀察田野工作的進展，你將完成的行動順序。請記得，這些步驟並非相互排斥，也並非線性的。

（一）選擇一個觀察場域：抽樣的需要

　　生產知識需要抽象化和推論，觀察場域內部或之間的比較，以及不同情況之間的比較，可以作為實現這一目標的關鍵工具。這就是選擇和抽樣你的觀察場域能發揮功能的地方。請注意，在質性研究中，重要的是理論推論，而非統計推論。因此，你的樣本無須考量要有足以代表其他場域的一定數量。你的目標是找到一個或幾個豐富的場域，以提供多種情況讓你進行分析，這將使你有可能促成或開啟對特定理論的討論。

　　觀察場域是由物理空間構成的環境，是事件（行動、活動）發生的地方，是人們或團體互動的地方（Peretz, 1998）。一個或多個觀察場域的選擇，受到你研究問題中兩個面向的密切影響：主題和研究對象的概念化。首先，你在哪裡有機會觀察到可回答你的研究問題所需的內容？如果你對工會在數位經濟工作場所的實用性感興趣，那麼選擇一家有工會的高科技公司進行觀察是合情合

理的。然而，還有第二個考量。你如何概念化你的研究對象？你感興趣的焦點是群體本身、「文化」，還是組織？如果是這樣，你可能想要一個單一的案例樣本，只選擇一個觀察場域，並全心投入到你的整個田野工作中。許多偉大的社會科學著作都是對單一環境進行案例研究的產物，例如：Goffman（1961）在一個精神病院進行的著名研究，或是 Festinger 等人（1956）對一個教派的研究。如果你選擇專注於單個案例樣本，請確保觀察場域具有豐富的互動關聯性和情境足以回答你的問題。

另一方面，如果你不是將研究對象概念化為特定群體、文化或組織，而是像師生之間的關係，那麼多案例樣本可能會有用。在這樣的情況下，你可能不想把所有田野工作都集中在一個特定的教室，而是要觀察具有不同特質的教師，因為他們在許多情況下都是跟不同的學生一起工作。如果你的問題跟情境（例如處理受傷）或事件（例如學生示威）有關，那麼多樣性的議題同樣重要。為了掌握這些情境和事件的核心過程，你可能需要比較多個場域以達到所需的抽象層次，從而將你的特定研究結果推論到類似情境。

決定樣本中觀察場域的性質和數量並不是最後的抽樣決定，你必須進一步細化你的樣本，因為一個觀察場域是由領域、時間和人們所組成的（Spradley, 1979）。事實上，儘管觀察場域很小，但它是多個領域的集合（例如：公開／私人、員工／管理層、前線／協調），你必須在預計要觀察的不同領域中做出選擇。例如，如果你有興趣了解客人在賭場的體驗，則必須根據所玩的不同遊戲（老虎機、百家樂、基諾）以及賭場中的遊戲和非遊戲部門（例如賭場的酒吧和餐廳）進行抽樣。同樣地，在一個觀察場域，行動可能會根據時間而有所不同，例如一年（淡季或旺季）、月份（年初或年末）、星期（週間或週末）和小時（早上或傍晚）。熟悉觀察場域的節奏是個好主意，以便抽取各種時刻來進行觀察。最後，觀察場域也是過客或停留者的集合體（經常玩家、偶爾玩家、一次性玩家、保安人員、荷官、餐飲服務人員、清潔服務人員）。同樣地，嘗試辨識和描述場域使用者的多樣性是重要的第一步，然後再根據研究問題的

多樣性、必要性的比較，以及需求來選擇分配觀察時間。

　　此外，選擇你的觀察場域還取決於以下三個實際考量因素，它們有助於界定你將採用的觀察取向和類型（Laperrière, 2003; Peretz, 1998）：

1. 可及性與許可。儘管進入觀察場域這件事不容易，但只要有可能性，必須能夠進入。

2. 非侵入性。儘管研究者在環境中進行觀察通常會影響環境中發生的相互作用，但必須盡可能減少干擾。

3. 參與互動的可能性。雖然研究者希望限制他們可能造成的干擾，但他們仍然希望和參與者互動。

　　決定了觀察場域後，重要的是要投資必要的時間寫下你對所選場域的假設：你期待它是什麼樣子的？你對該場域的印象如何？你對該環境有什麼恐懼？此外，在該環境中，你將如何應對進退？你的個人特質會如何影響你建立的關係：你的性別、年齡、文化與族群背景、社會階級、人格特質？參與者如何看待所有的這些特質？這可能是你在田野工作日誌中的第一篇文章，田野工作日誌是一本寶貴的筆記本，你可以在其中匯集田野工作經驗中的所有想法。

（二）為你的進場進行協商

　　決定了觀察場域後，研究者必須找到進入點（隱蔽觀察）或與守門人協商進入環境（**揭露觀察**）（Laperrière, 2003; Peretz, 1998）。研究者必須考慮以下三件事：(1)與誰協商並獲得同意（同意的議題在第五章會更深入討論）。你應該先詢問基層人員，還是高層人員？(2)你的要求。你需要多少時間在現場？你想進入觀察場域的哪些部分？你想和特定的人配對（影子）嗎？你應該如何協商以取得發表研究結果的許可？(3)你的承諾。你會回報什麼？你會與被你觀察的人分享你的研究結果嗎？你會要求他們做出回應，甚至驗證你的研究結果嗎？

　　如果研究者還不熟悉他們選擇的觀察場域，協商階段是了解觀察場域階層

制度（正式和非正式權力、潛在盟友、潛在阻力）以及不同網絡的關鍵時刻。在這個階段，我們必須清楚我們建立的初始盟友，因為諸如研究者之類的「局外人」通常會吸引觀察環境中那些認同自己或被認為是邊緣人的人。

（三）決定你的初始角色和發展關係

現在你有進入觀察場域的管道，你對環境的特徵、節奏以及你可以參與的程度將獲得更好的理解。在此觀察階段，有四個重要面向（Laperrière, 2003; Peretz, 1998）：

1. 觀察和參與之間的平衡。在熟悉環境和人們的同時，你是否應該以觀察為主來慢慢地開始？相反的，那樣會更困難（例如在幼兒園），或是資訊量太少（例如在倉庫）嗎？那麼，從一開始就扮演一個積極的角色，即使是邊緣角色，以沉浸在環境中（例如擔任清潔工）會更好嗎？隨著觀察的進展，這個初始角色必須要修改。
2. 你分配到的角色。參與者如何看待你？他們對你有什麼看法？重要的是要注意參與者對研究者觀感的線索，並改正可能阻礙獲取資訊的錯誤信念。
3. 陳述和語言。田野工作的這個初始階段也是研究者注意參與者的特定口頭和肢體語言的時刻。不僅是這種珍貴的資料本身，同樣重要的是要確保研究者能適應其中，如果不能融入，至少要意識到它，避免因所使用的語言和自我介紹激怒了參與者。
4. 作筆記與觀察計畫。熟悉觀察場域也是研究者發現得以記錄資訊的時機點（是否可以在不分散參與者注意力的情況下做筆記？何時？何地？），並制定更精確的田野工作行事曆（週、日、時）？同時更清楚地估算在理想情況下觀察最終可能持續的時間。

在初始觀察階段，必須避免與任何參與者建立排他性關係，這是為了要增加關於情境或事件的觀點。以同等程度的尊重來對待每個人也很重要，不僅有

助於在觀察場域建立良好和值得信賴的關係，而且有助於避免被任何特定的次團體「挾持」，並幫助你在構成研究環境的所有派系中保持社交流動性。

（四）記錄資訊

當你選擇你的觀察地點、協商你的進場、開始與參與者建立關係時，你會獲得很多關於這個場域運作方式的資訊、其中的結盟、管理它的正式和非正式規範，這些都是你應該記錄在你的田野工作日誌中的田野資訊。現在這些初始步驟已完成，你已準備好進入完整記錄模式（Laperrière, 2003; Peretz, 1998）。

如果可能的話，儘早了解觀察場域的大致情況——Spradley（1979）稱之為大圖像。從一般情境開始，然後進入到具體情境和活動，以為你的研究問題提供資訊（見圖 4.4）。

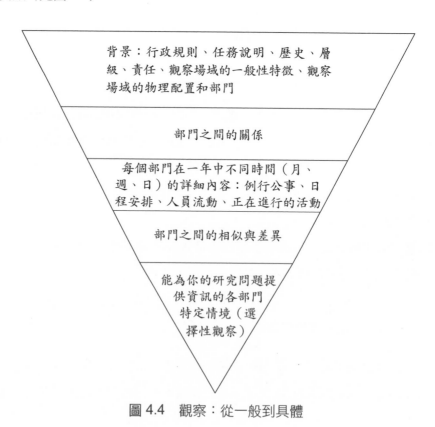

背景：行政規則、任務說明、歷史、層級、責任、觀察場域的一般性特徵、觀察場域的物理配置和部門

部門之間的關係

每個部門在一年中不同時間（月、週、日）的詳細內容：例行公事、日程安排、人員流動、正在進行的活動

部門之間的相似與差異

能為你的研究問題提供資訊的各部門特定情境（選擇性觀察）

圖 4.4　觀察：從一般到具體

這種從一般到具體的進展將引導你回到你之前設計的抽樣。當你更了解你的觀察場域時，你可能需要修改你的初始抽樣，以適應田野工作的實際情況（突然出現的機會、無預期的限制）。

但是你到底記錄了什麼？雖然進入最佳狀態並讓自己對觀察場域的「陌生」感到驚訝是必要的（Silverman, 2013），但你必須有一個計畫！以觀察來說，這種計畫被稱為觀察網格。

（五）決定你的觀察網格

在開放式觀察中，最初的觀察是一般性的，你應該設計一個觀察網格，以反映你掌握該場域「要點」的需求。當你了解環境時，你會想要創建一個更系統性的觀察網格，在這個階段，你選擇進行結構化觀察，或是開放式觀察，將具關鍵決定性。在前者，你的觀察網格將是詳細且穩定的；在後者，你的觀察網格將是一個不斷變化的有機工具，是一個進行中的工作，將隨著你田野工作的進展而反映你的疑問和興趣。不要把你的觀察網格想像成一張要填寫的表格，而是當你在現場進行觀察時需要在腦海中記住以引導你注意力的項目清單。圖4.5呈現Peretz（1998: 84-5）設計用於在宗教環境中進行觀察的一般性觀察網格。

你甚至不需要帶著你的觀察網格去田野。你應該要提前準備，琢磨與消化吸收觀察網格的內容，它會減少你出現僅受常識引導或受到對非典型元素的好奇心引導的反應。

（六）作筆記

在參與者的允許下，拍攝、拍照、錄製現場的聲音都是有可能的，如此一來相當於把田野調查的內容「完整打包」帶回家。雖然仰賴這些可能性可能令人感到欣慰，但它們也有其缺點：不加區別地使用（因為我們可以，它們就在那裡，觸手可及，取得容易）視覺或錄音設備可以快速產出大量資料，這將需要我們再次觀看和收聽，並進行最後的「場景」選擇。這種選擇是事後進行，

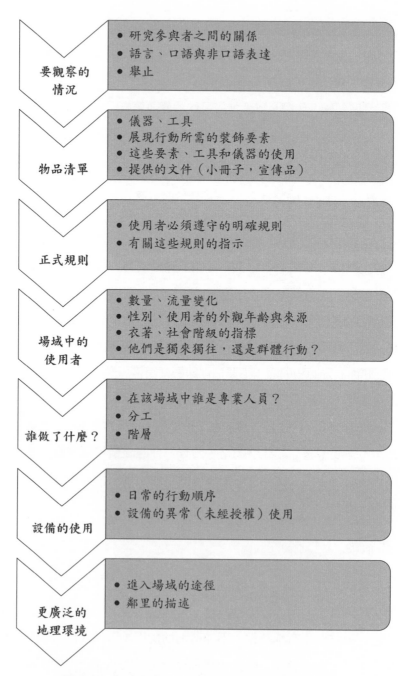

圖 4.5　觀察網格（改編自 Peretz, 1998: 84-5）

而不是當場進行，可能是一件值得去做的事，你可能會意識到你在事件中沒有注意到的元素（Martineau, 2005）。但根據它們的使用方式，攝影機和錄音機實際上會增加研究者的工作量，並使我們在現場的觀察感變鈍，因為我們確知在事件發生後可以再次觀察。

> Peretz（1998: 93）給我們一些撰寫田野筆記的建議：
>
> - 使用主動語態和現在式，例如：「我正在賭場的紅色走廊裡，我看到……」它可能會幫助你的記憶重現經驗，並使你的筆記更加準確和生動。
> - 謹防籠統的描述，務必盡量準確。相較於「一個男人接近桌子」，寫「一個六英尺高的男人正在接近二十一點桌子（blackjack table）」可能更準確。
> - 如果你知道參與者使用的語言，請使用它們。例如，在德系猶太人社區，人們不是正統的（orthodox）；他們是「frum」（意第緒語「虔誠」的意思）。這不僅能傳達該環境的特色，還有助於用參與者的方式描繪他們的世界觀。
> - 不要忘記描述你所目睹或與人進行的口語互動，這些是觀察的重要部分。

　　書面筆記仍然是常用的處理方式，可以在行動發生時撰寫筆記，無論是在研究者的「寫作休息」期間，還是在觀察全部完成之後。這樣的決定是根據當時可接受和方便的情況而做出的。此外，每次觀察都應產生一份由兩種相互交織的筆記所組成的觀察報告：描述性和分析性。基於教學原因，我們在這裡將它們分開呈現。

　　描述性筆記是用精確的描述性語言對你觀察到的情況進行生動的描述（Deslauriers and Mayer, 2000），目標是讓情境在紙上栩栩如生。Laperrière（2003: 283-4）提出四種類型的描述性筆記：

1. 隨著情況的發展，寫下「即時」筆記。快速、謹慎地記下零散的筆記，通常會以關鍵詞、標記、參照點的形式。這樣的筆記看起來像是：「上層階級與下層階級關於工作的衝突」。

2. 在寫作休息期間產出快速概覽。快速撰寫一個簡短的場景，填補即時筆記中關鍵字、標記和參照點之間缺少的元素。這樣的筆記看起來像是：「Jean（上層階級）來到咖啡店，當她聽說 Sharon（下層階級）找到工作時，她對她說教了一番關於工作強度的事」。

3. 觀察後，在「即時」筆記和快速概覽的幫助下，盡快撰寫全面性報告。它準確並詳細地描述了事件的發展，當你報導談話時，對你記得的逐字內容加上引號。在報告的開頭，註明日期、觀察地點、時間、時長，列出在場的行為者和觀察到的行動。大多數民族誌文章或專論都充滿了觀察報告的摘錄，例如在觀察咖啡店的一般女性顧客「落實階級」（do class）的方式時，Yodanis 使用觀察摘錄來支持她的主張，那些摘錄看起來像這樣：
   Jean（上層階級的女性）走進咖啡店。Sharon 坐在櫃檯前說她已經連續工作了 13 天。Jean 很居高臨下地問：「所以你找到工作了？你在哪工作？」然後在 Sharon 回答後，她說：「現在你終於有工作了，現在你工作得太辛苦了……你一頭栽入。你從沒有工作變成加班。」（2006: 350-1）。

4. 觀察索引是在進行了幾次觀察，並撰寫了一些全面性報告之後編寫的。編製索引意指確認和觀察資料有關的廣泛主題或關鍵詞，並註明在何處可以找到關於該主題的觀察筆記。例如：「咖啡店顧客之間的衝突：4 月 4 日報告，第 13 頁；5 月 15 日報告，第 20-24 頁」。

　　分析性筆記是寫給自己的評論，是在田野現場並和參與者互動時所產生的（Deslauriers and Mayer, 2000），分析性筆記是每次觀察後全面性報告的重要部分，我們建議你將它們放在括號中，以將它們與你的描述性筆記加以區分。無論你進行觀察或訪談，還是分析文件，這些筆記都是一樣的。你將在本書的第

七章和第八章中找到分析性筆記的示例。Laperrière（2003: 285-7）提出四種類型的分析性筆記：

1. 備忘錄：對即時性筆記的分析式想法。例如在目睹一名地鐵工作人員以魯莽的方式回答一名年輕黑人後，你寫下：（標籤化？）
2. 資料分析筆記。由初步的詮釋組成，連結概念和閱讀、對觀察到的變化所做的評論，以及在進一步觀察中記錄的假設。與備忘錄一樣，它們會被包含在全面性報告中。
3. 個人議題與反思性。保留第二份田野工作日誌，你可以在其中記錄你在研究過程出現的個人感受和反思、你的印象、你的恐懼、你的困惑、你的喜悅和憤怒的感受。這是一個很好的工具，可以幫助你了解你正在與觀察環境建立的關係。例如，來自在一個藍領環境的觀察：（我擔心我正與工廠裡的一個小團體失去連結，因為「領導者」Allan 在休息時間不再坐在我身邊，他幾乎不打招呼。我感到孤獨，甚至更像是一個局外人。他是我在這個團體中的主要支柱。我應該怎麼辦？我應該直接與他解決這個問題，還是應該嘗試與該團體中的其他人建立其他更強大的結盟？）這個日誌也是產出和記錄你的分析性評論的最佳所在。
4. 規劃性筆記。是對你自己下一次觀察在方法論方面的評論：你應該關注什麼情境、你想與這個或那個人進行對話、還有什麼需要觀察等。這些規劃性筆記是你對抽樣和觀察網格進行逐步修改的依據。

（七）分析資訊

　　第七至九章將幫助你分析你產出的資料，因此我們不會在這裡討論這個主題。然而，我們想提一件重要的事情：不要等到退出該場域後才開始分析資料。嘗試設計一個時間表，讓你能在產出資料和分析資料之間平均分配時間。

　　如果你想讓你的田野工作盡可能有用，並產出和因持續分析而浮現的主題

相關資訊，這是至關重要的。你不能等到以後再去「思考」，如果你的分析性
大腦已經在運轉，你產出的資料將更豐富，更適合幫助你回答你的研究問題。

參、訪談

　　訪談的普及化來自於臨床世界，在其中訪談具有治療性的功能。最早被用
作研究工具的訪談可追溯至 Charles Booth（1840-1916）對倫敦工人階級生活的
廣泛研究，這個田野工作是在 1886 至 1903 年間進行的，包括觀察和大量的質
性訪談（Laperrière, 2003）。

> 作為田野工作的先驅，Booth 的田野筆記至今仍可在一系列數位化手
> 寫筆記本中找到。參見下列網址 http://booth.lse.ac.uk/

　　隨著 1960 年代新芝加哥學派以及 Goffman（1961）和 Becker（1963）等人
的著作出現，訪談以及一般的質性研究重新獲得了它們在過去幾十年中失去的
地位，當時量化方法是主要選擇（Poupart, 1993）。今日，在這個方法論多元化
的時代，它們的使用是非常廣泛的。

　　質性訪談能產出豐富的資料，無疑是其受歡迎的一個原因，除了事實資訊
（特徵、慣例）之外，訪談還用於揭示個人和集體的實踐、習慣、趨勢、歷程、
動力、基本原理、價值觀、觀點和表徵。此外，訪談不僅內容有趣，結構也很
有趣。事實上，正如上一章敘說分析段落所示，參與者組織故事的方式本身就
值得分析。

一、訪談的定義

　　雖然在思考和談論質性訪談時，就其本質達成共識好像是切實可行的，但
這樣做會隱藏了這個資料產出工具的各種定義屬性。我們在此所呈現的訪談定
義類型學（見圖 4.6），是以所選擇的研究典範為基礎（參見第一章）。

1. 訪談作為提取工具	2. 訪談作為共同建構	3. 訪談作為對話
• 訪談是一個系統性和受到控制的程序，研究者從參與者的傳記中提取事先存在的訊息。 • 訪談者是一名外科醫生，他在嚴格的消毒條件下操作，目的是在不汙染患者的情況下提取感興趣的標的物。	• 訪談是一個交流過程，在這個過程中，兩個人建構與某個主題相關的意義。 • 訪談者擔任助產士，透過她的技能，目的在促進參與者盡可能完整地敘述。	• 訪談是複音的，由許多聲音組成：參與者的許多聲音（有時是專家、有時是分享痛苦等）和研究者的聲音（有時是同儕，有時是中立的第三方等）。 • 訪談者必須放棄控制的想法。研究者與參與者處於同一層次，既不被動，也不控制。

工具　　　　　　　　　　　　　　社交歷程

圖 4.6 訪談定義類型學和研究者的角色

　　第一個定義對應於現實主義典範，第二個定義對應於建構主義典範（Sav-oie-Zajc, 2003），第三個定義則對應於社會科學中的後現代取向（Fontana, 2001）。這三個定義也位於一個連續體中，強調進行訪談時技術方面的重要性，或參與訪談過程的兩個人之間連結的重要性（Roulston, 2011; Savoie-Zajc, 2003; Warren, 2012）。根據你在研究中對訪談的定義，你的分析將著重於訊息內容，如此一來，訪談在本質上是：參與者回答你的探問（定義一與二），或是包含與研究者的互動和研究者的貢獻（定義二與三）。

　　社交媒體的發展為田野工作開啟了可能性，尤其是訪談（James and Busher, 2012）。例如，現在可以透過電話、聊天平台、電子郵件或 Skype 進行訪談，

技術性調節對研究者和參與者之間所建立的共融關係類型和品質具有影響力——有時是以非常正向的方式。一位經驗豐富的研究者與我們分享了一個例子，當她在招募性工作者進行面對面訪談時遇到了困難，於是她改用電話訪談，結果更為成功。她不僅可以透過這種方式招募參與者，而且她還注意到電話調節使參與者能夠輕鬆、詳細地講述他們的故事。少了與研究者的視覺接觸，增加了一定程度的匿名性，這有助於獲得比面對面的訪談更豐富的訪談內容。甚至對於不太敏感的話題，使用線上訪談時也發現了同樣的親密效應，這導致研究者優先考慮混合使用實體（in vivo）和技術調節的訪談，以最大程度地提高田野工作的範疇和品質（Murthy, 2008: 842）。適應田野工作的需要和可能性，仍然是研究的關鍵原則。

　　藝術與科學的結合也是如此，事實上，混合形式的訪談在過去十年中已經被建立。藝術表達形式與口頭訪談的結合，能擴大參與者的表達範圍，提高他們在研究中的參與度和控制度。照片、拼貼畫、故事寫作、雕塑、繪畫和電影都與訪談相結合，將其轉化為一個完整的展演（Springgay et al., 2005）。舉例而言，「影像發聲」（photovoice）要求參與者為他們的真實拍照，並陳述他們認為與其有關的內容，以探索他們的故事（Wang and Burris, 1994）。使用影像發聲有很多種方法，但常見的模式是提供或借給參與者相機（或要求他們使用照相手機），讓他們在一段時間內拍攝自己的生活照片，之後在照片的幫助下進行訪談。參與者被要求描述照片的含義、他們拍攝這張照片的意圖和感受，這與他們的經驗有何關係等。使用其他媒體也可以這樣做，例如視頻日記和電影（Rosenfeld Halverson et al., 2012）。

　　將這些選擇放在心上，雖然技術或藝術調節會改變研究者與參與者之間的共融關係，但並沒有改變研究者可用的訪談形式和類型。接下來，我們要定義這些訪談的形式和類型。

二、訪談的形式

　　個別訪談是質性研究的經典訪談形式，歷史悠久，且廣泛被應用。儘管如此，一些學科，如市場行銷研究，廣泛使用焦點團體訪談。基於實用性和實質性的原因，焦點團體是產出實徵性資料的一種選擇。

（一）焦點團體

　　「焦點團體」或「團體訪談」一詞是指許多參與者相互之間，以及與研究者或一組研究人員之間進行互動的訪談情境。目標是創造一種團體動力，讓參與者或多或少集體的將想法脫口而出，對他人的主張做出反應，並相互討論（Flick, 2006），這種互動情況通常有利於深化所蒐集資料的內容。有時，因研究環境的限制必須要求研究者在一段集中的時間內產出研究資料，我們可以想像，在員工的工作彼此高度依賴的商店裡，雇主可能不願意讓你在一個工作日內個別訪談他們的五名員工，因為每次訪談都可能打亂整個單位的工作流程。然而，雇主可能同意讓你把員工聚集在一起訪談幾個小時。有時，參與者要求團體訪談是因為他們喜歡彼此的陪伴（Creef, 2002）。在一個針對青少年進行的資料分享習慣網路隱私研究中，一位經驗豐富的研究者與我們分享了這樣一個事實：焦點團體非常適合催化年輕人交流他們的經驗。焦點團體訪談也可以透過拼貼畫或編舞等表達媒介來加以組織。

　　焦點團體中的訪談者有一項額外的任務，是個別訪談的訪談者所沒有的——管理團體動力。或換句話說，扮演調節者（Flick, 2006; Mayer and Saint-Jacques, 2000）。你必須謹慎地懇請所有受訪者參與，並營造一種尊重的氛圍，讓所有參與者都覺得他們可以參與，並且受到歡迎。一些害羞的人可能會猶豫，難以在團體動力中找到自己的位置，你需要邀請他們發言；一些暢所欲言的人可能會比其他人用更多的時間來分享，這種情況下，你也必須巧妙地介入。身為研究者，認真考量特定團體中可能存在的權力關係，或在訪談過程中可能出

現的權力關係也很重要。

因此，在準備訪談時，要思考以下建議：

1. 設定一個合理的時間限制，並嚴格遵守。讓人們的專注力維持兩個小時以上，可能會效率不彰。
2. 將參與者人數限制在十人左右，你必須確保每個人都可以參與討論。
3. 如果討論變得混亂，考慮使用一個物件作為道具，並制定一個規則，只有拿到該道具的人才能發言。
4. 尋求同事的幫助並分享訪談時間。當你催化和管理團體時，你的同事可以記錄未被小組充分探討的、有助益性的話題。在中場時，與你的同事交換位置，讓同事擔任訪談者，而你擔任記錄者。如此你的同事可以回到他之前在觀察時所注意到的、未被充分探討的話題。

以下關於個別訪談的大部分注意事項，也適用於焦點團體。

（二）個別訪談

個別訪談是指研究者一次訪談一名參與者的情境。根據研究問題，個別訪談可以和參與者的實際處境有關，也可以將目標放在引出參與者的生命故事。在這些回溯性訪談類型中，當研究者需要詳細而完整的生活史、特定生活情節的詳細描述（青年、從單身到已婚狀態的轉變等）或完整的專題生活故事（個人某生活領域的時間性描繪，如工作、愛情生活或病史等）時，最適合進行個別訪談（Bertaux, 2010）。在可行和有用的情況下，可以在不同時間對同一參與者進行重複訪談。

在個別訪談中，研究者完全專注於和參與者建立的關係以及共享的內容。與治療脈絡相反，研究訪談的目的不是激發參與者的某些想法或推動改變，而是要了解這個世界。無論參與者的特質和特定身分為何，我們感興趣的是他們作為更大類別的代表：一些年齡組、性別類別、職業等。然而，值得注意的是，

參加訪談的參與者可能會受益於（或至少受到影響）樂於傾聽的聽眾詳細談論自己的過程。在與一位女士就她與健康和藥物的共融關係進行訪談後，她為那次訪談寫信感謝我們其中一個人，對她來說，這是一個釐清自己想法的機會。她說，藉著訪談，她找到了解決婚姻生活中潛在衝突的能量。研究關係有時會帶來神奇的效果。

　　正如我們上面提到的焦點團體，個別訪談可以圍繞另一種表達方式來組織，比如寫作。在這種情況下，一系列訪談可以轉化為參與者和研究者之間的共同寫作專案（Ellis and Rawicki, 2013）。

三、訪談的類型

　　個別訪談以及某種程度上的焦點團體，都有不同的類型（Flick, 2006; Mayer and Saint-Jacques, 2000; Michelat, 1975）。它們可以沿著從最多到最少結構性的連續體排列（如圖 4.7）。結構是指訪談者控制的程度，以及由訪談大綱決定的訪談形式其嚴謹程度。結構的程度可轉化為預期在同一研究計畫，從一次訪談到另一次訪談涵蓋的結構和主題中，所發現的同質性程度。從最多到最少結構性的連續體，也反映了研究者對應於專業知識所採取的立場。事實上，如果研究者認為自己是某個主題的專家，他們會很樂意設計和使用嚴謹的訪談大綱來從參與者那裡提取資訊。然而，如果是參與者被視為專家，那麼讓參與者來定義自己的表達範圍，並採用半結構或非結構類型的訪談可能更為適合。

（一）結構式訪談

　　研究者在田野工作開始前準備的訪談大綱，是採用一系列開放式問題的形式，相當於質性問卷（Mayer and Saint-Jacques, 2000）。這種類型的訪談適用於探索意見，問卷在田野工作期間通常不會改變，並以相同的方式用於所有參與者，目的是讓所有參與者接觸相同的「刺激」，即相同的用字遣詞和問題順序。此規則被認為可以抵消研究者對參與者的影響，或者至少使所有參與者都受到

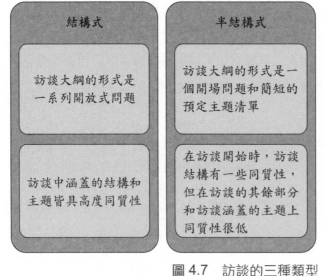
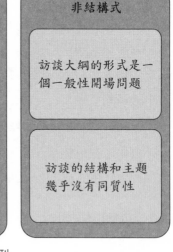

圖 4.7　訪談的三種類型

相同的影響，致使比較參與者的答案此一過程變得更容易，或者說，變得更合理。

　　結構式訪談的一個明顯優勢是相對容易和快速，可以從錄音或文字紀錄中找到許多參與者的答案並進行比較。例如，可以簡單地提取所有女性參與者對第二個問題給出的答案，針對她們認為大學學位在就業市場上的有用性，比較它們的模式。另一方面，這種類型的訪談可能不會產生非結構性訪談的深度，因為它預先確定了主題（甚至重要的問題）以調查研究主題。研究者幾乎沒有根據參與者給出的答案即興創作的空間，也幾乎沒有自由去探索訪談中可能出現的主題或研究計畫可能會感興趣的主題。

　　為了更好地掌握各自的特殊性，我們將在非結構性訪談中進一步討論此類型的訪談，以進行對比。

（二）非結構式訪談

　　訪談大綱採用單一的一般性開場問題形式（Kandel, 1972; Mayer and Saint-

Jacques, 2000; Michelat, 1975）。舉例來說：「跟我說說關於你進入就業市場的情況。」每次訪談的開場問題通常相似，但不必完全相同。非結構式訪談的一個重要原則是適應參與者和情境的要求，從參與者述說的最初故事中，訪談者辨識要進一步探索的重要主題，以全面了解參與者的經歷（Kandel, 1972; Michelat, 1975）。這意味著訪談者使用的提示不是事先準備的，而是根據參與者正在進行的述說現場即興創作的。

　　雖然不預先確定問題清單可能會讓訪談者感到害怕，但它有重要的益處。首先，它可以確保訪談者的完整可用性，換句話說，它讓我們保持警覺！研究者必須專心傾聽，注意那些只是被輕描淡寫的話題、假設、需要進一步探索的隱含內容，並將它們作為後續的提示。第二，這不僅意味著訪談者要適應參與者的詞彙，而且還允許參與者控制其故事的形式和內容。所有進一步探索某個主題的提示，都將定錨於參與者的措辭和為訪談提供的資料中。稍早之前提出的共同建構的觀點，在這裡清晰地重新浮現。雖然它被稱為非結構性，但更精確地說，這種類型的訪談可能被描述為具有非結構性靈感，而不是純粹的非結構性。訪談者不可能不影響參與者講述故事的內容（Mallozz, 2009），訪談者傾聽、點頭、嘆息、提示和微笑等平淡無奇的行為，都可能被參與者解讀為一種可以在這裡詳細說明或在那裡精簡的指示。

　　非結構性訪談有助於講述經驗、探索表徵、生活歷程與主題或完整的生活故事。雖然提示顯然是研究者的貢獻，但這些提示是受到參與者故事所啟發的，而不是先驗決定的。此特徵應該使訪談更符合參與者的經驗，因此，在一個研究計畫中，幾乎不會期待從一次訪談到下一次訪談的結構和主題具有同質性。然而，儘管此類訪談可能允許深入研究參與者的經驗，但當來到分析階段時，此類訪談會帶來挑戰，因為它們之間在形式和實質上完全不同（Daunais, 1992）。

（三）半結構式訪談

　　半結構式訪談在前兩種類型之間取得平衡（Mayer and Saint-Jacques, 2000）。訪談大綱採用一般性開場問題的形式，並添加了訪談者希望在每次訪談中涵蓋的簡短主題清單（Mishler, 1986）。當探索過參與者對開場問題的回答內容中所有細節和主題後，訪談者可以使用準備好的主題清單來形成提示，這能確保依據概念化和研究問題形成的重要主題不會被遺忘。隨著訪談的累積和新探究領域的浮現，可以增加預定主題清單的內容。

　　在回答一個廣泛的開場問題時，參與者決定了他們的表達範疇，即在某個主題上對他們來說重要的內容輪廓和實質內涵。另一方面，預先準備的主題清單確保訪談仍然具有一定程度的實質同質性。然而，這些訪談的結構往往千變萬化。與非結構式訪談一樣，半結構式訪談有助於讓參與者詳細描述經驗、探索表徵和記錄生活走向，並允許參與者和研究者在產出敘說時，分享一些控制權。

　　兩個基本原則引導訪談者如何進行非結構式和半結構式訪談。第一，訪談者在訪談過程中扮演催化者，為此，訪談者必須接受一個事實——他們不需要提出一連串的問題。事實上，正如我們稍後將建議的那樣，積極傾聽並鏡映（mirroring）參與者的話，可能便足以讓參與者繼續述說，暢所欲言他們的生活經驗。第二，訪談者必須幫助參與者探索他們自己的想法和個人經驗，目標是產出一個「我」的陳述、一個從參與者角度講述其生活經歷的陳述。

　　在結構式訪談中，問題是預先表述並以同質方式提出的，而在非結構式和半結構式訪談中，所蒐集資訊的品質和範圍很大程度上取決於訪談者的能力，甚至在比結構式訪談中更重要（Savoie-Zajc, 2003）（請參閱輔助網站https://study.sagepub.com/gaudetandrobert以獲取對社會運動家Jodi的訪談紀錄）。要培養一個研究者的傾聽能力和辨識參與者提供有趣線索的技能，沒有什麼比經驗更重要的了。傾聽是一種能力，我們使用它的次數愈多，我們就做得愈好，並且

不需要在研究環境中練習！日常生活中即提供了許多改善傾聽技巧的機會。磨練我們主要的工作工具，亦即我們的傾聽能力，可以讓我們透過參與者的眼睛看世界，並限制我們欲將自己的類別、自己對什麼是重要的感覺、自己的視框強加給他們的傾向，以讓參與者講述他們的故事。

四、逐步進行訪談

以下是關於訪談過程的建議。在向你的受訪者提出開場白問題之前，訪談就開始了，它需要前置作業，在你關閉錄音設備後，它也需要好好地被結束。與此處提出的任何其他工具一樣，我們在下面列出的步驟和建議，會根據你的田野工作情境加以調整和修改。

（一）在安排訪談之前

訪談需要充分的準備，它甚至在你聯繫你的第一位參與者以安排訪談之前就開始了（Daunais, 1992; Mayer and Saint-Jacques, 2000; Savoie-Zajc, 2003）。

從重新審視你的研究計畫開始。事實上，要再次閱讀你的文獻回顧（無論你只是寫了閱讀筆記，還是對你主題的相關文獻進行詳細的評析）以及你的理論框架（無論你是否選擇透過一些不定概念來保持彈性，或是你遵循一個確定的理論）。回顧此概念性著作，會讓它在你的記憶中煥然一新，並且可能會幫助你在訪談時掌握所有富有成效的提示途徑。它還將幫助你在進行訪談時分析性地「閱讀」訪談，而不僅僅是參與者與你分享的事實性資訊。要始終將研究問題牢記在心，在訪談過程中更是如此。再次閱讀你的研究計畫中關於方法論的部分，提醒自己你選擇了什麼類型的訪談、你為什麼如此選擇以及這種訪談的特點是什麼。提醒自己在這些選擇背後的基本原理，可以幫助你遵守它們，不會出於緊張而將無結構性的訪談轉變為問卷（儘管這可能會在第一次訪談時發生）。再次重讀你的研究目的，希望這將幫助你在以下兩者之間取得平衡：其一是產出有意義的資料；其二是僅僅透過提示參與者來討論和你的主要研究

興趣明顯無關的話題以滿足你的好奇心。

然後，思考你的裝置設備。選擇你的記錄設備，並且熟悉操作。你會做手寫筆記、電腦筆記，還是記錄訪談？如果是記錄訪談，你會使用你的手機、錄音機，還是錄影機？選擇最適合你的研究需要以及對你的參與者侵入性最小的方法。你必須將你的選擇提前通知你的參與者。

此外，準備並撰寫你的介紹文。雖然這看起來有點矯揉造作，但我們強烈建議你花時間寫下你首次聯繫未來參與者時將使用的內容，以告知他們你的研究並說服他們參與。這一段內容，對於設定你與參與者的關係基調，並給予他們足夠的信心和熱忱以幫助你進行研究至關重要，尤其如果這是你與參與者的第一次接觸。你的介紹文應至少包含以下幾項元素（Daunais, 1992; Mayer and Saint-Jacques, 2000: 127）：

1. 你的身分。
2. 你的中介：給你聯繫此參與者想法的人。
3. 你的研究主題，以及你邀請此參與者進行研究的原因。
4. 你需要的參與類型。解釋你想要的訪談類型，並實際了解訪談所需的時間。
5. 消除潛在的誤解或疑慮。例如，強調沒有所謂正確或錯誤的答案、說明這不是一個問卷等。
6. 將訪談加以記錄的需求及其重要性。
7. 參與者的權利。
8. 詢問此參與者是否有疑問。

準備與寫下你的訪談大綱，它的長度會依你選擇採用的訪談類型而有很大的差異。結構性訪談採用開放式問題形式，半結構性訪談採用開場問題和主題（關鍵詞）清單的形式，非結構性訪談採用簡要的開場問題形式（Mayer and Saint-Jacques, 2000; Savoie-Zajc, 2003）。

1. 你的問題應該簡單，並貼近主題和受訪者的語言。你的問題應該聚焦在參與者的個人經驗。

2. 你的問題應避免預先結構的元素，例如暗示性詞語；問題應該愈開放愈好。

3. 特別是對於半結構式或非結構式訪談，將你的開場問題視為訪談的脊髓；它不僅僅是一個簡單的問題，它是一個關於你想要與參與者一起處理哪些區域的信號。

4. 寫下多個版本的問題，並選擇最廣泛、但最具體的一個。

5. 如果可以的話，與同儕一起測試，或者至少向他們展示你的問題，以獲得他們的回應和建議。

　　準備好你的封面頁（face sheet）（Esterberg, 2002），封面頁是關於你的訪談（A 部分）和你的參與者（B 部分）的事實資訊列表。這是關於你的訪談的記錄。當你想描述你所蒐集的參與者樣本以及進行訪談的時間長度和脈絡時，它會派上用場。你應該為所進行的每次訪談都填寫一張封面頁。

　　以下是一個虛構的封面頁示例，可用於醫生對他們與不同社區居民的關係進行家訪的研究：

A. 關於訪談的資訊：

　　a. 日期：

　　b. 時間：

　　c. 地點：

　　d. 時間長度：

　　e. 記錄技術：

B. 關於參與者的資訊，包括社會特徵和其他相關資訊：

　　a. 假名：

　　b. 性別：

　　c. 出生地和國籍：

d. 居住地：

e. 家庭狀態：

f. 專業訓練與最高學歷：

g. 經歷年資：

　　檢視你的同意書（我們在第五章會詳細討論，並在輔助網站 https://study.sagepub.com/gaudetandrobert 提供一個範例），並確認你有為訪談準備兩份副本。再次，測試記錄設備：在家中安靜舒適的環境下檢查和測試所有功能，使其成為你的習慣。

（二）在訪談中

　　是時候開始訪談了：深呼吸，放鬆並採取開放的態度。如果你選擇半結構式或非結構式的訪談，請記住你的角色是幫助參與者探索他或她自己的經歷，因此你不必不停地提問，你必須積極傾聽。專注、傾聽並透過點頭和保持眼神接觸來表達你正在傾聽，是此過程重要的部分。尊重完全的沉默也很重要，亦即參與者在談論之前，思考並重新審視其經歷中某些部分的那些沉默時刻。

　　特別是對於半結構式或非結構式訪談，當你的參與者說話時，一定要記下你認為稍後有助於進行探索的元素。不要瘋狂地寫作，只需使用關鍵字。你可能還想記下非語言線索，以幫助你理解參與者所說的話。舉例來說，當參與者講到工作時如果一邊翻白眼，這就非常值得記錄。

　　在某些時候，當參與者結束述說時，你必須介入。如果你選擇的是結構式訪談，那麼你已經準備好下一個問題。但是，如果你選擇進行半結構式或非結構式訪談，你主要會仰賴於重新申明，並且在較少程度上仰賴你即興提出的開放性問題。重新申明是訪談者的介入，包括以簡潔明瞭的方式重複受訪者剛剛分享的內容。這種探問的重點在於透過重複參與者的話，訪談者不會在訪談中增加任何新的或不同的內容。重新申明將有望鼓勵參與者詳細說明剛剛說過的

話。當訪談者避免了任何可能以某種方式引導參與者的結構化元素時，問題會是開放的。在此讓我們借用一個受到 Blanchet（1987; 1989）啟發的分類和一個例子。假設你正訪談一名在醫院皮膚科工作的護理師，了解他在職業生涯中所經歷的變化，他談到了他最近經常遇到的一個現象：與全身紋身相關的併發症。他談到他與這些紋身者的經歷，並說：「全身紋身的人很勇敢……但我認為他們是欠缺思考的。」然後他停在那裡。圖 4.8 呈現了你在跟進與探問方面的可能性。

語體風格	重新申明	問題
指示性的 關於參與者陳述的內容、主題的提示	**回聲** 「他們是無意識的？」或是「他們有勇氣，卻無意識？」	**指示性問題** 「你會說他們在哪些方面是勇敢的？」
情態性的 關於參與者立場、信念、願望的提示	**鏡映** 「你認為他們是有勇氣的？」或是「你認為他們有勇氣，卻無意識？」	**情態性問題** 「你對他們的意識層次有什麼想法？」

圖 4.8　在訪談中跟進與探問的類型（改編自 Blanchet, 1989: 371）

回聲是重複參與者剛剛所說的最後一句話，強調陳述的內容（他們是……），而鏡映是重複參與者的陳述，同時強調參與者的立場（你認為他們是……）。乍看之下，這兩種跟進方式對你來說可能顯得不自然，但在日常對話中嘗試使用它們，你可能會驚訝於其對你的對話夥伴產生的鼓勵效果。當然，濫用重新申明，無論是回聲，還是鏡映，都會讓人覺得奇怪，這是應該避免的。嘗試改變你的跟進和提示，以免出現欠缺考慮的情況。

　　指示性問題，即關於參與者剛剛分享內容的問題，是另一種選擇。像回聲一樣，指示性問題強調參與者陳述的內容，並要求提供額外的資訊（「你會說他們在哪些方面是勇敢的？」），而情態性問題則強調參與者的心理狀態或態度（「針對他們的欠缺思考，你有什麼想法？」）。

　　除此之外，如果你要提問，請保持開放；也就是說，避免事實、是一否或非此即彼的問題。適切的問題例如：「關於這個，你能告訴我更多嗎？」或是「你能詳細說說嗎？」是很好的應變跟進問句。

　　如果你選擇半結構式或非結構式訪談，請確保你涵蓋了預先準備的主題（半結構式），以及在訪談過程中辨識並記下的主題（半結構式和非結構式）。當所有主題都已經涵蓋，且訪談即將結束時，透過綜述訪談內容或至少涵蓋的主要元素來結束訪談（Daunais, 1992）。作一個廣泛的結束性重申，重申的開頭聽起來像是：

> 好的，如果我的理解無誤，你過去 15 年裡一直在許多醫院的皮膚科工作。你告訴我你專攻皮膚科，是因為皮膚是人體最大、最有趣的器官之一。我們談到了這樣一個事實，即在你的職業生涯中，技術、醫藥產品和倫理規範已經改變了你的工作方式。你告訴我，你最近遇到比較多全身紋身且有併發症的病例。

　　這個訪談的綜述是你評估自己是否清楚參與者所說的一切的好時機，但是更重要的是，這是參與者修正、提供細節和補充所說的內容的機會。事實上，結束性的重申可以讓訪談重獲新生。

　　一旦你的理解得到參與者的確認，你可能會想問是否還有其他你應該知道的事情，以理解你的主題。參與者可能會建議其他類別的參與者接受訪談，或建議他們認為相關的其他主題。所有這些建議，即使你沒有要加以跟進，也會幫助你更加「了解」參與者。當訪談結束時，你可以讓錄音設備持續開啟，並與參與者一起填寫封面頁。

如果講述自身故事讓你的參與者產生強烈的感受，特別是如果你訪談的是一個脆弱或以任何方式被邊緣化的人，在你知道他們感覺好轉之前不要離開訪談場所。你必須提供相關求助熱線或支持機構的聯繫資訊給參與者。

（三）完成訪談後

訪談後你回到家，感覺工作完成了。然而，有幾件事你應該馬上處理。事實上，在這個特殊時刻的記憶消退之前，我們建議你寫一份初步報告（Mayer and Saint-Jacques, 2000）。

在你進行每一次訪談之後，寫下你腦海中浮現的生動資訊：描述訪談的物理環境、鄰居、房子和訪談進行的房間。嘗試用你的文字來創造圖像。

描述訪談的過程：訪談進行得怎麼樣？你的參與者看起來有多自在？描述訪談的節奏：用了多長的時間來破冰？有沒有中斷、休息？中斷或休息如何影響訪談過程？

綜述訪談內容，嘗試按時間順序摘要訪談內容，對你來說特別引人注目的是什麼？如果這不是第一次訪談，與你之前為研究進行的訪談相比，有什麼突出的地方？

反思你是如何進行訪談的，身為訪談者，你的優勢與限制是什麼？下一次訪談，你會改變什麼？查看圖 4.9 中的指引，以幫助你思考訪談的進行，尤其是如果你選擇半結構式或非結構式類型的訪談。

記下你的分析評論：訪談內容如何證實、區分或反駁先前關於該主題的研究結果？你有看到你的概念性架構和訪談之間的連結嗎？參與者的故事中哪些歷程似乎具有影響力？這次訪談產生了哪些詮釋性見解？

初步報告是給你自己的一份長備忘錄，是一個幫助你思考的練習，是一種讓你自己完全投入研究，並充分利用你的田野工作的方式。硬性規定完成資料產出階段並等到它結束才開始進行分析，是錯誤的。我們建議你在每次訪談後都寫一份初步報告，以讓你的方法論和理論性思維充分運轉。

訪談是否能夠營造一種有利於參與者自我探索的氛圍？
● 受訪者是否有權力和空間來講述自己的故事？
● 訪談者的非語言溝通運用得如何？

跟進和探問的品質和數量
● 分析開場問題。它是否有利於「啟動」訪談？更好的開場問題會是什麼？
● 是否按計畫進行半結構式或非結構式的訪談？
● 訪談者的提示和探問進行和跟過進去做得如何？它們是什麼類型：重申？提問？
● 提示是否與受訪者的內容有關？
● 訪談者是否能夠分享受訪者的敘述？
● 訪談者是否能夠適應受訪者的詞彙和語言層次？
● 訪談者是否能夠尊重完全的沉默，並以重申來打破空洞的沉默？

訪談者是否獲得所需的資訊？
● 訪談者是否成功地獲得了所需的資訊，或者長篇大論的訪談卻一點幫助也沒有？

訪談者是否辨識並跟進受訪者建議的線索？
● 訪談者獲得的比需要的多嗎？
● 訪談者是否能夠跟進受訪者敘說中的線索並進行探索？訪談者是否有足夠的彈性，能夠深入挖掘受訪者所提供的基本元素？

訪談者對參與者有什麼影響？反之亦然？
● 受訪者在訪談期間和之後的感受如何？擔憂？後悔？訪談者做了什麼讓受訪者放心？
● 訪談者和受訪者之間的共融關係如何？

圖 4.9　評析訪談過程的指引

初步報告後的下一個任務是謄寫訪談內容。我們建議你逐字謄寫，逐字逐句。雖然一開始看起來很乏味，但你謄寫每次訪談的速度都會加快。技術在這個階段會有所幫助，由於我們使用數位錄音機，我們特別喜歡能讓用戶控制錄音語音速度的軟體。以原始速度的 50% 來謄寫訪談內容，會比以正常速度來謄寫要容易得多！人們已經制定了詳盡的謄寫慣例（Jefferson, 2004），並對將語音轉化為紙上文字的工作提出了問題（Lapadat, 2000），在在顯示謄寫始終是一項詮釋性工作。

> 考慮使用 Express Scribe 等軟體來進行謄寫過程（www.nch.com.au/scribe/index.html）。

謄寫是從訪談中產生想法和概念性見解的好方法，因此請務必在謄寫時記下你的想法。這很珍貴！當你做這些看似機械性的工作時，你的分析就開始了。此外，謄寫你的訪談內容，將確保你對你的資料有深入的了解，這將在下一個分析階段開始時有所幫助。

謄寫完成後，你就可以將分析策略應用於資料，第六至九章的目的即是陪你在這件事上一起努力。

肆、檔案文件

為了不要與前面的內容重複，對於由參與者為研究目的而製作的檔案文件或「反應性檔案文件」的直接引用，我們將予以省略——亦即研究者要求參與者作為研究參與的一部分所寫的日誌、作為參與影像發聲方案的一部分所拍攝的照片等。在此我們僅專注討論參與者在他們「自然」經驗過程中產出的檔案文件，這通常被稱為非干擾性研究或非反應性研究。

一、檔案文件的定義

就本章而言，「檔案文件」指的是能夠揭示某種文化的各種資料或電子製

品——無論是動態圖像、是靜止圖像、計畫、紀念碑、建築物，甚至是文本。我們將討論局限在包含書寫痕跡的檔案文件（對於強調聲音或圖像的檔案文件，請參見 Burri, 2012; Carrabine, 2012; O'Toole and Were, 2008）。

民族誌方法是為了以仰賴口頭文化為主的社會所發展（Atkinson and Coffey, 1997: 45; Prior, 2004b），如今，大多數研究都在有文化的環境中進行，在這種環境中，社會參與者會為他們所屬的組織或團體或為他們自己製作文件：即工作場所網站、社交媒體頁面、成績單、商業廣告、規章制度代碼、培訓手冊、組織歷史、年度報告、剪貼簿、家庭相簿和其他類似的檔案文件。

這些是環境、組織和人們為了向自己、通常也是向世界展示自己而產出的「自我描述」（Atkinson and Coffey, 1997: 45）。因此，它們是一個值得考慮的豐富來源。除了自我呈現的檔案文件外，還有作為組織或團體工作的一部分而產出和使用的檔案文件。這些檔案文件都是為了協調在一個現場的社會參與者活動，進而開發的內部工具：紀錄、程序、表格、發票、評估量表、客戶或患者的檔案、備忘錄、購物清單、日曆、任務清單等。

文件完成了很多工作：

> 合約承諾、批准工作、促進工作、紀錄保存、說服工作、身分建立工作等。事實上，有人可能會建議社會中幾乎每一項可識別的活動都有其文字材料，涉及並含括人們對書面或其他文字材料「標誌」的監控——文字材料以多種方式幫助我們將自己定位到該活動、場合或場域，並理解它（Watson, 1997: 80）。

如同觀察與訪談，這些檔案文件本身可以構成研究的實徵性基礎，或者找到進入多元方法田野工作的途徑。但它們往往沒有被妥善地運用。身為檔案文件分析權威，Prior 談及自己在不同機構的研究實踐：

> 回顧我在這些場域的工作，我質疑我自己傾向於認為檔案文件在某種

程度上與研究過程的本質無關（儘管我一直承認檔案文件的存在）。
這也許是因為，和其他許多人一樣，我覺得真正的資料只能在談話和
互動中找到。只有隨著時間和實踐，我才意識到銘文題詞在組織場域
中的重要性（Prior, 2004b: 346）。

　　你的研究主題可能很適合透過檔案文件來進行研究，但是，你要如何處理
這些人工製品？所有檔案文件都具有同等價值和用途嗎？我們將在下一節討論
這些問題。

二、檔案文件處理方法

　　包羅萬象的文件類別（包含書面痕跡）需要加以說明，法國歷史學家Arlette
Farge 公正地提醒我們，檔案或手稿與印刷的公開文字之間有著天壤之別：

> 印刷文字是一種有意提供給大眾的文字材料，它被組織起來供許多人
> 閱讀和理解。它試圖呈現和創造一個世界，試圖透過放置一個故事或
> 一個想法來改變事物的流動。它根據或多或少容易解釋的系統進行排
> 序和結構化，無論採用何種格式，它的存在都是為了轉化知識……不
> 論隱藏與否，它都是有意圖的，最簡單和最明顯的就是「被別人閱
> 讀」。與檔案無關，這些檔案是原始痕跡，不會要求被告知，並且被
> 迫揭露自己……它們分享了一些如果不會發生令人不安的事件，就永
> 遠不會被告知的事情。在許多方面，它們分享未說出口的事（Farge,
> 1989: 12，原著作者譯）。

　　這種區別在我們所生活電腦化和非常公開的世界中可能不會那麼強烈，因
為學童在網路上寫家庭作業，人們也會撰寫電子化個人日記。但是，Farge 提醒
我們，一份檔案文件可以有不同的狀態，這取決於它是否擁有作者之外的讀者
群。

不僅私人文本和公開文本之間存在內在差異，書面的檔案文件也可以被概念化為不同的實體。借用我們在上一章中介紹並歸功於 Alasuutari（1995b）的一個強而有力的區別，我們可以說將檔案文件作為資料，有兩種廣泛的處理方法：事實主義方法和標本方法。

在事實主義的方法中，我們將檔案文件視為要提取內容的容器，檔案文件被認為是關於研究者感興趣的真實指標或證詞的儲存庫。舉例來說，人們會研究父母多年來製作的剪貼簿，以作為他們家庭生活或孩子成長的指標或見證。在這種情況下，剪貼簿只是通往感興趣目標的一個渠道：家庭生活。這些指標和證詞是對家庭生活的反映和陳述，或多或少是完整的、直接的和理想化的。因此，研究者必須對這些檔案文件的力量保持警覺，確保檔案文件能讓研究對象盡可能透明化。三角驗證、增加資料來源和多樣化等議題就變得極為重要。

另一方面，標本方法專注於人工製品本身，而不是作為通往另一個真實的管道。按照我們所舉的家庭生活的例子，問題可以變成：剪貼簿是如何建構和組織的？誰參與了它們的創作？在其中重要的是什麼？它們何時被使用以及產生什麼效果（例如家庭團聚）？因此，當被視為人工製品時，檔案文件的形式、結構、組件、製作方法和用途都變得很重要。在這裡，檔案文件本身是被研究的對象。

事實主義方法和標本方法之間的這種區別，與研究者賦予檔案文件雙重地位有關：來源或資源，以及媒介或活躍的社會現象（Prior, 2003; Watson, 1997）。兩者的重要性會根據研究的類型和採用的理論觀點而有所差異（如圖4.10）。

三、逐步產出檔案文件資源

無庸置疑的，歷史學家在檔案文件作為來源的議題上，可以教給社會科學家很多東西，因為這通常是他們了解感興趣現象的唯一途徑。然而，無論檔案文件是舊的，還是當前的，其來源都需要不同的處理。Bowen 辨識了可用作研

圖 4.10　處理檔案文件的方法

究來源的、範圍廣泛的文件：

> 廣告；議程、出席登記冊和會議紀錄；手冊、背景文件；書籍和小冊
> 子；日記和日誌；活動計畫（即印出的大綱）；信件和備忘錄；地圖
> 和圖表；報紙（剪報／文章）；新聞稿；計畫提案、申請表和摘要；
> 廣播與電視節目劇本；組織或機構報告；調查資料；各種公開紀錄
> ……。這些類型的檔案文件可以在圖書館、報紙檔案館、歷史學會辦
> 公室和組織機構的檔案中找到（2009: 27-8）。

除此之外，我們還增加了演講（請參閱輔助網站上的轉錄演講示例，https://
study.sagepub.com/gaudetandrobert）以及所有相關類型資源的電子版本，我們可
以在其中加入網頁、部落格、社交網站、音檔、視頻和電影。

（一）確認你所需檔案文件資源發揮的功能

除了是研究的主要實徵性基礎此種情況外，檔案文件在研究中可以發揮五
個互補的功能（Bowen, 2009: 29-30）。檔案文件可以：

1. 提供脈絡性資訊：可以幫助記錄研究參與者的脈絡、背景資訊和歷史性洞
   察。檔案文件可用於脈絡化訪談中產出的資料。

2. 作為產出額外訪談問題的來源：建議要問的問題和要觀察的情境。

3. 作為額外的實徵性資料，以補充來自其他來源的部分資料。

4. 成為追蹤變化的指標：當有一系列相同的文件（例如年度報告）或同一文件的多個草案可用時（例如在成為法律之前，經過討論和重寫的法案），這是可行的。

5. 成為證實來自於其他來源資料的證據。有人會說，如果文件分析的結果與之前其他來源的發現相矛盾時，則需要進一步研究（Bowen, 2009: 30）。另一方面，如果文件分析證實了之前來自其他來源的發現，那麼我們就可以對它們更有信心，因為這些發現已經過三角驗證（2009: 30）。正如我們將在本章的最後節次中所看到的，其他方法學家質疑是否可以透過比較不同資料來源來進行驗證，原因是每個資料來源都有其特殊性和特定邏輯，不能與另一個資料來源相比擬（Atkinson and Coffey, 1997）。

　　根據你所需檔案文件資源發揮的功能，你將以不同的方式選擇和抽樣它們。然而，作為這種反思的一部分，你要確保你了解使用檔案文件作為資料來源的潛力和陷阱。每個檔案文件和每個檔案文件類型都有其特點，圖 4.11 為檔案文件通常會被注意到的優點和缺點（Bowen, 2009: 31）。

（二）尋找檔案文件

　　雖然我們很可能為一個我們已知可取得且正等著我們的檔案文件資料庫設計研究計畫，但情況通常是相反的。我們會先思考研究計畫，然後才開始尋找檔案文件。如果你的情況是如此，並且你從一開始就不熟悉你的檔案文件資料，我們會敦促你同時從兩個方面著手：找到一個感興趣的主題，同時探索關於這個主題的多個檔案文件資源。藉由以發現或知道可用的檔案文件資料為中心來逐步設計研究計畫，你可以控制所涉及的風險，以防設計一個完美計畫，卻因缺乏實徵性資料或可及性議題，而無法進行研究。此外，你可以保持足夠的彈

潛在優點

- 效率高：大多數情況下，通常只需要選擇而不用產出……除非檔案文件需要冗長的轉錄
- 成本效益高：相同理由
- 可得性：許多文件已可公開取得
- 無阻礙性與無回應性：文件的內容不受研究者其人或研究者行為方式的影響，但分析則會受影響——從文件中提取的內容以及如何解釋是研究者的產出

潛在限制

- 關於研究感興趣的某些議題詳細資訊是不足的：這些檔案文件是為其他目的而建立的
- 低可檢索性：並非所有文件都是公開或可無條件取得
- 偏誤篩選：當僅提供系列檔案文件中的某些部分時（通常反映組織的政策或「最佳行為」）；或者只有某些類型的組織或機構檔案文件可用，強調某種「觀點」而排除其他觀點，偏誤篩選就會發生

圖 4.11　檔案文件作為資料來源的優點和限制（改編自 Bowen, 2009: 31）

性，讓你日後的研究計畫能隨著你最初沒有意識到的豐富資源而調整。

你的主題有哪些檔案文件？透過圖書館目錄、專業學會網站、組織檔案、政府檔案中心，在網路和實體上進行徹底的研究以找到資源。思考與你主題有關的所有可能觀點，並列出事件的相關參與者，然後，思考可代表你所列出每個參與者的不同發言人或學會。他們每個人都可能是一個很好的起點，可以追蹤你感興趣的現象圖像。

舉例而言，關於思覺失調症診斷的爭議可能涉及精神科醫生學會、心理健康組織、辯護律師協會、記者、患者家屬代表、醫院監察員、公民自由協會、精神科服務使用者的非政府組織、製藥公司、衛生部等。我們在這裡列出的大類別團體都有各自所屬的國家、省和地區網絡，都是可以指引你找到研究主題

資訊的可能途徑。

　　這些檔案文件是否可供大眾使用或至少用於研究目的？在此，研究者可能必須具說服力和堅持，例如，要取得監獄紀錄是有可能的，但當局必須認為該研究計畫足夠重要和相關，才會接受你的請求，並願意承受讓每份文件遵守匿名規則的麻煩。與官方管理部門打交道時，在提交完整研究計畫和機構的倫理證明之前，你可能不會得到答覆（參見第五章的倫理委員會）。在許多情況下，即使不是直接的，也可以透過資訊自由法（Freedom of Information Act）來獲得政府資訊（Larsen and Walby, 2012）。

（三）選擇和評估檔案文件

　　在可取得的檔案文件中，你如何選擇保留哪些檔案文件以及你將分析所選檔案文件的哪些部分？你可以透過兩種並行的方式：(1)細化研究問題，使其能順應於所選檔案文件中發現資訊的性質；(2)對你的檔案文件進行抽樣，即從大型檔案資料庫中提取一組具多元性的檔案文件。所選檔案文件的數量將部分取決於它們是你的研究計畫的唯一實徵性資料來源，還是補充來源。

　　為了評估檔案文件的品質，或者更確切地說，其對你研究的有用性，了解賦予檔案文件生命的生產過程是重要的：

1. 檔案文件製作的背景是什麼（一個事件後的反應性檔案文件、連續生成的例行檔案文件等）？
2. 目標受眾是誰？
3. 檔案文件的目標是什麼（代表一個團體、獲得資金、證明行動等）？
4. 檔案文件的作者是誰？是可知的作者，還是匿名作者（如許多政府出版品）？
5. 作者的一般資訊來源是什麼？
6. 它是主要來源（檔案文件的作者是否對其所寫的內容有第一手經驗），還是次要來源？

　　所有這些問題都有助於確定檔案文件作為一個現象資訊來源的可信度和有用性，並幫助你決定在你正在產出的分析中賦予檔案文件多大的權重。

　　如果你的檔案文件是資料庫、個人或組織文件，可追溯到幾十年或幾個世紀，那麼確定其真實性、準確性和完整性是評估檔案文件的重要部分。為此，你需要熟悉史學方法（Cellard, 1997）。

（四）分析

　　當檔案文件被概念化為資料來源並挖掘其內容時，對檔案文件的分析和詮釋將取決於所選擇的分析策略。分析策略可以從符號學分析（Atkinson and Coffey, 1997），到傅柯式論述分析（Prior, 2004b），再到主題分析（Bowen, 2009）以及現象學（Angrosino, 2003），其中有一些方法已在前一章中介紹。在任何情況下，無論是被認為是靜態的，還是我們對「檔案文件內容是如何產生的」（Prior, 2008: 825）感興趣，檔案文件的內容都會是分析的重點。

　　我們想將你的注意力帶到我們在分析程序早期階段中的另一個選擇步驟。儘管你已經開始選擇了檔案文件，但在開始分析之前，你可能仍需要在所選的檔案文件中進行一些瀏覽和選擇。事實上，選擇檔案文件的部分、段落或章節，用你決定的策略來進行徹底分析，而僅閱讀和總結檔案文件的其他部分，可能是合理的。所選主題、研究問題和目標將引導檔案文件的選擇過程，因此，以聯合國開發計劃署為例，只能提取和分析與人類發展指數和相關數據的段落，因為其符合你的研究問題（Bowen, 2009: 36）。儘管如此，重要的是要保持開放的心態，並注意那些在選擇開始時乍看之下似乎毫無意義，但隨著分析的進行可能具有不同含義的部分。

　　然而，檔案文件不是（或不僅是）因為它們的內容而有趣，下一節將轉向檔案文件所完成的活動。

四、將檔案文件視為媒介，一次研究一個面向

　　根據建制民族誌（Smith, 2002），有些學者提倡將檔案文件概念化為媒介（agents），而不僅僅是來源。一方面，文本式的檔案文件是主動性的，因為它們使讀者傾向以某種方式閱讀它們（Watson, 1997）；另一方面，檔案文件是完整的媒介，因為「它們可以影響社會互動的情節和社會組織的計畫」（Prior, 2008: 822）。身為研究者，我們可以專注於這些媒介的生產或使用，關注它們完成的轉錄工作，即它們如何將真實轉化為它們自己的語言；或者關注它們的流通，即檔案文件通過使用者網絡的方式。這幾個方面經常是重疊的。

（一）檔案文件的生產

　　有些文件是整個組織或整個文化的參照依據，是進行決策的支柱。這些文件的狀態為何？

　　　然而，在對（文件）給予應有的關注時，必須非常清楚它們可以做什
　　麼，不可以做什麼。它們是「社會事實」，因為它們是以社會組織的
　　方式來產生、共享和使用。然而，它們並不是組織慣例、決策過程或
　　專業診斷的透明化表徵。它們用自己的慣例建構特定類型的表徵，我
　　們不應該使用檔案文件資料作為其他類型資料的替代品。例如，我們
　　無法僅透過紀錄來了解一個組織的實際日常運作情況。同樣的，我們
　　不能將紀錄——無論多麼「官方」——視為它們報告內容的確鑿證據。
　　關於犯罪、自殺、死亡、教育成果等方面的官方統計數據，已不斷地
　　提出這樣的意見（Atkinson and Coffey, 1997: 47）。

　　以上引文帶出了一個問題：這些檔案文件是如何建構的，它們又是如何建構其應描繪的真實？追溯檔案文件的生平本身就是一項具有里程碑意義且有價值的研究計畫。以世界衛生組織出版的《世界衛生統計手冊》為例，Prior

（2004a）關注手冊中的某一類死亡率統計——自殺統計，並遵循手冊中有助於建立相關表格的每個步驟。該研究成為探究如何產生自殺統計數據的民族誌研究。事實上，作者的論點是透過研究主導制定這些統計數據的每一個決定，我們將對我們的文化及其與自殘死亡的關聯性有更多了解。最終版檔案文件的產出有一系列的轉折點（Prior, 2004a）：死因是如何被組織和分類的？這種分類如何隨時間而改變？當可能有多種死因時，如何決定記錄其中一種死因？在這個問題上的決策規則是如何演變的？當有人過世時，如何確認死因？誰負責記錄？此人如何根據驗屍官的報告做出編碼決定？Prus（2003）建議採用類似的方法來研究政策，因為他在政策中看到的不僅僅是死板的檔案文件，而是政策的生產和使用——都是一種集體冒險。

（二）檔案文案的使用

我們必須根據檔案文件的用途來處理它們（Atkinson and Coffey, 1997: 47）。檔案文件使某些行動成為可能，人類使用它們來執行和證明自己的行動。在任何學校、衛生服務、社區組織、私人工作場所或政府服務中，檔案文件都是人與人之間的中介者。另一方面，讀者以某種方式啟動檔案文件，因為閱讀是一個主動與詮釋性的過程（Watson, 1997: 89）。檔案文件的使用是指檔案文件在真實生活中發揮作用的方式。

（三）檔案文件作為轉錄裝置

錄取表格、登記文件、入學表格、警政紀錄、醫療檔案、電腦紀錄、身分識別證、信用紀錄、圖書館檔案、用戶名和密碼，構成了監視理論家所謂我們的「數據替身」（data double）（Brown, 2006）。檔案文件讓人的混合成為可能，我們不只是以血肉之軀而存在，我們也是「資訊性」的存在，有時甚至比肉體的存在更重要。紀錄可以優先於自然人本身，而且當我們是錯誤記錄的對象時，我們會注意到（Los, 2006）。的確，你可以獲得進入安全化校園的授權，

但如果你本人出現，卻忘記帶身分識別證，你可能不會被允許進入。你的識別證裡面有你的資訊，看起來比有血有肉的人更「真實」。至少，它在某些情況下傳達了更多的力量。

　　檔案文件作為「轉錄裝置」，它們「將世界包裝成文字」（Latour, 1999: 24），在這個過程中，它們讓事情變得可見。因此，一位醫學社會學家在追蹤醫院裡的一個病人進行CAT掃描後的過程，可以顯示醫療專業人員在考慮不同選項（日常護理、急症護理、病床管理）的優先順序時，啟動文件的方式。此外，研究者可以記載轉錄如何呈現其自身的真實，以思覺失調症的診斷為例，將使得患者對他們疾病的真實經驗，即使不會變得無關緊要，也變成是次要的（Prior, 2004a）。非常有力的檔案文件和被邊緣化的生活經驗之間的這種脫節過程，已經在建制民族誌探究親密伴侶暴力案件的限制令中得到證明（Adams, 2009）。法院系統產生的「案件」描述，是依據與制度相關的類別來格式化經驗，排除了優先訴諸司法系統的原因和服務使用者的主要需求——他們的安全。

　　已經有研究致力於追蹤這些轉錄裝置，並觀察它們的運作情況。假設社會協調是透過文本完成的，建制民族誌的研究揭示了檔案文件在日常環境中的運作方式（Campbell and Gregor, 2002），因此，在療養院，日常工作是由檔案文件和填寫文件的工作來組織：護理圖表、營養紀錄、約束和位置表。照顧的全部工作量，由詳細記錄的任務所構成（Diamond, 1992）。檔案文件的產出和使用，是機構政權的權力如何獲得控制以及機構凝視如何實現。若要研究療養院卻不將檔案文件納入考量，意味著將遺漏該組織如何製造和再製自身的重要資訊。

（四）檔案文件的流通

　　檔案文件的流通可用於記錄社交網絡和影響網絡。

　　在他與 Latour 的對話中，Serres（1995: 161）提到了追蹤或「使那些

構成它所經過群體的關係變得可見，就像兒童遊戲中的代幣一樣」的物體（Prior, 2003: 171）。Serres 用來指稱此類物體的專有名詞是「準物體」（quasi-object）——選擇這個專有名詞是為了強調世界不能簡單地二分為物體和人類此一事實，因為物體和人屬於一個整體，通常難以被拆分（Prior, 2004a: 357）。

在此類研究中，追蹤檔案文件傳播的資訊迴路，以建立影響網絡的邊界以及此類網絡中的力量載體和節點。當應用於有關特定藥物創新的資訊時，這樣的鏡映可以幫助顯示創新如何被採用或不被採用。

因此，雖然我們可能很想觀察人類行動者並與他們交談，但非人類行動者本身或結合它們的人類對應者，可以為好奇的研究者提供很多東西，它們的豐富性經常被低估。我們建議你問問自己，檔案文件是否可以成為回答你研究問題的一種方式。從倫理層面來看，如果你可以透過「訪談」和「觀察」周圍的非人類來獲得答案，那麼省去要求人們花費時間和精力是個好主意。

伍、本章摘要

在本章，我們首先看到田野工作與你的知識論立場有直接相關：你欲蒐集或產出研究的資料基礎。然後，我們深入探究了三種用來產出研究資料的不同工具：觀察、訪談和檔案文件。我們描述了這些工具可以採用的取向、形式和類型，並為每個工具提供了一份關於如何在田野工作中進行的步驟指引。本書後半部分將向你說明，如何在產出資料後對其進行分析。

你的研究計畫檢核清單

現在，你對用於質性研究中進行田野工作的三種主要工具更加熟悉了，你可以：

√ 反思是否將田野工作視為蒐集資訊或產出實徵性資料的機會。在撰寫研究計畫時，調整你的用字遣詞。

√ 決定工具或工具組合，這些工具可以產出最適合你正在設計的研究資料類型，包括你的研究問題。

√ 閱讀與所選擇工具相關的其他文獻，以擴大你對它們的理解，並進一步縮小你的選擇範圍。請參閱「後續你應該閱讀」作為開始。

√ 證明你最終選擇的工具是合理的，列出觀察、訪談或檔案文件中最適合你研究的取向、類型和形式，以及其可行性。

√ 如果考慮使用觀察，請確認潛在場域、你需要聯繫的人以及獲得管道的方式。設計第一個觀察網格。

√ 如果考慮使用訪談，請確認潛在的參與者以及你接近他們的方式。撰寫第一篇介紹文、一張封面頁以及一份首次訪談大綱。

√ 如果考慮使用檔案文件，請確認你的潛在來源或媒介以及接觸它們的方式。決定你對它們的內容、製作、使用、執行的轉譯或傳播方式是否感興趣。根據你的選擇，你可能需要在研究設計中引入觀察或訪談。

後續你應該閱讀

Alvesson, Mats. 2011. 'Rethinking Interviews: New Metaphors for Interviews', pp. 75-104 in *Interpreting Interviews*, ed. M. Alvesson. London: Sage.

• 此章節是關於訪談中產生的談話和資料的狀態，這篇文章將加強你對訪談中發生的不同溝通層次的批判意識，並由此提升此種資料來源的分析豐富性。

de Montigny, Gerald. 2014. 'Doing Child Protection Work', pp. 173-94 in *Incorporating Texts into Institutional Ethnographies*, ed. D. E. Smith and S. M. Turner. Toronto: University of Toronto Press.

• 這個簡短的章節是青年工作者進行建制民族誌的一個例子，這種類型的民族誌聚焦於跟進組織中文件的製作和流通。它生動地展示了檔案文件將社交互動轉化為它們自身邏輯的方式。

Fontana, Andrea and James H. Frey. 2005. 'The Interview: From Neutral Stance to Political Involvement', pp. 695-727 in *The Sage Handbook of Qualitative Research*, 3rd edition, ed. N. K. Denzin and Y. S. Lincoln. Thousand Oaks, CA: Sage.

- 此章節簡要介紹訪談的歷史、主要形式和類型，涵蓋了關於該工具的主要辯論，並指出它未來的發展方向，亦即女性主義參與式訪談以及訪談中的後現代趨勢。如果你想全面了解這個主題，並且如果你的研究借鑑了女性主義、後現代、後殖民文學，那麼此章節將是一個很好的起點。

Gubrium, Jaber F. and James A. Holstein (eds). 2001. *Handbook of Interview Research*. Thousand Oaks, CA: Sage.

- 2001 年版的《訪談研究手冊》每一章都提供了豐富的資訊，但我們想請你注意本書的第二部分，專門介紹「獨特的受訪者」。在這裡，八個章節專門說明就不同年齡組、性別類別、種族、菁英和病人進行訪談的特殊性。在本手冊的這一版和最近一版（2012）中，你還可以找到專門介紹焦點團體、深度訪談和訪談中的後現代趨勢的章節。

Ocejo Richard E. and Stephanie Tonnelat. 2014. 'Subway Diaries: How People Experience and Practice Riding the Train'. *Ethnography* 15(4): 493-515.

- 這篇文章是以下兩者的範例：民族誌可以很容易地與檔案文件分析合併，以及將民族誌的「參與者」轉變為「共同研究者」。在這個範例中，青少年被要求藉由記錄他們的旅行來記錄乘坐火車時的經歷。他們產出的日誌是公共場合青年民族誌的重要組成部分。

Prior, Lindsay. 2003. *Using Documents in Social Research*. Thousand Oaks, CA: Sage.

- 如果你正考慮在田野工作中使用任何類型的檔案文件，這本書將是你的重點讀物。受到 Foucault 和行動者網絡理論（actor-network theory）的啟發，Prior

是一位優雅的檔案文件分析師，他有關檔案文件的文章、章節和書籍都值得一讀。

Wacquant, Loic. 2004. *Body and Soul: Notebooks of an Apprentice Boxer*. Oxford: Oxford University Press.

- 這部關於法國知識分子如何沉浸在芝加哥拳擊世界的民族誌，讀起來就像小說，讓你感受到參與觀察是如何展開的，並使你窺見這種參與可以產生的資料和分析的豐富性。

Woodgate, Roberta L., Melanie Zurba and Pauline Tennent. 2017. 'Worth a Thousand Words? Advantages, Challenges and Opportunities in Working with Photovoice as a Qualitative Research Method with Youth and their Families'. *Forum Qualitative Sozialforschung/Forum: Qualitative Social Research* 18(1): Art. 2.

- 這篇文章將向你介紹如何使用參與者拍攝的生活照片進行訪談，如果你正在尋找讓參與者更充分參與研究過程的方法，這篇文章特別有幫助。

想獲得更多支援與啟發嗎？這裡有線上資源可以幫忙！請使用**詞彙表教學字卡**掌握關鍵詞，查看**SAGE案例和期刊文章資料庫**中的實際方法，並跟隨本書中所討論資料的完整逐字稿逐步分析。

第五章
質性研究的倫理挑戰

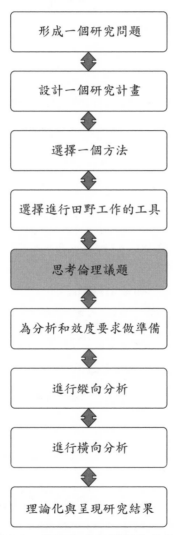

圖 5.1　我們在研究過程中的位置

在本章你將學習：

- 重視和理解研究倫理的三個道德基礎：人類的尊嚴、人類的誠信和公正的價值觀。
- 發展倫理論證來捍衛你的方法論選擇。
- 向你隸屬單位的研究倫理委員會提交申請。
- 反思田野工作中可能出現的倫理相關問題。

壹、前言

　　到目前為止，從建構問題到資料蒐集工具的選擇，我們已經向你介紹了組合和撰寫研究計畫的所有選項。但在你決定對人們進行訪談、觀察、攝影或拍照之前，你需要考量可能影響你與他們之間關係的倫理議題。在更正式的層面上，許多機構還要求由受科學研究倫理國家法律規範的機構委員會提供核准證明。而在本文中，我們所說的委員會指的是研究倫理委員會（Research Ethics Boards, REBs）。

　　本章對於那些想與有生命的參與者一起工作的人來說是最重要的。本章第一部分描述了研究者需要理解的三項哲學原則，以利於在科學活動中尊重有關人類保護的法律精神，這三個原則是誠信、公正以及人類的利益。本章第二部分著重於你需要考量的因素，以尊重參與者的誠信。最後，我們將討論你在田野工作中可能遇到的三個關係性倫理議題。在本段落中，我們思考以下這個問題：「如果誘惑開始滲透到研究關係中該怎麼辦？」面對在弱勢區域工作的研究者所提出的期望，人們該如何反應？

貳、程序性倫理

　　程序性倫理指的是法律、法規或規則中編纂的價值觀，20 世紀後期，一些西方國家制定了法規來界定與科學活動相關的倫理問題。甚至像美國人類學學會這樣的專業學會也制定了自己的倫理守則，守則的內容通常基於三個道德基

礎：人類的尊嚴、人類的誠信和公正的價值觀。

Kant 被稱為啟蒙哲學家，他發展了基於理性而非基於傳統或宗教的倫理學。他的倫理基礎為：每個人都有責任依據普遍法則推論自己的道德決定。舉例而言，一個人可能認為在特定情況下說謊（比如在研究計畫中）會產生更正向的道德結果。例如，不告訴參與者研究目標，可能對科學和共同利益有更多好處。但對 Kant 來說，它不會是道德的，因為不可能將說謊普遍化為適用於所有情境的道德普遍法則。

指引此類文件的原則通常來自 Kant 的義務論和效益主義理論。首先，他們受到 Kant 本體論的影響，Kant 本體論將人類尊嚴定義為道德絕對，有必要嚴格尊重自由和知情同意的概念，以及匿名的權利。如此，參與者總是被視為目的而不是手段，後者僅僅是實現研究者抱負的工具。公平對待每個人被認為是極其重要的。再者，大多數政策聲明都基於效益主義理論，因為它試圖權衡研究過程可能帶來的益處和潛在傷害。這樣做是為了優化個人和社會的正向結果。道德目標是要保護參與者免於遭受與參與研究計畫相關的不利後果，即身體或精神上的痛苦。

John Stuart Mill 是效益主義的創立者之一，他發展這種道德哲學，以找到基於理性的「規則」。對他來說，效益法則被定義為追求幸福。一個道德決定應該權衡好的和壞的結果，並且應該傾向於極大化好的結果。

因此，在向大學或任何其他組織的倫理委員會提出申請時，你的首要任務是證明參與者在研究計畫中所承擔的風險是合理的。你必須具體說明你的研究能帶來的益處，例如關於特定人口群或議題的額外知識，可能會超過參與者所承擔的風險。你還必須說明在研究的關鍵步驟中，你將如何尊重匿名權和知情同意權：招募、資料蒐集、資料存檔和結果發表。

　　沒有人可以反對美德，在理論上，大多數研究者都試圖堅持這些原則。然而，在實務中這些原則並不那麼容易應用，重要的是要理解：將研究倫理的系統性考量和監督於臨床研究中加以實踐是首要任務，即便要對質性方法進行逐步的調整（Greenwood and Levin, 2005; Van den Hoonaard, 2002）。事實上，西方國家的此類法律是以生物倫理學法規為範本的，1949 年的紐倫堡守則是此類法規的第一個現代里程碑（Van den Hoonaard, 2001）。醫學領域的科學研究治理傳統所引起的制度性論述及其技術官僚化，隨後也被遷移到社會科學領域（Halse and Honey, 2007）。

　　然而，社會科學研究帶來了重大的倫理挑戰，這些挑戰被大多數臨床和實驗研究的守則以及倫理規範所忽視。之所以難以思考這些挑戰，部分是因為社會科學中所使用知識論和方法論的多樣性。通常傾向於歸納推理的質性研究計畫是多元的，因此，通常很難「預測」可能導致研究者陷入道德困境的情況。特別是因為研究過程是反覆的，田野工作有時可能採取跟你向研究倫理委員會提出計畫中完全不同的途徑。

　　儘管有這種正式的承認，但倫理規範文化在臨床研究中是根深蒂固的，質性研究者必須不斷證明其選擇是正確的。在填寫研究倫理委員會的表格時，重要的是要了解主流臨床或實驗研究文化中的這種少數處境。每個大學都有不同的表格，有些專門適用於社會科學，有些廣泛地用於臨床、實驗和社會科學。在後者這種情況，完成這些表格是一大挑戰，因為表格裡的問題是為實驗研究者設計的。

　　在下一個節次中，我們將說明向你所在機構的研究倫理委員會提出申請時，需要解釋和論證的重要問題。在本章的最後一個節次，我們會討論關係性的倫理議題。

參、向研究倫理委員會提出申請

　　研究倫理委員會的角色是仔細考量研究計畫、將使用的所有研究工具以及

提供給參與者的文件，目標是規範可能對參與者和機構的聲譽產生負面影響的研究實務。

　　為了在開始你的研究之前獲得研究倫理委員會的核准，委員會必須分析你的研究計畫、將提供給公眾或參與者的文件，以及你說明你預計如何在整個研究過程遵守人類誠信、尊嚴以及公正原則的表格。

　　基於這個理由，你需要將研究計畫（全部或部分）提交給研究倫理委員會，以確保你的資料蒐集策略是合理的，並且非常適合你的研究問題。在此階段還會要求你預計要提供給參與者的所有文件：招募海報、將用於招募參與者的文本、說明信和知情同意書、訪談大綱以及預計使用的所有資料蒐集工具。因此，這些要求實際上將迫使你提交研究計畫的進階版本，因為資料蒐集工具必須在提交計畫時已經組合和說明。

　　你必須填寫的表格反映你順應的公正、個人的尊嚴和誠信原則，是因機構而異的。我們比較了不同研究倫理委員會的表格特徵，並從中找出幾個最常見的。我們現在將逐一討論研究者的倫理義務：評估研究目標人口群的脆弱性、關於參與研究的納入和排除標準、揭露部分的研究計畫、尊重自由和知情同意、匿名和保密。

　　最後兩項是管理研究者和參與者關係的倫理議題核心，因此，我們將分析它們在研究關鍵階段的應用：招募、與參與者的首次接觸、資料的發表和儲存。

一、評估研究目標人口群的脆弱性

　　在與脆弱人口群或社群合作時，倫理議題極其重要，因此，研究倫理委員會也會仔細評估將參與研究對象的脆弱程度。脆弱人口群通常是指生活在不穩定情境中的人，舉例來說，你會與兒童、失去自主權的人、暴力受害者或被社會剝奪資格的人一起工作嗎？如果會，你將必須說服研究倫理委員會，研究所帶來的好處超過潛在參與者可能面臨的風險以及可能帶給他們的負擔。例如，在學校進行研究變得更加困難，因為接觸脆弱群體——尤其是兒童的機會非常

有限；如果你目睹任何虐待和疏忽兒童的行為，你有義務打破保密協議並通報地方當局。

　　重要的是要了解脆弱群體經常與多個社會工作者或促進者接觸，他們經驗到的訪談、評估和各種處遇通常是具評價性的，並且是對他們的一種權力和控制關係。因此，必須非常認真看待每一次與脆弱群體的接觸。首先，要建立信任的關係可能會非常困難，如果你成功了，你需要非常地謹慎與尊重。對你的信任和信心的任何破壞，都可能影響他們和其他支持他們的專業人士的關係。

　　如果你與原住民社群合作，表現出尊重他們的習俗和傳統是很重要的。例如，一些群體基於某些社會規範，特別會透過送禮物來建立關係，因此，想要以觀察者身分參與此類群體的研究者，必須證明自己也願意為該群體做出貢獻。這種情況並非沒有困難。事實上，研究者必須確保他們的貢獻不會支持任何政治目的，其可能讓他們在對群體忠誠以及他們研究的科學嚴謹性之間出現利益衝突。再者，幾個原住民群體一直是西方國家研究者好奇的對象，因此已不能再對其進行研究。加拿大和澳洲等擁有重要原住民群體的國家已經為研究者制定了倫理準則，以尊重這些少數群體。

> 與原住民的研究：
>
> 澳洲的準則：www.nhmrc.gov.au/guidelines-publications/e52
>
> 加拿大的準則：www.pre.ethics.gc.ca/eng/policy-politique/initiatives/
> 　　　　　　　tcps2-eptc2/chapter9-chapitre9/
>
> 美國的準則：www.nsf.gov/bfa/dias/policy/docs/45cfr690.pdf

二、研究參與者的選取標準

　　在完成你的研究計畫時，你將為你的目標人口群建立選取標準，以確定要觀察、訪談或蒐集文件的相關人員。研究倫理委員會要求你具體說明這些原因，其中最重要的是要表明你將如何排除可能想要參與研究的人。事實上，基於公

正原則，會要求研究者解釋排除可能聲稱有權參與研究的人的原因。研究者必須對某人可能因被排除在研究之外而感到委屈的可能性保持敏銳度，有責任思考如何處理此類情況。

在我們的研究中，很少排除那些非常想參與研究的人，我們會與他們見面，但不必然會在我們的研究中使用他們的資料。因此，我們與該群體保持良好的聯繫，讓每個人都感到被尊重。此外，這些意想不到的邂逅，常常迎來令人興奮的問題。

三、研究計畫的部分揭露

一些研究者，尤其是臨床或實驗研究者，可能更傾向只向參與者部分透露研究主題和目標的內容，這樣做是為了不影響研究結果。研究者必須向研究倫理委員會解釋這種部分**揭露**的好處如何大於壞處。事實上，缺乏透明度可能會被視為侵犯參與者獲得資訊的權利和個人尊嚴，如表 5.1 所示。在受結構主義、建構主義或批判知識論啟發的研究計畫中，很少採用這種立場。在這種情況下，研究者接受研究者和參與者之間的關係會促使問題、資料和分析的共同構建。同樣重要的是，讓參與者清楚地理解研究目標和問題，以便他們能夠分享在該主題上的專業知識和經驗。然而，如同前一章觀察段落所說明的，某些情況是需要隱蔽觀察或部分揭露，Lofland 等人（2006）準確描繪這些類型的觀察所帶來的挑戰（見表 5.1）。

四、知情同意與匿名性

知情同意和匿名是人類誠信的兩個關鍵要素，任何研究倫理委員會都非常重視研究的這兩個面向，在整個研究過程中，你必須確保參與者自主同意參與，並保護他們的匿名性。我們將討論這些在研究中必須遵守原則的五個關鍵階段。

表 5.1　選擇觀察方法時要考量的關鍵倫理和關係議題

考量的議題	隱蔽觀察	揭露觀察
倫理與知情同意	研究倫理最神聖的原則是知情同意。選擇隱蔽的方法需要向研究者所在機構的倫理委員會提出合理的證明。必須具說服力，說明參與者得到益處會大於需承擔的成本。委員會可能會要求研究者考慮以其他方式來進行。	小規模的私人或半私人場域（教室、工作場所、青年中心）中的參與者，會收到並簽署同意書。他們知道研究的內容，可以拒絕參與或隨時可以退出。在大規模公開場域中（購物中心、地鐵等），由負責人簽署同意書，與研究有關的資訊是與場域中其他相關的人共享。
情感議題	臥底觀察者可能會與參與者建立關係，當參與者在觀察期結束時得知自己被觀察時，會感到被背叛。一般來說，這可能會導致研究者「自願退路」，並使參與者對研究者產生怨恨。	雖然一開始，當一個人以研究者的身分出現時，可能更難與研究參與者建立緊密的關係，但發展起來的關係是誠實的並且在田野工作結束後更容易延續。如果研究者後續想和參與者交流及驗證其研究結果，這將會很有幫助。
結構限制	在進行隱蔽觀察時，研究者必須在場域中扮演一個角色，並根據人們對該角色的期待行事。此角色會結構和限制觀察者的觀點以及可以獲得的資訊。是以，按照場域規則，身為獄警的 Marquart 應與受刑人保持距離，反之亦然。身為該機構次文化的一份子，後者以冷漠和疏遠的方式對待每一位獄警。基於此原因，在最後的分析中，因著 Marquart 所扮演角色的必要性限制，Marquart 對監獄世界的經驗會缺少某些元素。	研究參與者看到研究者與場域裡的每個人建立連結並不會感到驚訝，並且其身為研究者的身分及對倫理和科學嚴謹性的承諾，可能有助於研究者分享每個人的觀點。多年後，當 Marquart 回到丁窟囚犯監獄並以公開的方式獲得他們對監獄經驗的觀察時，他能夠與拉丁窟囚犯監獄建立關係並重複他們對監獄經驗的看法。另一方面，呈現自己研究者的身分，也可能意味著參與者將懂限於某些部門或事件。有些研究者可能會透過在現場停留很長時間來抵消這些反應。直到研究者習慣了他們的存在。最後，在一些案例中，參與者可能會試圖在他們的內部或外部鬥爭中「利用」研究者，試圖拉攏研究者作為代言人。田野工作需要洞察力。
資訊記錄	進行隱蔽觀察時，記錄資訊可能具有挑戰性，必須訓練記憶力，找到遠離場域	研究者被預設要記錄資訊，只要以尊重和謹慎的方式使用筆電，其至數位錄音機，就可以讓研究者詳盡地記錄觀察結

（一）招募與第一次接觸

對於使用訪談的研究者來說，招募時期是必要且往往是困難的階段。招募困境和研究截止日期可能導致一些研究者強迫人們參與研究。請記住：重要的是人們可以（並且自覺他們可以）自由拒絕參與你的研究。因此，當你徵求參與者時，必須避免給他們施加壓力。

招募也是澄清期待的重要時機，如果你預計提供經濟補償，請務必在招募海報或招募信件中提及這一事實。如果你不打算提供經濟補償，務必明確說明，以免讓參與者覺得他們被欺騙或「被利用」。

如果你的招募有部分是基於**滾雪球抽樣**，讓感興趣的人直接與你聯繫是很重要的。滾雪球抽樣指的是第一個參與者向你介紹第二個參與者，依此類推。舉例來說，如果在訪談過程中，受訪者向你提供了其人際網絡中某個人的聯繫資訊，你不能接受該資訊，因為這將被視為未經有關人員同意而傳輸的個人資訊。反之，你必須留下你的連絡資訊給那位對研究感興趣的人。

> 為尊重參與者的自由，研究者不得直接招募參與者。這條規則的用意在於保護參與者免受可能的社會壓力。曾經發生過研究者和學生非常渴望進行他們的研究，以至於向人們施壓，導致參與者感到有義務參與或因拒絕而有罪惡感。因此，應用滾雪球抽樣策略時，聯繫人的個人資訊必須由第三方提供。第三方需要聯繫人的同意，才能將其個人資訊提供給研究者。

在訪談或觀察的案例中，第一次聯繫通常是透過電話進行的。因此，重要的是準備一篇短文來提供有關你研究倫理的基本資訊。以下提供一個你與跟你聯絡的參與者之間，進行第一次對話的範例。

一個未來的受訪者與研究者之間的對話範例：

I：Robert 女士你好，我的名字是 Michael，Daly 先生給我關於你在進行的阿育吠陀醫學研究的資訊。他跟我說你正在找受訪者。

R：Michael 你好，謝謝你打電話過來。我是 Dominique，是渥太華大學社會科學學院的教授。（研究者的自我介紹）

I：這個研究是關於什麼？你在尋找什麼樣的參與者？

R：這個研究是關於替代醫學的使用，我正在尋找的參與者是熟悉替代醫學的人、不太熟悉替代醫學的人，以及因為不想或覺得不需要而不使用替代醫學的人。（研究者說明研究參與者的條件）

I：我有興趣。我已經使用阿育吠陀醫學好幾年，我很樂意談論它。

R：如果你同意參與，我需要你一至兩個小時的時間。我會去你家或其他安靜的地方與你碰面，我們可以聊聊你對阿育吠陀醫學的體驗。你可以跟我說說你的故事、你對阿育吠陀的了解、它在你日常生活中的意義，諸如此類的事情。這種類型的訪談更像是談話，而不是問卷調查。（研究者更具體地說明了訪談的地點、所需時間和將要問的問題）

I：聽起來很棒。我們可以在我家附近的公共圖書館碰面，找一個安靜的地方聊天。

R：因為我需要全神貫注於你的故事，因此我需要用錄音機記錄我們的訪談。這將確保我不會遺漏你告訴我的內容，讓我可以準確地描述你的經歷。你同意嗎？如果在某個時候，有些事情你想告訴我，但又希望它們不要被記錄，我可以暫時停止錄音，這是沒問題的。（研究者向受訪者說明錄音的資訊）

I：沒問題。

R：只要我尊重參與者的匿名性和保密性，我的大學就會授權我進行研究，當我們見面時，我會向你說明我將如何保護這兩個方面。我知

> 道我一次給你相當多資訊，有沒有什麼問題浮現在你的腦海中，讓你對參與我的研究可能感到猶豫？（研究者向受訪者說明關於保密與匿名同意的資訊）

（二）訪談與取得同意

同意是基於「參與者和研究者之間對研究目標和目的的相互理解」（*TCPS 2, 2014: 140*）。自由和知情同意要求參與者必須被告知研究目標和他們參與的後果，也要求參與者確認他們理解協議的內容，並願意參與。同時以口頭和書面形式向參與者說明，撤回同意會立即執行，不會試圖說服他們改變主意。

> 參與者和研究者必須清楚知道同意是一個過程，事實上，參與者可能在任何時間點撤回他的同意。

重要的是，在你到達現場並開始訪談之前，仔細確認在第一次電話聯繫時已經分享的資訊。在問候和日常閒聊之後，一旦參與者和你都準備好了，再次簡要回顧一下你的研究計畫，並提醒參與者你希望進行的訪談類型以及預計需要的時間。提醒參與者他們被選中的原因：關於你正在研究的主題，他們有獨特的經驗。因此，他們的貢獻對你的研究很重要，你感興趣的是他們的觀點和經驗。

與你的參與者一起仔細查看同意書，並確認你向他們保證的保密性和匿名性。此外，確認參與者的以下權利：他們有權得知關於研究計畫疑問的答案以及得知訪談的結果；他們有權拒絕回答某些問題，且不需向你說明理由；他們有權按照自己的節奏進行訪談，並根據自己的意願暫停。確認已提醒參與者你希望獲得他們的授權來記錄訪談內容。簽署一式兩份的同意書，並確認你的參與者也有簽署。你的參與者保留一份，你保留一份。

同意書是研究者和參與者共同簽署的一封信，輔助網站（https://study.sagepub.com/gaudetandrobert）有提供一份範本。請注意，這種非常正式的協議類型可以被視為標準程序，但可能並不適合所有情況或所有參與者，有些參與者可能會覺得這種方法是具威脅性的。如果你有充分理由相信用簽署的協議可能會威脅到與參與者之間的信任關係，你可以向研究倫理委員會解釋你更傾向選擇另一種方法。你必須仔細說明和證明此類決定的合理性，就像你在整個研究中做出的任何其他選擇一樣。

如果你進行民族誌田野工作或參與者觀察，你的參與者可能會對簽署同意書有負面的看法，在這種情況下如果有充分的理由，研究倫理委員會可能完全接受現場筆記或錄音中記錄的口頭同意。用來尋求和確認同意的程序需要詳細記錄。

也可能發生研究者在完成研究計畫之前就與參與者或場域建立連結的情況，研究者可以在撰寫研究計畫之前和向其機構的研究倫理委員會提交請求之後觀察甚至訪談人們。然而，如果研究者想使用這些資料，則需要在其研究計畫中說明探索性田野工作，包括他們徵求受訪者同意的策略。

如果你進行**隱蔽觀察**並且不侵犯被觀察人的隱私，則你沒有義務向你所在機構的研究倫理委員會提出申請。但是請注意，如果你觀察的是小團體，很難不侵犯他人的隱私。舉例來說，跟著特定族群團體的傳福音宗教集會是很容易侵犯他人隱私的，因為即使你在公共場所，被觀察的人會被認出，而且會彼此認出。

當你進行訪談時，研究者和參與者簽署的一式兩份同意書是首選的形式。參與者保留一份，研究者保留一份。在這種情況下，會更容易解釋研究的目標、對參與者的影響以及你將在研究所有階段中用來保護參與者匿名性的技術。同意書中還應說明參與者可以自由地退出全部或部分研究，這意味著參與者可以隨時結束訪談或撤回任何談話內容。

（三）資料蒐集與匿名性

如果參與者在工作場合中、社區中或家庭中被認出來，參與研究會對他們造成許多負面影響。保護參與者的最好方法就是維護他們的匿名性。

在某些情況下，匿名是不可能的，特別是當涉及訪談擔任重要職務的人時，例如市長。在這種情況下，參與者是以其組織的代表身分發言，並揭露具有公共性質的資訊。

在某些情況下，人們可能不希望匿名。在某些文化中，匿名會被認為是缺乏勇氣。對於某些人來說，參加訪談是一種社會認可，他們可能會堅持揭露個人資訊。如果這種放棄匿名不會對他們的社群或其他參與者產生負面影響，研究者可以接受參與者的這種揭露要求。

為了保持匿名，必須謹慎使用符號系統或假名來代表從參與者蒐集來足以辨識身分的資料，可能包括逐字評論、封面頁、行事曆、簡短問卷等。例如，我們可以使用一個字母和一個數字來代表從多點研究中獲得的文件：「M1」代表與一位邁阿密居民的第一次訪談，「C2」表示與一位克利弗蘭居民的第二次訪談。

（四）資料儲存與匿名性

保護你的電子資料的匿名性很重要，使用加密硬碟是保護資料的最安全方法。與一個團隊合作時，很容易使用像 Dropbox 這樣的雲端儲存資料，然而，要確保所有文件都有加以匿名，並儘量歸檔最少的文件，以避免交叉閱讀後辨識出受訪者的身分。請向你的機構諮詢有關雲端資料管理的政策。請確保將紙本文件與包含受訪者姓名及檔案的同意書，存放在不同的資料夾中。確認你有一個可上鎖的儲存空間，以及一台有用密碼加密的電腦和硬碟。

（五）資料發表

不用多說，發表是你必須特別注意保護匿名性的時刻，因為部分資料隨後會被廣泛使用。因此，當你使用逐字稿或觀察筆記時，必須在沒有耗損資訊價值的情況下，更改有關地點或人物的資訊。

肆、研究關係的核心考量

異業約束（heteroregulatory）道德規範是指例如關於科學研究中人類安全的國家法律及研究倫理委員會做出的各種解釋。如果研究者不進行自我約束，那麼實施異業約束道德規範將無法確保參與者的尊嚴和誠信。在此，我們指的是研究者在研究過程中運用倫理原則的自我反思能力。這些原則的實施是基於應用倫理的知識和能力，而不僅僅是基於「良善意圖」。

這種知識要求研究者發展他們的倫理關注：理解所涉及的價值觀和議題，並根據它們採取行動的能力。這種倫理關注不僅聚焦於研究的目的（質疑論述和權力系統），還聚焦於過程（發展、問題類型及其形式、問題流程等），以及在與參與者關係中發揮作用的象徵符號（Lincoln and Cannella, 2009）。

例如，行動研究和合作研究者正在分析參與者和研究者之間的關係，解構他們的認識論隔閡（Monceau and Soulière, 2017; Fontan and Heck, 2017）。提出這樣的疑問：我們可以和參與者一起工作，而不是「對他們工作」嗎？資料歸還指的是什麼？或者，我們如何在社會科學知識生產方式中融合多種觀點（從實務工作者、學者和參與者）？即使是使用檔案文件的研究者也會對他們和（通常已過世的）參與者的關係出現倫理考量（Perreault and Thifault, 2017）。例如，我們是否因為知道某位 20 世紀初患有精神疾病的女性患者，她的家人有權取得其個人檔案（醫療紀錄、私人信件），我們就公開揭露這些檔案？

接下來，我們將探討研究者和學徒研究者可能會遇到的一些情況。

一、離開田野

許多倫理議題與首次接觸和進入田野有關，然而，許多人在離開時，忘記了這段關係的重要性。所有的禮貌規則於此都適用，但不止如此，當你的田野工作結束時，請思考以下情境：

- 你不僅要對參與者跟你分享他們的時間表示感謝，而且還想測試稍後與其中一些人進行其他訪談的可能性，詢問他們是否同意你將來就其他研究跟他們聯繫（Arborio and Fournier, 1999）。

- 在民族誌的情況下，你還想知道如果分析結果顯示出不足，與你協商進入田野工作的人（守門人）是否會讓你短暫地返回該場域。讓他們知道你可能會想回來，並了解他們對這個可能性的想法（Arborio and Fournier, 1999）。

- 記住你在協商進入田野工作時的要求和承諾（Peretz, 1998），信守承諾。如果你承諾或被要求與你的參與者分享或驗證研究結果，請確定這樣做的最佳方式：發放一份簡短的報告給每一位參與者、向組織負責人提交一份長篇報告、由研究者在該場域發表演講等。如果你正在做民族誌，準備好給守門人一個你兌現承諾的大致日期。

- 與你的受訪者、主要參與者和守門人保持聯繫，告知他們關於研究的進展。如果你獲准進行發表，基於禮貌，請將出版物寄送給他們。

二、研究者與參與者之間的權力關係

與脆弱群體一起工作，有時可能會在研究者和參與者之間引發權力關係，在這種情況下，參與者可能會覺得有義務提供資訊以獲得某些資源。這種關係類似於專業人員和服務使用者之間的關係，是一種在一些脆弱群體的生活故事中很常見的關係。研究者必須意識到這種情況。因此，重要的是要澄清研究引發後續影響的所有模糊性。研究者有責任始終保護參與者，免受研究期間可能

產生任何可能性所造成的不利影響。

在大多數關於科學研究人類安全的法律中，研究者和參與者之間的關係是眾所皆知的不對稱。因為地位使然，研究者的權力會大於參與者。然而，受害者的立場，我們可能因此將其與參與者加以連結（這在實驗研究的背景下可能是正確的），並沒有反映社會科學中研究情況的複雜性。

在某些情況下，研究者也會被參與者利用，無論是為了有形的（獲取資源），還是政治目的（意見被聽見）。舉例而言，對父親參與感興趣的學生很容易被男性主義團體吸納，與組織合作進行的研究也是如此。認為研究者相對於參與者總是處於支配和優勢地位是天真的想法。

三、研究者和受訪者間連結的治療性價值

進行訪談或參與者觀察的研究者會和參與者建立非常獨特的關係，他們與受訪者關係密切，對他們有很多的了解，因此，可以建立一種既友好又專業的關係。不少受訪者認為他們與研究者的關係具有治療價值（Birch and Miller, 2000），訪談者必須了解這種潛在的真實，以避免任何象徵性的陷阱，例如在參與者中創造不切實際的期望。

研究者和學生必須對這種情境具敏感度，當專業人員進入受訪者的生活，對他們的問題表現出興趣，事後卻沒有提供支持或解決方法，心理脆弱的人會覺得被「遺棄」或「背叛」。在這種情況下，研究者需要能夠傾聽，同時仍然對關係設定明確的界限，並提供資源清單，例如電話號碼和熱線電話，以便在參與者需要時獲得協助。

四、具誘惑性的動力

在招募階段，研究者和參與者之間可能會出現一些模糊性。在這個階段，研究者會試圖說服人們參與他們的研究，有時候會嘗試用誘惑的方法影響人們。在受訪者的腦海中，誘人的話術和性誘惑之間的界限往往十分模糊，（男性）

受訪者經常感同身受，尤其當招募階段是由年輕女性進行時。

　　例如，一位女學生回憶說，她在蒙特婁的一個工人階級社區進行研究時，不得不回應一位參與者的告白，這位參與者將她的訪談請求解釋為一種情愛的挑逗。事實上，對於某些男性來說，組織一次會面以進行研究訪談的興趣，可能會被理解為對情愛關係感興趣的表現。基於此原因，重要的研究者是要澄清關係的範疇，如果受訪者仍沒有正確理解關係的性質，甚至要結束關係。在某些情況下，會發展出一種隱微的誘惑關係，參與者會分享很多私人的事情，以此來拉近與研究者的距離。再次強調，研究者和參與者之間存在一種不對稱的連結，研究者必須避免藉由用其誘人影響力來獲取更多資訊而剝削研究參與者。

五、反悔與知情同意

　　參與者通常沒有很多研究訪談的經驗，事實上，這可能是他們的第一次經驗。在這種情況下，參與者可能會透露得比他們想要的更多。因此，重要的是在訪談結束時要提醒參與者，即使已經簽署了同意書，他們仍可以要求研究者刪除一些資訊。

伍、本章摘要

　　在本章，你學會了如何確保研究參與者的匿名性與誠信。事實上，我們向你說明了研究倫理的道德基礎：人類的尊嚴、誠信，以及公正的價值。我們也向你說明了如何發展倫理論述以捍衛你的方法論選擇，以及向你所在組織的研究倫理委員會提交申請的過程與內容。最後，除了程序性倫理之外，你也對反思在田野工作期間可能面臨的不同倫理議題和複雜的研究關係具備敏感度。

你的研究計畫檢核清單

現在，你對研究倫理和研究倫理委員會更加熟悉了，你可以：

√ 證明你研究計畫的正向影響，並解釋你將如何最大限度地減少對參與者的影響。請同事對你的邏輯提出評論。

√ 如果你要進行觀察或訪談，請依據所屬組織的範本寫一份同意書。

√ 如果適用於你的研究，寫下你的研究徵求受訪者的文案。確認你可能張貼此文案的地方（臉書、診所、學校、社區中心）。

√ 如果適用於你的研究，寫下你要提供給訪談對象的資訊。詢問同事可加以改善的內容。

√ 如果你要進行訪談，寫下支持團體或資源清單，讓參與者在訪談後感到情緒低落時可以聯繫。

√ 如果你要進行訪談，在你所在的城市、大學或組織尋找安靜的地點。這個地點必須對你來說是安全的，且能夠維護研究參與者的匿名性。

√ 填寫研究倫理委員會的表單，並完成你在需要時必須寄給你所屬組織研究倫理委員會的整份文件。

後續你應該閱讀

Aluwihare-Samaranayake, Dilmi. 2012. 'Ethics in Qualitative Research: A View of the Participants' and Researchers' World from Critical Standpoint'. *International Journal of Qualitative Methods — ARCHIVE* 11(2): 64-81.

● 在這篇文章中，作者正視參與者和研究者所面臨的倫理挑戰，以一個影像發聲研究和以脆弱群體為對象的研究為焦點提出倫理議題。他提出權力議題，並提問倫理問題，例如：我們如何呈現研究參與者，使他們在我們的文章中不會感到被剝奪權力、被壓迫和容易受到情緒壓力的影響？

Sanjari, Mahnaz, Fatemeh Bahramnezhad, Fatemeh Khoshnava Fomani, Mahnaz Sho-ghi and Mohammad Ali Cheraghi. 2014. 'Ethical Challenges of Researchers in Quali-tative Studies: The Necessity to Develop a Specific Guideline.' *Journal of Medical Ethics and History of Medicine* 7: August (www.ncbi.nlm.nih.gov/pmc/articles/PMC4263394/)

- 這篇文章對於在健康照護情境中進行質性研究的人來說很有趣，它提出了當研究者也是實務工作者時的倫理挑戰，並探討了研究者在開始田野工作前需要了解的許多關係挑戰。

網站：http://guides.ucsf.edu/c.php?g=100971&p=654838

- 加州舊金山大學提供了一個關於質性探究倫理挑戰的完整網頁，其中建議了部落格、一些行為守則和線上課程。

YouTube 頻道：https://www.youtube.com/watch?v=Zbi7nlbAuMQ

- 在這個演講中，Chris Flipp 介紹了研究倫理的基礎知識。有一些投影片專門介紹貝爾蒙特報告，其為生物倫理的基礎。

想獲得更多支援與啟發嗎？這裡有線上資源可以幫忙！請使用**詞彙表教學字卡**掌握關鍵詞，查看**SAGE案例和期刊文章資料庫**中的實際方法，並跟隨本書中所討論資料的完整逐字稿逐步分析。

第六章
為分析和效度要求做準備

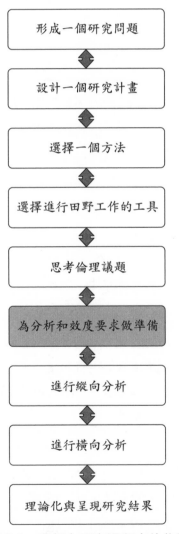

形成一個研究問題

設計一個研究計畫

選擇一個方法

選擇進行田野工作的工具

思考倫理議題

為分析和效度要求做準備

進行縱向分析

進行橫向分析

理論化與呈現研究結果

圖 6.1　我們在研究過程中的位置

在本章你將學習：

● 透過羊皮書卷這個隱喻對資料分析階段有全面性的觀點。

● 為三層分析做準備：縱向、橫向與理論性分析。

● 了解每一層分析的步驟都是對資料的濃縮。

● 了解跟每一層分析有關的品質指標，以支持研究歷程的效度。

● 了解抽樣是效度的指標，和橫向分析有關。

壹、前言

　　當倫理委員會同意你可以開始進行田野工作，分析階段就開始了。想等到累積所有資料之後才要開始，將是一個嚴重的錯誤。每次造訪產出資料的田野工作場域都值得你立即關注，它將幫助你更佳地組織下一步的田野工作，並確保隨著回答問題的答案有所演變，能有連貫一致的分析。本章的目標是幫助你對分析歷程的三階段（縱向、橫向與理論性分析）有初步了解，後續幾章將會就每一個分析階段進行深入描述。

貳、以羊皮書卷比喻分析的原則

　　「羊皮書卷」（palimpsest）這個詞在希臘語中是「再次刮掉」（scraped again）的意思，指的是寫在已經使用過的羊皮紙上的手稿。這是種主要在中世紀使用的方法，用浮石擦去羊皮紙上現有的文字，以便在上面再次書寫，從而節省紙張和油畫布。考古學家在歷史進程中發現了包含數百個此類覆蓋書寫層的手稿。因此，羊皮書卷促成了這種想法——可以從反覆解構和重構的原始材料中產生新的創作。

　　我們在這裡使用羊皮書卷的圖像，因為它幫助我們理解如何在分析質性資料的過程中，透過層層閱讀和重寫備忘錄、類別、主題、代碼、敘說和現場筆記，來豐厚源自原始資料的分析。在這個問題上，對於許多研究者來說，重寫資料是一種分析模式（Paillé and Mucchielli, 2010）。我們想提出一個隱喻和一

種分析方法，可以應用於所有資料（文本、照片、檔案文件、訪談逐字稿等）和大多數的分析策略類型（紮根理論、論述分析、敘說分析等）。為了使我們的解釋更加準確，我們使用多層的概念來辨識這些不同書寫和重寫層次的亮點，而這是建構分析所需的。

羊皮書卷的圖像和多層分析將引導我們在本書第二部分的說明。這個圖像是豐富的，因為它同時象徵著語義深度和每一層都相互依存的概念。事實上，分析始於對其他每一層所依賴的原始資料的研究，我們甚至可以說，這些原始資料是建立在文獻回顧、知識論和理論建構所產生的前幾層意義之上，它包含了分析的第一階段，我們將其標示為**縱向分析**，涉及審視資料的「整體」，每個來源都是一個定位的意義世界。接著是**橫向分析**，是指我們對不同來源的資訊進行比較的分析。最後一層是**理論性分析**，也稱為分析式推論，使我們能夠將所發現的重要觀點加以連結起來，並回答我們的研究問題。

很難用理論的方式來討論分析的過程，我們做了教學上的努力來剖析分析的認知過程，這項工作依循其他研究先驅者關於分析過程具啟發性的研究結果，尤其是 Glaser 和 Strauss、Miles 和 Huberman 以及 Paillé 的著作。毫無疑問的，我們對分析過程的解釋，是這些研究者所發展強調歸納的分析方法中的一部分。

參、縱向分析：羊皮書卷的第一層

我們可以將縱向分析描述為：對羊皮書卷層的某一部分進行脈絡化和綜融理解（圖 6.2）。

縱向分析會聚焦在兩個主要任務：(1)脈絡性濃縮，記載資料的產出脈絡；(2)語義濃縮，聚焦於資料的象徵性內容。

質性分析工作首先要求我們濃縮與研究問題有關的資訊，這項工作包括須承擔的風險。事實上，濃縮資訊不可避免地會導致將原始資料中的某些元素丟

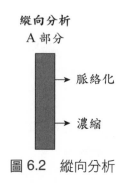

圖 6.2　縱向分析

掉，然而，歸納質性分析的豐富性，首要取決於其理解現象複雜性的能力。

　　它是構成研究效度的指標之一，因此，我們需要在「濃縮資訊的過程」以及「尊重原始資料豐富性和複雜性的過程」兩者之間找到脆弱的平衡。必須本著研究精神有條不紊地執行這項任務，亦即持續努力地質疑我們自己的推理。在此，研究者的嚴謹性和一致性將受到考驗。縱向分析是為呈現可以保證這種微妙狀態的資料所做的準備。縱向分析的資料濃縮會聚焦在兩個主要的任務：(1)脈絡性濃縮，記載資料產出的脈絡；(2)語義濃縮，聚焦在意義，亦即在資料中發現的象徵性內容。

一、脈絡性濃縮

　　縱向分析的第一階段是多次閱讀資料以利於吸收，接著開啟重寫的任務。這允許研究者摘要資訊、更好地分類資訊，以及深入了解資訊產出的背景（Richards and Morse, 2012）。此階段可再分為兩個小階段：資料的識別，以及記錄產出脈絡。

（一）資料的識別

　　這種濃縮純粹是描述性的，涉及在我們的資料加上標籤或代碼，就像我們用在果醬罐上來辨識其內容的方法一樣。濃縮要以某種方式來符合我們在封面

頁（見第四章）上的指標。例如，我們可以給每個參與者一個假名，並且標示他們的居住地、年齡群等。

（二）記錄產出脈絡

這一步包括使用我們掌握的資訊來識別和描述資料的產出背景，舉例來說，如果我們要分析一個訪談，在脈絡性濃縮階段，我們必須能夠描述訪談脈絡（地點、在場的人、日期、向在場的人自我介紹）對文件內容和形式的影響。因此，我們可以描述新手訪談者在訪談過程中造成的影響。

請注意，這些脈絡性濃縮的筆記會成為下一階段語義濃縮要分析的額外資料，正是在這裡，羊皮書卷圖像顯現它真正的重要性，因為我們自己的作品成為要分析的資料之一，亦即疊加在原始談話或訪談資料上的另一層。

二、語義濃縮

語義指的是研究字詞或符號的意義，當我們談到語義濃縮，指的是依據我們的研究問題，根據資料所假定的不同含義來濃縮資料的操作過程。每一份資料所包含的主要資訊都可能加以濃縮。語義濃縮的第一階段是透過多次閱讀吸收資料，這種「創造性」閱讀使我們能夠按照所採用的分析策略來辨識主題、代碼、敘說、論述等，並使我們能夠將資料與我們所做的閱讀加以連結，突顯有趣的矛盾，進而提出疑問。這也為我們的羊皮書卷增加了另一層，因為這種印象式語義分析在建構可供理論性分析的類型時通常非常重要。

語義濃縮還可能涉及辨識資訊的結構──如果它對我們的研究問題或概念化來說是重要的，那麼它是如何呈現的。如果我們要分析生活故事類型的訪談，那麼辨識故事線就很重要。為什麼受訪者以某個話題而不是另一個話題開啟訪談？訪談中缺少了什麼？每個故事都是研究者必須揭露的謎團。這個謎團不一定要解決，但我們的首要義務是盡可能公平地呈現這個謎團。

打個比方，文件的語義濃縮對應於精神分析的懸浮注意力（floating attention），在精神分析師的工作中，他們不需要關注患者話語中的每個元素（或每個症狀），而是要將注意力轉移到他們賦予這些結構或症狀之間連結性的整體意義。聚焦於資料的結構而不是內容，這完全是由你採用的分析策略所決定。

　　文件內容與其脈絡之間的這種緊張關係必須貫穿整個分析過程，尤其是當你使用軟體進行分析時。軟體在「剖析」和比較資訊方面的功能非常強大，然而這種做法可能會成為研究效度的阻礙。事實上，如果剖析進行得太快，研究者可能會失去和資訊浮現脈絡有關的觀點。在歸納質性研究中，脈絡化或「豐厚描述」是分析的科學價值其所依憑的要素。

三、縱向分析的品質指標

　　縱向分析的完成，需伴隨兩個牢記在心的主要想法。第一個是關於你對將採用的意義單元所做的描述品質，第二個是關於你對每個資料進行濃縮的嚴謹性。

（一）意義單元的描述品質

　　語義濃縮，雖然植根於分析取向，但不應該複製研究者的先入之見。目標是要描述內容，而不是評估或評價它。先入之見包括論點、想法或個人經歷，這些都會讓研究中的文件變得牢不可破。雖然要標準化是不可能的，但濃縮的工作是描述人們的實踐、現象的社會條件、文件的脈絡、它們的內容、它們的結構，而不是研究者對現象進行的評估。

（二）濃縮的嚴謹性

　　研究結果的效度部分取決於濃縮的嚴謹性，但要如何確保呢？首先，根據所採用的分析策略，研究者必須能夠對創立出的所有分類提出清晰與準確的定義，不論其採用主題、代碼或詮釋性劇碼的形式。例如，如果創立代碼，它們必須易於依據包含或排除的明確指標進行定義。因此，單獨工作的研究者在維

持一致性地應用這些代碼方面不會有任何困難；但在團隊合作的情況下可能會有所不同，在此情況下，達成共識變得相當重要，需要每個人都對定義有相同的理解，且有相同的濃縮工具。

肆、橫向分析：羊皮書卷的第二層

在建構我們的羊皮書卷時，橫向分析包括發現和管理將文件連結在一起的分析線索——即與我們的研究問題相關的分析線索。如果我們回到圖 6.2，橫向分析包括比較和區分不同文件中存在或不存在的意義單元。橫向分析使研究者能辨識出必要的領悟，以理解正在研究中的現象。更具體地說，樣本的多樣性使研究者能夠對現象、分析和解釋形成更複雜、更細緻的理解。

特別是不同文件的比較，將使我們能夠回答以下的問題：一個歷程以什麼順序發生？一個現象在什麼脈絡下出現？這個或那個群體的論證有什麼特點？這樣的一群人如何成為特權？歷史和政治脈絡如何影響這個現象？一個情境的條件是什麼？這個群體的共同文化特徵是什麼？人們的行動和互動在哪些方面成為因應衝突的策略之一？某些群體是否動員了認知或語言資源來形塑一種現象？

舉例而言，在一項關於以訪談為基礎的親職研究中，定義和解釋將使我們能夠描述家長及其親生子女、家長與其收養子女、同性伴侶或重要成人與其照顧的家長身分不明孩子的共同處境。因此，樣本的多樣性使我們能夠理解此處的一種現象：基於每個訪談共同特徵的親職關係。

換句話說，進行文本的比較使我們能夠比較社會、文化和象徵性條件，讓我們能夠理解正在研究中的現象。進行比較可能會將我們帶回到每個文件的縱向分析，更準確地說是資訊濃縮階段，以利於思考我們可能忘記的元素。如圖 6.3 所示，橫向分析指的是比較多份資料，研究者需要從中辨識出共同的意義。在圖 6.3 中，透過 A、B 與 C 三份資料，可以找到共同主題或特徵；透過 B、C 與 E 三份資料也可以找到共同主題或特徵。

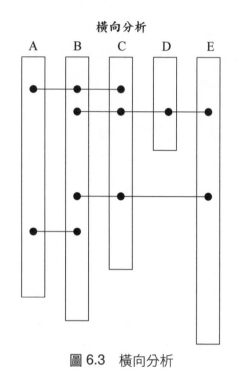

圖 6.3　橫向分析

　　比較的工作是橫向分析的核心，但需理解的是數量並非是重點。事實上，有些新手研究者會犯下將和其他文件不同的某個文件加以刪除這樣的錯誤。然而，某個具不同觀點的文件，通常能讓研究者更佳質疑其分析。因此，我們絕不能錯誤地根據支持我們想法的文件數量來建構分析。為了產出豐厚與正確的詮釋，進行比較是必要的，但重要的是要在相似與差異案例之間的比較，找到一個公正的平衡。

一、橫向分析的品質指標

（一）抽樣

　　如同統計研究，反覆性研究的效度取決於抽樣的品質。如我們在第一章所

提及的，一個反覆性歷程並不是要引導創造出統計推論的知識，這意味著不可能將我們的詮釋推論到整個人口群。我們必須哀悼失去實證主義文化所珍視的「代表性」。在反覆性研究，樣本必須是策略性建構的，同樣是反覆性，以一種為研究者提供具深度和廣度資訊來源的方式。這些是允許研究者對所產出的知識進行理論化和理論推論的條件。

　　例如，如果我們研究在巴黎的遊民，不能將我們的詮釋類推到在法國的所有遊民。然而，我們可以就實徵性相似的情境推斷出比較，或者發展一個概念使我們可以詮釋或重新詮釋相似的情境，而不一定要應用於無家可歸者。例如，我們可以想像 Parazelli（2002）在對蒙特婁街頭青年的研究中提出的過渡空間概念，其可以闡明對多數西方城市移民居住軌跡的分析。別的先不說，從質性分析導出的這個概念，可以遷移到類似的歷程中，證明研究的效度。

　　研究者需要發展抽樣策略，以蒐集關於現象的聚斂性資訊以及案例的多樣化，以闡明所觀察主題的複雜性。在質性研究中，跟隨機抽樣相反，我們總是用**立意抽樣**（purposive sampling）。我們選擇人、文件或案例，因為他們可以幫助我們理解我們的研究對象。我們需要在研究報告中的方法論章節說明此目的性的合理性。接下來舉例說明支持立意抽樣的同質性論點。

（二）同質性的指標

　　理論推論的效度並非依據隨機抽樣法，而是取決於能為研究創造實徵性資料的策略性方法。首先，每一個資料（訪談、檔案文件、案例）的選擇都必須依據其回答研究問題的適切性。以訪談人們為例，他們必須對研究主題感興趣、必須有時間，並且對你的主題有所了解和有深刻的體驗。

　　選擇具有可比較性的資料來源是必要的，同質性的原則使我們對現象的了解能夠深化，並能夠回答各種的研究子問題。若資料來源差異太多，將使我們無法達到理論飽和。理論飽和指的是案例的比較不會再為研究者揭示新的探究路徑。

　　舉例來說，如果我們對丹麥的社會融合感興趣，並比較任何類型的移民，無論是政治難民、經濟移民，還是不管其原因都被接受以與家人團聚的移民，很可能我們在比較各種訪談時會遇到很多問題，使了解融合的歷程會變得困難。這種類型的資料充其量只能讓我們發展一些共同的主題。

　　樣本的品質跟研究問題息息相關，太廣泛的研究問題不可避免地會導致在決定抽樣指標時出現困難。在研究的這個階段，研究者常常需要回到研究問題，並重新闡述。當開始進行田野工作、產出資料並逐步進行分析時，抽樣的指標有可能會改變。

（三）異質性的指標

　　根據我們研究的指標使資料來源多樣化是必要的，我們可以依據**分層抽樣**（stratified sampling）、**細胞抽樣**（cell sampling）、**定額抽樣**（quota sampling）或**理論抽樣**（theoretical sampling）（Robinson, 2014）。

- **分層抽樣**：研究者選擇想在人群中進行比較的類別，類別可以依據性別、地理位置、族群，以及研究者為每一個抽樣類別建立的邏輯。每一個類別的受訪者人數會事先設定。
- **細胞抽樣**：研究者選擇類別（或細胞）使抽樣多樣化，與分層抽樣很像，但類別之間可以重疊。每一個細胞的受訪者人數會事先設定。這個策略是由Miles 與 Huberman（1984）發展出來的。
- **定額抽樣**：類似於細胞抽樣，但事先決定的訪談人數是最少的定額。讓研究者在招募的過程中有更多的自由度。
- **理論抽樣**：研究者沒有事先設想的抽樣分層指標，抽樣的選擇是在分析階段決定，取決於分析類別的理論飽和。這個技術是由紮根理論學者所提出（Strauss and Corbin, 1990）。

　　抽樣指標的選擇將取決於我們的假設性命題，亦即依據我們對研究問題的暫時性回答、文獻回顧或我們的田野經驗。例如，為了調查年輕人進入大學的過程，文獻回顧很可能會讓我們想要比較性別、社會階層、所選的大學系所類型等類別。在使用民族誌的情況下，適用同樣的原則。我們的研究問題引導我們創建一個以這些指標為基礎的觀察網格，可依據我們選擇的資料來源來進行比較，不論是個人訪談、檔案文件或觀察。這些不同的資料來源在具有一定的同質性時，應該要相互補充。再次提醒，選擇資料來源需要維持異質性與同質性之間的困難平衡。

> 招募是研究的重要面向，資料蒐集的效度取決於招募策略的嚴謹性。如果你預計張貼招募廣告，請尋找與你的抽樣策略有關的地點。試著發揮想像力，因為招募從來不是一項簡單任務。滾雪球抽樣是一個不錯的選擇，但要慎防在同一網絡中招募受訪者！

伍、理論性分析：羊皮書卷的第三層

　　這層反映了更高階的概念化，此概念化是以在前兩層分析的研究結果，以及為研究計畫而建立的文獻回顧這兩者之間持續性的交流為基礎（圖6.4）。不要認為研究計畫寫好後，就可以停止閱讀專題性的資料。事實上，學術性資料必須在研究的整個反覆階段持續為研究者提供資訊。

　　在這個分析階段，回到理論與科學性文獻有助於對資訊進行三角驗證。這種三角驗證將使我們能夠在田野工作中捕捉到尚未被實徵記載在文獻中的原始觀察。在更理論性的層級，反思的過程應該引導你去確認某些假設命題（演繹），凸顯一些細節（歸納），並開啟其他研究途徑（溯因）（詳見第一章）。

> 有些學生可能認為理論層是一種僅限於紮根理論研究者使用的策略，並非如此！請記得，研究的效度取決於其可遷移性，即從理論上推論到其他現象的可能性。

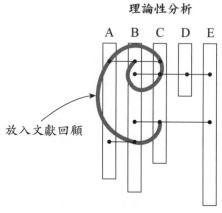

圖 6.4　理論性分析

　　很難在沒有具體例子的情況下討論這麼抽象的過程，這是後續幾章的目標。在下一節，我們要說明一個小型研究。以下我們呈現了一個研究計畫，並將在第七至九章進行資料分析。

初步研究計畫

　　許多觀察家注意到個人對多種形式的公民參與是不感興趣的，Della Porta（2013）提出四種參與的類型：選舉參與、公共行動參與、抗議遊行以及社會參與。雖然我們觀察到與公共行動相關的參與有所增加，特別是受到新的公共管理意識型態的鼓勵，但其他形式的參與似乎正在發生深刻的變化。我們看到各年齡層公民行使投票權的人數減少，愈來愈多抗議運動被鎮壓監視。社會參與最初是被視為一種教育和公民賦權的形式，現在一方面參與人數正在下降，另一方面，政府將其作為強化個人責任並消除任何具有顛覆可能性的集體行動工具。

　　在本研究，我們將更具體地研究各種形式的社會參與和抗議，因為其他兩種形式已經被研究過，我們想聚焦於那些制度化程度最低的形式。事

實上，它們允許公民擁有更大的自主權。因此，所需的承諾源自於與政治公民權相關的職責，但主要是源於人們在關於社會對話中所體驗到的參與感。如此投入的人們不僅投資於志業，還投資於他們的認同、情緒以及物質、社會和象徵性資源。

　　在本研究，我們的目標是了解這種社會參與對不同世代的意義，尤其是在社會腳本倍增、且權力中心變得多樣態的世界中。本研究的理論性和實徵性目標是了解參與形式如何隨著歷史和結構的轉型而發生變化。透過分析這些隨著社會變遷而演變的過程，我們的結果可能有助於為年輕世代的公民教育提供資訊，可能有助於裝備他們、使他們感興趣並投入集體參與。本研究結果可以納入中小學的公民課程，讓年輕人了解集體行動的力量，與他們一起分析意識型態和經濟力量的各個節點，並激發他們參與集體議題的渴望。

陸、本章摘要

　　本章向你說明羊皮書卷的三層是由必要的皮毛製成的藝術作品，它們共同產生最終的結果。第一層是對每個資料來源進行縱向分析，包括脈絡化和語義濃縮。後者必須有策略地完成，以確保對現象描述的品質，但也必須具有嚴謹性，以確保分析的效度。羊皮書卷的第二層是橫向分析，是對縱向分析的結果進行比較。橫向分析凸顯了謹慎抽樣的重要性，目標是在資料的可比較性和多樣性之間取得明智的平衡。最後，羊皮書卷的最後一層，也就是理論性分析。這個分析層次是確保你的研究能超越對實徵性資料的單純描述，並獲得一些解釋力的必要過程。在接下來的三章中將依序說明每一層分析，並將使用我們在此簡要介紹的社會參與研究計畫為例來加以說明。

你的研究計畫檢核清單

現在，你對質性分析和效度指標有初步的了解，你可以：

√ 依據同質性與異質性指標決定抽樣策略，寫一篇文章來向外部讀者解釋和證明其合理性。

√ 事先決定你在過程中可以接受的滾雪球招募範圍有多大，寫下這個反思，並請同事閱讀以檢視你的理由。

√ 寫下關於你所選擇招募技術的陷阱的反思筆記，跟上一點一樣，邀請你的同事一起討論以檢視你的想法。

√ 閱讀數篇描述不同類型田野工作的分析過程方法論文章，如此，你可以獲得一些有關你研究的啟發。

√ 在網路上尋找質性軟體的免費試用版，以便在開始資料蒐集之前熟悉此工具。你不一定要使用這些套裝軟體，但試用是了解你是否需要它們的可靠方法，也可以在你需要的情況下，知道哪些工具最適合你的研究。

後續你應該閱讀

Abrams, Laura S. 2010. 'Sampling "Hard to Reach" Populations in Qualitative Research: The Case of Incarcerated Youth'. *Qualitative Socail Work* 9(4): 536-50. doi: 10.1177/1473325010367821.

- 在這篇文章中，作者解釋了質性研究的陷阱。她聚焦於招募脆弱群體的困難，例如青年、原住民或無家可歸者。她對被監禁的青年進行研究時遇到不同挑戰，為此她進行了反思性分析，涵蓋了研究倫理委員會的挑戰、電話篩選和守門人等議題。

Miles, Matthew B. et al. 2013. *Qualitative Data Analysis: A Sourcebook of New Methods*. Thousand Oaks, CA: Sage.

- 質性分析的經典工作，包含多種編碼策略的廣泛索引。Miles 與 Huberman 是務實的研究者，他們受到紮根理論的啟發，提供實際的例子和策略，以利於進行質性分析。本書的第三版提供新的例子說明 Saldaña 提出的編碼策略。

Tracy, Sarah J. 2010. 'Qualitative Quality: Eight "Big-Tent" Criteria for Excellent Qualitative Research'. *Qualitative Inquiry* 16(10): 837-51. doi:10.1177/1077800410383121.

- 對於任何需要了解質性研究效度指標共同點的學生來說，這是一篇必讀的文章。Tracy 列出了一個優良質性研究應該關心的八個品質：有價值的主題、豐厚的嚴謹性、誠實、可信度、引發共鳴、重要貢獻、倫理以及有意義的連貫性。

Yale YouTube Channel: Overview of Qualitative Analysis (https://www.youtube.com/watch?v=opp5tH4uD-w)

- 耶魯全球健康領導力研究所提供有關醫療保健質性研究的模組，模組五提供很好的例子，說明當進入分析階段時的研究反覆性歷程。Leslie Curry 提供好幾個編碼的例子，並說明質性研究軟體的重要性。

> 想獲得更多支援與啟發嗎？這裡有線上資源可以幫忙！請使用**詞彙表教學字卡**掌握關鍵詞，查看**SAGE案例和期刊文章資料庫**中的實際方法，並跟隨本書中所討論資料的完整逐字稿逐步分析。

第七章
縱向分析

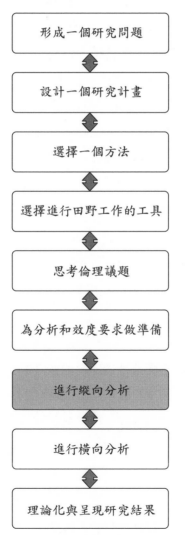

形成一個研究問題

設計一個研究計畫

選擇一個方法

選擇進行田野工作的工具

思考倫理議題

為分析和效度要求做準備

進行縱向分析

進行橫向分析

理論化與呈現研究結果

圖 7.1　我們在研究過程中的位置

在本章你將學習：

● 辨識什麼是縱向分析，並區分其分析步驟。

● 藉由資料的識別與記載產出脈絡來為你的每份資料進行脈絡性濃縮，並提供前面章節介紹過的社會參與研究作為範例。

● 藉由兩個不同的分析策略為你的每份資料進行語義濃縮：透過詮釋性劇碼進行論述分析，以及受紮根理論和敘說分析啟發的混和分法。同樣的，我們會從社會參與研究中選擇一份資料來說明語義濃縮。

壹、前言

在本章，我們將說明前一章介紹的縱向分析階段：脈絡性濃縮與語義濃縮。無論你選擇的方法是什麼，脈絡性濃縮都是相似的。在向你說明如何完成第一階段後，我們接著會強調第二階段語義濃縮，是縱向分析中最重要和需小心處理的部分。此外，語義濃縮則會因選擇的研究方法不同，而有很大的差異，我們會用兩個方法來說明此階段：(1)論述分析的流派之一，亦即透過詮釋性劇碼進行論述分析；(2)受紮根理論和敘說分析啟發的混和方法。為了具體說明縱向分析的階段，我們會分析前一章所介紹社會參與研究中的一份資料。

貳、脈絡性濃縮

縱向分析的第一階段是脈絡性濃縮。如圖 7.2 所示，它是由兩個各自獨立的步驟組成：資料的識別以及記載資料產出的脈絡。

一、資料的識別

為了以有效和倫理的方式來使用你產出的資料，縱向分析階段的第一個任務是適切地標示並確保它的匿名性。為了說明如何做到這部分，我們將回到社會參與研究，更準確地說是回到我們的資料之一：美國作家 Michael Parenti 如何成為社會運動家的演講稿。在下一章，將向你簡要介紹我們對 Jodi 的訪談逐

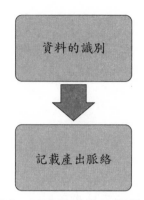

圖 7.2　脈絡性濃縮的兩個步驟

字稿分析，Jodi 是一位加拿大傳播專家，也是一名社會運動家。你可以在輔助
網站 https://study.sagepub.com/gaudetandrobert 找到這兩份資料。

> 為了幫助你能跟上本章後面的內容，我們建議你先暫停一下，先花點
> 時間閱讀 Michael Parenti 的演講稿。

　　在此階段，任務包括給每一份資料一個代號，該代號使我們能夠掌握有關
研究資料的基本資訊，並在必要時確保參與者的匿名性。就我們的研究而言，
它涵蓋了兩個具有不同動力和脈絡的國家，我們需要獲得這些資訊。此外，社
會參與的文獻也告訴我們，性別是了解個人社會參與趨勢的關鍵因素，因此，
我們希望所建立的識別代號能夠獲得這兩項資訊。例如，我們給予 Parenti 的演
講代號是 USMI。此分類根據參與者的地理位置（US 代表美國，CAN 代表加
拿大）和性別（M 代表男性，F 代表女性）來識別資料，並回答我們研究問題
的兩個關鍵要素。一位加拿大女性會被編號為 CANF1，依據資料的數量，後續
的代號為 USF2、USM2、CANF2、CANM3 等。

二、記載產出脈絡

　　一旦資料被編號標示了，接著就要記載它的產出脈絡。目標是確定資料和

參與者的主要特徵，並反思資料性質以及你與它的共融關係。要以系統性方式記錄資料的產出脈絡，你可以建立一份問卷，為研究中蒐集或產出的每個資料填寫該問卷。圖 7.3 呈現我們建立的問卷，以記錄我們為社會參與研究所產出的資料脈絡。

USM1	**資料的資訊**

資料的類型是什麼？
資料是在哪裡被發現或如何產出？
資料的主要特徵是什麼：長度、記錄方式等？

參與者的資訊

主要的個人資料
參與者進行社會參與的特徵

我們與參與者的聯繫和關係

如果資料是一份檔案文件，如何找到它？如何獲得作者授予使用該檔案文件的許可？
如果資料是訪談，則訪談、現場筆記和訪談進行方式的反思筆記有哪些值得注意的地方？

圖 7.3　社會參與研究資料產出脈絡問卷

當應用於我們的資料 USM1，亦即 Michael Parenti 的演講稿時，我們完成的問卷，看起來會是像這樣：

• 資料的資訊

〈我如何成為一位社會運動家〉（How I Became an Activist）是由 Michael Parenti（1933-）於 2003 年 6 月 6 日在美國舊金山柏克萊進行的演講，全長 29 分鐘。這個演講的音檔可以在很多網站找到，我們在 Alternative Radio（AR；www.alternativeradio.org）的網站上發現它，這是一個每週一次的公共事務廣播節目，自 1986 年以來一直免費提供給北美和歐洲民眾的公共廣播電台。電台的座右銘是「民主的聲音能量」（Audio Energy for Democracy）。在網站上我們

可以看到「AR 提供在其他媒體中經常被忽視或扭曲的資訊、分析和觀點」。
除了 Michael Parenti 之外，節目中經常出現的演講者包括 Noam Chomsky、How-
ard Zinn 和 Angela Davis，僅舉幾例。AR 提供在線上收聽演講以及付費下載音
頻檔案和演講稿，我們兩項都做了。

● **參與者的資訊**

作為對演講者的介紹，AR 提供了這樣的描述：

Michael Parenti 是一位才華橫溢的演說家，也是這個國家最重要的獨立
政治分析家之一。他曾在美國和國外的主要學院和大學任教，著有許
多著作，包括 *Democracy for the Few*、*The Face of Imperialism* 與 *The
Assassination of Julius Caesar*。

在其他網站（例如 www.radio4all.net/index.php/program/48855），我們也找
到這個演講的音檔，對他的介紹很類似：

Parenti 現在是一位獨立的政治作家和思想家，著有二十多本書，有來
自北美各地的演講邀請，主題包括歷史、法西斯主義、美國帝國主義、
全球化和恐怖主義。他的著作已被翻譯成十多種語言。

演講本身的內容摘要如下：

Parenti 成長於紐約市一個貧窮的工人階級義大利社區，他在 1962 年獲
得耶魯大學的哲學博士學位，是家族的驕傲。為反對越南戰爭，他冒
著風險結束了學術生涯。他著有二十多本書（https://soundcloud.com/
user-564548456/michael-parenti-how-i-became-an-activist）。

Michael Parenti 也有自己個人的網站（www.michaelparenti.org/），其中可
以找到更多他的個人資訊。

• 我們與參與者的聯繫和關係

當透過 AR 網站了解這個演講時，我們直接聯繫 Parenti，詢問他是否允許我們使用其演講內容進行研究。他不僅同意了我們的要求，還堅持要重新閱讀他的演講文本，並進行了一些編輯修改，使其更容易閱讀。當然，由於他是一位公眾人物、公開講述他的故事，更重要的是因為我們在使用演講文本之前徵得了他的許可，所以我們沒有義務隱藏他的名字。

參、語義濃縮

接下來，我們將向你具體展示 Parenti 演講的語義濃縮是如何展開的。無論我們是透過詮釋性劇碼使用論述分析，還是採用受紮根理論和敘說分析啟發的混和方法，每個分析策略都有自己的步驟。

一、透過詮釋性劇碼進行論述分析

如同我們在第三章所見，論述分析是一個集合性專有名詞，包含許多分支流派。接下來的節次將摘要我們採用的主要原則：透過詮釋性劇碼進行論述分析。我們會以 Parenti 的演講來說明透過詮釋性劇碼進行論述分析語義濃縮的四個步驟。請注意，為了設計專用於透過詮釋性劇碼進行論述分析的操作性分析歷程，我們參考了 Wetherell 與 Potter（1986; 1988）、Jorgensen 與 Phillips（2002）、McMullen（2011）以及 Gee（2005）提出的一系列分析式方法。為了辨識字詞和語言產生的意識型態或論述效果，透過詮釋性劇碼進行的論述分析完全符合**批判現實主義知識論**（critical realist epistemology）。

（一）原則與主要概念

透過詮釋性劇碼的論述分析有四個概念性支柱：建構、功能、變異以及劇碼。

1. 建構

透過詮釋性劇碼的論述分析將語言視為一種實踐和資源，語言沒有要反映（或其目標不在於反映）它所說的實體，不論是行動、事件或想法。相反的，人們選擇某些語言資源，例如詮釋性劇碼，作為建構他們世界的基石（Wetherell and Potter, 1988: 172）。身為研究者，我們自問：在這樣和那樣的特定情況下，人們用話語在做什麼？

2. 功能

除了建構的概念，功能的概念也是這個分析策略的核心。功能不應與對話者意圖或資料中陳述的明確目標相混淆，而主要是指資料中片段群組產生的論述或意識型態效果。研究者在辨識片段功能時，應將以下問題放在心上：

- 演講、訪談逐字稿或檔案文件片段會產生什麼隱含效果？
- 它們是否參與了正當化實際的性別階級？
- 它們是否破壞了公認觀點的權威性？
- 它們是否強加了刻板印象？
- 其他問題等。

3. 變異

話語的功能有時很容易辨識，有時則否。在任何一種情況下，「都是透過對變異的研究來揭示功能」（Wetherell and Potter, 1988: 170）。透過詮釋性劇碼的論述分析提出了這樣的想法——個人在溝通時就他們所談論的內容會出現多個版本，因此在溝通中蘊含著變異性：「說者對他們的社會世界提出了不斷變化的、不一致的和多樣的圖像」（Wetherell and Potter, 1988: 171）。不管有意無意，我們往往傾向於將分析限制在資料中反覆出現和連貫的線索或內容，而忽視多個替代性版本（Wilkinson, 2000）。然而，對透過詮釋性劇碼進行的論述分析而言，變異實際上被當做卓越的分析工具和在特定情況下發現語言效果

或功能的方法（Potter, 2012: 440; Wetherell and Potter, 1988: 171）。

4. 劇碼

　　然而，關注變異並不意味著忽略規律性。變異讓「相對內部一致的、有邊界的語言單位」被公諸於世，這些單位被稱為**詮釋性劇碼**（Wetherell and Potter, 1988: 172），是由許多參與者或檔案文件共享的。它們具有特定的語言特徵，例如風格、語法、語義網絡、隱喻和比喻（Reynolds and Wetherell, 2003: 496）。正是透過動員那些詮釋性劇碼，人們才能建構他們世界的特定版本。

　　實際上，如圖 7.4 所示，透過詮釋性劇碼的論述分析對資料進行語義濃縮，分四個步驟進行。

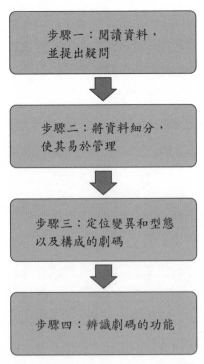

圖 7.4　以詮釋性劇碼論述分析進行語義濃縮的四步驟

藉由遵循詮釋性劇碼論述分析的邏輯，這些步驟將使你能夠濃縮每個資料的基本內容。

（二）步驟

1. 步驟一：閱讀資料，並提出疑問

第一個分析步驟是以開放好奇的心態，多次閱讀檔案文件或產出的逐字稿，目標是要了解資料。我們建議要記錄：

- 你對資料內容的一般性想法。
- 你可能需要重新閱讀的概念和參考文獻間的連結。
- 你對資料事實面向的疑問提出的回答。
- 你對資料形式面向的初步想法。

這一步驟既可以消化資料，也可以讓你清楚知道它在你的分析性頭腦中激發起什麼。

我們至少閱讀了五次 Parenti 的演講稿，這麼做的時候，我們建立一個文檔，在其中寫下前述提到的四個元素。表 7.1 摘錄了我們在第一步驟所寫筆記的部分內容。

這四個主題是引導對資料內容進行反思並開始形成分析途徑的工具。

2. 步驟二：將資料細分

特別在面對很多具相關性的資料時，可能需要加以細分以利於分析。一份資料可以按題目、主題或敘說風格進行劃分和編碼，亦即一份資料中被編在同一代碼下的內容將被聚集在一起。此步驟要求我們明確定義要使用的代碼（包含標準），並將代碼應用於資料。隨著編碼的進行，代碼的定義會被精細化，研究者可能需要返回資料的某些部分並重新編碼。

以 Parenti 的演講來說，我們決定以可反映演講形式特徵的代碼來進行。回想第一步驟，我們震驚於演講者用來講述他如何成為一名社會運動家故事中的

表 7.1 初次閱讀資料的提問表格

1. 對資料內容的一般性想法	• 「種族在 Parenti 的文化地圖中占據重要的位置，他強調他的義大利血統和他成長的舊世界城中心思想方式。有幾處提到他與猶太人來往互動，並被誤認為是猶太人。在他的敘述中還提到了其他角色的種族。」
2. 概念與參考文獻間的連結	• 「演講中的傳記部分喚起了藍領階層男子氣概對戰鬥和身體疼痛耐受力的尊重。閱讀 J.W. Messerschmidt 在 1993 年發表的文獻，以對此議題獲得更多資訊。」
3. 對事實問題的回答	• 「根據維基百科，Adlai Stevenson 是伊利諾伊州州長（1949-1953），並在 1952 年的總統選舉中被民主黨提名為候選人。」
4. 對資料形式面向的初步想法	• 「Parenti 的演講借鑑了文學類型，明確地使用了對其經歷的分析（他想啟發聽眾並向其傳授知識）和傳記類型（他津津樂道地呈現了他個人的奮鬥和成功）。」

多元聲音。一方面，有一種傳記式的聲音，建構了一個孩子的成長以及成為一名運動家的故事；另一方面，有一種分析式的聲音，反應與評論了「原始」經驗。如圖 7.5 所示，我們決定依據這兩種聲音來細分整份資料。我們的假設是在這兩種聲音中的談話片段，會呈現出不同的詮釋性劇碼，或是這兩種聲音自身就會成為劇碼。

但是整體來說，我住的地方是一個離市中心很遠的地方，有一家糖果店和一個手球場，還有後院和街道。我是個街頭少年，我在街上閒晃，我學會打架，有很多次用拳頭打架，我們曾經互相毆打對方的頭。我們有幫派，但他們通常沒有彈簧刀那類嚴重的東西，雖然我可以講一兩個故事，但我不想。我當時很像 Herbert Gans 所說的城中村民。Gans 對波士頓北端的一個義大利裔美國人社區進行了研究，這是一個非常有趣的理論，指在大都市中有這些種族聚居地，這些聚居地是從舊世界重建的，人們以各種聚集的方式生活。每個人都彼此認識，如果有陌生人出現，有人也許會問：「那個人是誰？我們住在 118 街，他是從 119 街來的，他在那裡做什麼？」你幾乎可以在街上自由行走，除了你還是個孩子，因為其他幫派還記得你是如何毆打他們的人。他們可能會想揍你。

（經驗性 / 反思性 / 經驗性）

圖 7.5 使用經驗性與反思性聲音細分原始資料的例子

　　為此，我們使用質性資料分析軟體 QDA Miner，但你也可以使用文字處理器或試算表完成此步驟。我們創立了兩個代碼，將其中一個標記為*經驗性*（experiential），另一個標記為*反思性*（reflexive）。我們確認清楚地定義它們，並舉例讓定義更具體：

- 經驗性聲音：描述狀態、動作或事件過程的每個片段都被編碼為*經驗性*。這些片段中大多數是從積極性主體的角度來述說，例如：「人們有時候會對我說——他們不是詢問，是對我說：『你是在共產黨家庭長大的，對吧？』」
- 反思性聲音：每個解釋或評論狀態、動作或事件過程的片段都被編碼為*反思性*。在這些片段中，敘說者通常是籠統的或非個人的，句子的結構通常是被動式語句。例如：「錢一直都是一個問題和擔憂，錢本身就是一種政治教訓，在這個社會中、在一個人的直覺中，而不是在你的腦袋瓜中。」

3. 步驟三：定位變異和型態以及構成的劇碼

　　論述分析此一流派的核心要求：(1)深入研究資料的細節，尋找變異和型態，以產生關於潛在劇碼的想法；(2)將定義系統化並辨識這些詮釋性劇碼的特徵。基於教學的原因，在此步驟中完成的兩項任務被分開列出，但在實際操作上，它們是同時發生的。

(1)尋找變異和型態，以產生劇碼

　　在分析的這一階段，任務是閱讀和重新閱讀摘錄以尋找變異、型態和組織特徵。這是一個漫長而猶豫的過程，需要反覆嘗試和運用直覺。當閱讀摘錄時，目標是對劇碼形成假設，將這些新興的劇碼應用於資料，如果資料不支持它們，則修改或放棄它們。

　　步驟二，我們根據每個片段表達的聲音，使用經驗性或反思性代碼對Parenti的演講進行了細分。在步驟三，我們從「經驗性」此一編碼中的所有演講片段開始。心中帶著以下這些問題，進行多次閱讀：

- Parenti 在此完成了什麼？
- 他是如何創作他的社會參與故事？
- 他用他的話語實現了什麼行動？

　　這些問題反映了對資料內容和形式的興趣，我們很快地發現在這些經驗性片段中有一些重複的行動被實現了。表 7.2 呈現我們從 Parenti 演講中的經驗性片段辨識出 12 個初步詮釋性劇碼。

表 7.2　從「經驗性」片段產出的初步詮釋性劇碼

強調戰鬥或掙扎	質疑權力
呼喚本性	客體化他的認同
與族群團體建立連結（種族化）	誇大其詞
將自我建構為貧困階級	訴諸宗教
足智多謀	差異遊戲
將專家（即學者）描述為虛假	譴責右派

　　這 12 個劇碼是用來標示每一個「經驗性」片段的代碼，少數幾個片段被編碼到不只一個代碼中。圖 7.6 呈現一個例子，說明一個片段被編碼到兩個相互關聯的詮釋性劇碼。

　　接下來，搜尋與擷取被編在這 12 個劇碼中的每一個片段，這個動作讓我們可以列印出 Parenti 演講中被編碼為「呼喚本性」的七個「經驗性」片段（圖 7.7）資料，以及被編碼為「與族群團體建立連結」的六個片段資料等。

　　心中帶著一個問題來閱讀這些片段：每一個片段是否有真實反映它被歸入的詮釋性劇碼？這個做法顯示一些詮釋性劇碼與其他劇碼有明顯的重疊，因此它們對應的代碼和摘錄會被合併在一起。在此階段，一些已確認的詮釋性劇碼似乎也很少在演講中出現（例如誇大其詞），或者過於模糊以致於沒有任何分析上的一致性（例如差異遊戲），這些劇碼會被放棄。最終我們形成六個劇碼，

但是整體來說，我住的地方是一個離市中心很遠的地方，有一家糖果店和一個手球場，還有後院和街道。我是個街頭少年，我在街上閒晃，我學會打架，有很多次用拳頭打架，我們曾經互相毆打對方的頭。我們有幫派，但他們通常沒有彈簧刀那類嚴重的東西，雖然我可以講一兩個故事，但我不想。我當時很像 Herbert Gans 所說的城中村民。

｜將自我建構為貧困階級

｜強調戰鬥或掙扎

圖 7.6　一個片段被雙重編碼的例子，其中有兩個詮釋性劇碼相互關聯

Coses：「呼喚本性」

CASE：案例一

人們有時候會對我說——他們不是詢問，是對我說：「你是在共產黨家庭長大的，對吧？」我想假設既然我如此堅持這個觀點，我一定是生來愛好這件事。我說：「不，我不是共產黨。」

CASE：案例二

我們真的很窮。錢一直都是問題和擔憂，錢本身就是一種政治教訓，在這個社會中、在一個人的直覺中，而不是在你的腦袋瓜中。

圖 7.7　詮釋性劇碼「呼喚本性」的部分片段

如表 7.3 所示。

表 7.3　從「經驗性」片段產出的最終詮釋性劇碼

強調戰鬥或掙扎	將自我建構為貧困階級
呼喚本性	足智多謀
與族群團體建立連結（種族化）	質疑權力

(2)操作性地描述劇碼

　　當劇碼已經形成時，我們就可以給它們操作性定義，目的是要描述每個劇碼的不同之處。舉例來說，不同劇碼可能會被使用在資料的不同段落，想像一個反對在某地理區域進行水力壓裂法採油的演講，它可以用「呼籲行動劇碼」

開始和結束，而「呼籲理性和科學劇碼」主要出現在演講的正文中。劇碼之間可能存在不一致，或者一個劇碼可能被用作另一個劇碼的免責聲明。每個劇碼都必須被定義，並確認其特徵。在進行這種特徵化時，顯然一些豐富的劇碼會呈現出許多面向，或者需要被拆成兩個不同的劇碼。為了產生連貫和可靠的劇碼，與它們相關的所有片段都需要在實質或形式上具有一致性，並具有相同的特定功能。

在經過多次的嘗試和一些不確定後，我們最終為從 Parenti 演講的「經驗性」摘錄分析中確認出來的六個詮釋性劇碼都提供了定義。對於每一個劇碼，除了簡短的描述外，我們還列出了一些屬於該劇碼的摘錄，並寫下一份簡短的分析備忘錄，說明該劇碼的可能功能或影響。你可以在輔助網站 https://study.sagepub.com/gaudetandrobert 找到所有的內容，但為了經濟成本效益，我們在這裡只會呈現一個例子。

劇碼：足智多謀

描述：Parenti 所建立關於他如何成為社會運動家的敘說，是一個關於有效性的故事。這是關於動能（agency）的（部分）勝利的敘說，他是一個行動者，他把事情做好，而且他有影響力。

此劇碼包含的摘錄例舉

- 「我和另外三個人在紐哈芬（New Haven）組織了迄今為止最大的和平示威，我們邀請 William Sloane Coffin 來演講，順便說一句，我把我的第一本書獻給了他。我們邀請了 Arthur Miller 來演講。」
- 「我記得我去俄亥俄州演講時，Sandy Levinson 跟我說：『嗯，你知道，這些事情可能發生在……』──他對為什麼這些事情會發生在密西根、麥迪遜、柏克萊這樣的地方進行了非常精彩的分析。他說：『它不會發生在俄亥俄州。』然後，我發表了演說。四天後，俄亥俄州有重大突破，人們走上街頭

與警察抗爭。」

此劇碼的分析備忘錄

- 該劇碼的特徵是使用第一人稱代名詞（我、我們）、主動動詞和熱情洋溢的語氣。顯示足智多謀是使用主動出擊的方式，而且往往會帶來正向的結果。這種論述模式似乎因以被動語態敘述負向事件而被緩和。例如：「在伊利諾大學香檳－厄巴納分校，我的學術生涯幾乎結束了，因為我被警察毆打。」遭受了這一重要的人生事件，他是行動的客體而不是主體，講述該事件的方式淡化了 Parenti 在失業中的角色。失去工作是發生在他身上的事，而非他做的事。
- 此外，「足智多謀」更值得注意的是，參與者在敘說的其他內容強調了他卑微的出生——我們在「將自我建構為貧困階級」劇碼中捕捉到的東西。這兩者連結在一起以完成建立動能的相同功能。

到目前為止，我們僅使用我們對 Parenti 演講中的「經驗性」片段分析當例子，說明了步驟三中涉及的兩項任務。特別需要一提的是，「反思性」片段也是完成了這兩項任務（如表 7.4）。

這一步驟的結果至少部分反駁了我們最初的假設——認為傳記式的聲音（經驗性的）和分析式的聲音（反思性的）會導致不同的劇碼。事實上，許多被編碼為「反思性」的摘錄與那些被編碼為「經驗性」的摘錄，完成了相同的論述行動。因此，這些摘錄被列在一起，無論它們最初是與什麼聲音相關聯。標記為「將他的經驗理論化」和「個體化／集體化」的劇碼描述、摘錄和分析備忘錄，可以在輔助網站 https://study.sagepub.com/gaudetandrobert 找到。

4. 步驟四：辨識劇碼的功能

變異與型態是辨識劇碼的路徑，但縱向分析不是就此結束。透過詮釋性劇碼進行論述分析的終極目標，是反思由劇碼產出的功能或影響。因此，每一份

表 7.4 從「反思性」片段產出的最終詮釋性劇碼

質疑權力	
呼喚本性	在「經驗性」片段中已經發現
與族群團體建立連結（種族化）	
將他的經驗理論化	
個體化／集體化	

文件縱向分析的最後一步，是對劇碼於地區或社會層次所展現的論述功能或產生的社會影響形成假設，也就是要將我們先前的工作系統化。事實上，透過在步驟三對每個劇碼所形成的分析備忘錄，我們開始挑出跟 Parenti 演講中產出每個劇碼有關的暫時性功能。表 7.5 綜述步驟三產出的分析備忘錄中的反思。

　　從我們的分析備忘錄中可以清楚看出，每個劇碼所完成的功能並非相互不連貫，它們共同產生累積和對比的效果。因此，值得思考這些劇碼的布局，並區分它們可能具有的更廣泛或複合的影響。就像一個沒有給予最終圖樣的拼圖，這個任務是透過反覆嘗試來進行的。表 7.6 說明了我們透過比較和連結 Parenti 演講中具有共通點的詮釋性劇碼，所產生的三個主要功能或效果。

　　許多劇碼結合起來，建立了社會運動的真實性說法和對社會運動而言真實性的價值。在這個特定案例中，一個真正的社會運動家親身經歷過不正義，並從根本上被這種經驗所塑造。一個真正的社會運動家與其他經歷相同不正義的人產生連結。與那些假裝關心正義議題的人相反，一個真正的社會運動家會堅定致力於為正義而戰，儘管它會帶來痛苦。在社會運動中建立一個說法或一定程度的真實性可以作為一種從穀殼中篩選小麥的機制，或者至少結交盟友並找出真正可以依賴的人、有使命感的人，以及純粹的、真實的、不可或缺的正義倡導者。

　　在講演中發現的一些劇碼共同地引導至理解「閾限」（liminality）對社會運動帶來的助益，至少在個人為群體更大正義而努力時，雖然沒有任一個劇碼明確指出這種效果。這個敘說將工人階級和常春藤盟校；義大利人、非裔美國

表 7.5　從 Parenti 演講中產出的最終詮釋性劇碼及其暫時性功能

強調戰鬥或掙扎：在這個劇碼中發現的我們的二分法使敘說兩極化，並將社會參與建構為對抗活動。 強調戰鬥或掙扎（生理上與政治上）創造了一條傳記性連貫線，用戰爭的劇碼來述說故事，讓他的參與變得嚴肅、真實線。他為自己的信念冒險。他是一個真正且執著的鬥士。	**足智多謀**：因為參與者將自己建構為貧困階級，使得這個劇碼更加值得注意，正如另一個劇碼所證明的那樣。這兩者連結在一起以完成相同功能——建立動能。
呼喚本性：穿插談及本性，給對話者灌輸一種真誠、真實，以及我們猜測也有自信的感覺。	**質疑權力**：這個劇碼與先前的劇碼協同運作，亦即「呼喚本性」與「將自己建構為貧困階級」。後兩者歸化了參與者的正義等求者使命感；它們建構了他的真實性。沿著這條線，將權力描述為敘騙有助於在他的敘說中建立真實和虛假之間的基本二分法。
與族群團體建立連結（種族化）：與族群建立的聯結有助於採用和對話者有關的特徵。提及義大利裔美國人和拉丁裔喚起了辛勤工作的移民形象、工人階級的團結以及被邊緣化種族群體對不公平或虐待他人的敏感性。提及猶太人有助於採用和參與者認為的政治意識。	**將經驗理論化**：引用社會科學的概念，具有與他的聽眾建立連結的效果，並讓他對美國不正義環境的分析和他作為社會運動家的行為具有可信度。這也證明了他所居住世界的廣闊性：貧民窟和象牙塔。
將自我建構為貧困階級：提出早年生活中的經濟困難和文化剝奪有助於他打上上真實印記，他遭受了他現在正在與之抗爭的經濟不平等，並受到其物質和文化後果的影響。同時，強調卑微的出身也使他的走向和成就顯得更加卓越。	**個體化／集體化**：將社會變革定錨在個人意識和行動中，可以分散責任和價值。有些角色受到表揚，有些角色受到批評。在個體化和集體化的連續線上運作，調和了將特定人物塑造成英雄和歷史的力量。同時，調和的可能性，同時仍然認可群眾可歷史的力量。

表 7.6 Parenti 演講中劇碼布局產出的三種效果

效果一	產出效果一的劇碼	效果二	產出效果二的劇碼	效果三	產出效果三的劇碼
建立社會運動的真實性說法	將自我建構為貧困階級	將閾限作為社會運動的工具	將自我建構為貧困階級	具體化動能在社會變革中的重要性	足智多謀
	呼喚本性		與族群團體建立連結（種族化）		個體化／集體化
	強調戰鬥或掙扎		足智多謀		
	與族群團體建立連結（種族化）		將他的經驗理論化		
	質疑權力				

人、拉丁裔和猶太人社區；人文界和拳擊館加以連結起來。引用 Gramsci 的話來說，成為「街頭小子」有一種團結的力量。駕馭社會的不同階層不僅僅是一項壯舉，它還是一種進行工作的工具。為正義而努力需要閾限角色，以在不同的世界之間充當翻譯。

最後，「個體化／集體化」劇碼的功能被另一個劇碼「足智多謀」強化了。這兩個劇碼都致力於灌輸一種社會變革的解讀，這種解讀的前提是個人行動加總起來就是集體行動。兩個劇碼都重現了個體的重要性。我們甚至猜想，承認集體權力（例如沒有所謂白手起家的人，每個人都受到前人的庇蔭）是否等於放棄個人能動性的權力。

從 Parenti 演講中找出的相互關聯的八個劇碼以及劇碼的三個布局，只是通往我們研究最終結果的墊腳石，它們不太可能按原本的樣子出現在最終的研究報告中。事實上，它們將隨著下一個資料（以及下一個和下下一個）語義濃縮的進行以及隨著橫向分析的進行而演變（圖 7.8）。

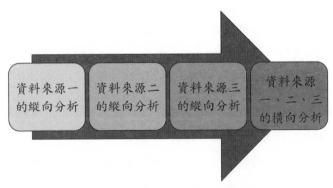

圖 7.8　縱向與橫向分析之間的動力

二、受紮根理論和敘說分析啟發的混和方法

在日常真實中，大多研究者根據多種方法來建構他們的分析策略，此處提供的縱向分析示例說明如何根據研究者的田野經驗、閱讀和知識論觀點以及兩

種質性方法的貢獻來微調分析。

　　我們的例子使用紮根理論的創始人 Glaser 與 Strauss（1967）的編碼技術，但知識論的立場更多是基於 Charmaz（2014）的詮釋，她改編了紮根理論。在知識論上，它屬於結構主義流派，也就是說社會真實被認為是部分建構的。這解釋了為什麼主觀性和歷史時序在分析中被賦予同等的權重。

　　分析方法的建構取決於三個要素：

● 行動者的主觀性。
● 敘事化過程。
● 個別趨勢發生的社會歷史歷程。

　　我們受到三個概念架構的啟發：社會人類學方法的生活故事（Bertaux, 2010）、敘說分析（Demazière and Dubar, 1996）以及生命軌跡方法（Charbonneau, 2003）。因此，社會人類學敘說分析引導我們理解主觀化歷程：人們如何透過反思性將自己建構為社會行動者？

　　顯而易見的是語言非常重要，因為我們分析的是人們所說的故事。因此，人們雕琢故事的方式必須要擁有英雄、情節、冒險和結局。最後，既然我們對引導人們生活軌跡的社會歷程感興趣，生命軌跡方法幫助我們分析不同層次（微觀、中介和鉅觀）的各種暫時性狀態（社會、個人、專業）。因此，會從尺度間（inter-scalar）的觀點來分析權力關係。

　　縱向分析，尤其是語義濃縮，在分析生活故事時至關重要，因為需從資料的整體進行思考。僅基於紮根理論和編碼方法，會使敘說線索消失不見。接下來，我們將說明混和紮根理論和敘說分析後提出策略的三個步驟，如圖 7.9 所示。

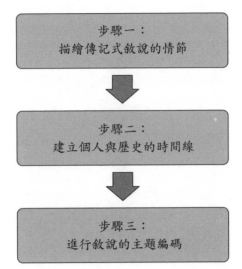

圖 7.9　使用紮根理論與敘說分析混和方法進行語義濃縮的三步驟

（一）步驟一：描繪傳記式敘說的情節

在閱讀了 Parenti 的演講稿之後，我們嘗試辨識在其故事中出現的情節。每個人都把自己當成自己生活中的英雄，傳記式敘說讓我們了解主體的真實和動能。身為研究者，我們沒有要試著去判定他的故事是「真的」或是「假的」，而是把焦點放在個人對其生活的觀點。有時候，敘說可能與其他類型的資訊相矛盾。有人會說檔案文件或其他類型的資料有助於對資訊進行三角驗證，研究者需要對此說法有所了解。然而，不一致的內容並不會改變參與者所知覺到的真實。對 Parenti 故事的重寫引導我們找出一些主題，例如團體認同或歸屬的模糊性。

這份文件是按時間順序展開的，因為演講的形式──自傳，使主觀時間和實際時間之間有一些差異。然而，人們圍繞特定主題講述自己的歷史時，不一定會從歷史時序開始。此時就需要思考敘說的「展現」。

> 舉例來說，如果一位社會運動家透過解釋第一次參加的暴動來述說其
> 故事，那麼這個事件可能是其敘說中的一個關鍵要素，需要好好認真
> 思考。

我們總是給參與者一個「隱喻性」的名字，因為參與者是故事中的「英
雄」。在社會學中，隱喻有相當高的重要性。隱喻有助於改變分析的層次，從
特殊化走到一般化（Busino, 2003）。Weber 的理想類型是複雜的隱喻。在這個
例子中，我們稱 Parenti 為理想主義流浪者（Idealistic Vagabond）。首先，我們
將他的敘說連結到流浪者，是因為 Parenti 沒有停靠點——沒有社會認同可作為
社會基礎的參照。他的故事是關於流動性：社會流動和專業的游牧生活。

1.「英雄」的特質和情節：理想主義流浪者

(1)團體認同

構成 Parenti 生活的事件與他的團體認同經驗有關。他談到自己來自於一個
低收入、勞動階層的義大利裔美國家庭，但他並不認同自己家庭環境的低教育
程度。在演講的一開始，他談到在他大約七、八歲時和布朗克斯小孩一起上學
的經歷，說他們是「非常好的猶太孩子」。在演講的後面，他回到這個團體認
同的話題。他談到人們誤認為他是猶太人，他說「也許是因為我讀書和寫字」，
就好像他把他生活的智性領域等同於猶太人的認同。在他敘說中的其他部分，
他認同學術界、黑人社群和勞動階級。

(2)歸屬的模糊性

我們會將團體認同的過程描述為 Parenti 敘說中的密謀，並且，我們會將其
定調為模稜兩可的。從整篇演講稿中可以看到 Parenti 對歸屬的主張。藉由說明
他曾經生活在第 118 街的一個區段，開始了他的敘說。透過他所有的戰鬥，他
分享了對歸屬的模糊性。此外，這種模糊性被經驗為二元對立：更像是關於
「我」和「他們」，而不是「我們」和「他們」。

(3)冒險：戰鬥

稍後，他談到他為種族平等而戰。他認識的非裔美國人不多——他不隸屬於他們，但他是這場戰鬥的一分子。非裔美國人的戰鬥是 1960 年代美國學生抗議和反主流文化的一部分。

故事中另一個重要階段是關於他在學術界的戰鬥，說明了他是如何對學術界感到失望。他本來認為自己屬於學術界，他完成了博士學位，有一個可以獲得終身職的教職，有嚴謹的工作倫理。然而，他發現學者說的是一套，做的又是另一套，或是他們根本沒有做任何事來保護與學生社會運動有關的言論自由。

(4)敵人：系統

他的主要工作之一，是解釋一個系統如何造就不平等。他發現自己的社會運動跟馬克思的想法有關。他寫了超過 20 本關於社會運動、不平等和階級掙扎的相關著作。

(5)公眾知識分子的真實自我

雖然他覺得自己被排除在學術界之外，但他以「公眾知識分子」的身分在研討會發表演講以及撰寫文章。他解釋說，隨著年齡的增長，他變得不那麼激進了。然而，他為正義和平等的理想而奮鬥，他從未像他在學術界的許多同事那樣接受成為系統的工具。這就是他仍然被學術界視為激進分子的原因。

（二）步驟二：時間線

有關生產脈絡的資訊已在本章前面的脈絡濃縮中加以說明，在此將呈現使用紮根理論和敘說分析混和方法進行分析時，我們認為重要的脈絡元素。

1. 生命年表

第一步是濃縮「客觀」時間的資訊，也就是生命年表。我們強調了 Parenti 生命軌跡中的關鍵事件，尤其特別關注社會參與的路徑，因為這是我們主要的

圖 7.10　參與者的生命年表

研究目標。使用質性分析軟體 NVivo，我們建立了與他傳記有關的節點（圖
7.10）。因為我們使用的是檔案文件，而非訪談逐字稿，因此缺少了某些資訊。
我們辨識了重要的生活事件，並且知道我們會隨著時間的推移使用其他類型的
檔案文件來完成這些資訊（日期）。

2. 歷史時間線

　　因為 Parenti 的社會運動軌跡鑲嵌在美國社會與政治歷史中，因此我們增加
了另一個時間線，這個時間線跟社會－政治歷史有關（圖 7.11）。在其他研究，
我們不必然需要建立這種類型的時間線，但如果我們有做，它勢必跟研究主題
有關。例如，如果我們的焦點是特定領域低薪者的工作經驗，我們可能會建立
一個「組織」時間線，或是一個「公共政策－勞動法」時間線，以此來建立一
個工廠的歷史。

　　為了更加理解參與者的脈絡，我們通常會依據三個分析層次（微觀：個人
經驗層次；中介：團體或組織經驗層次；鉅觀：社會－政治和歷史層次）來建
立三種時間線。在 Parenti 的演講中，我們聚焦在微觀和鉅觀，但我們會根據他
在不同組織中的參與情況來建立中介時間線的分析。但實際的資料並沒有給我
們這麼做的機會。

圖 7.11　參與者生命故事中的歷史時間線

（三）步驟三：主題編碼

使用紮根理論與敘說分析混和方法進行語義濃縮的最後一個階段，直接受到紮根分析的啟發。首先需要進行一層的開放濃縮，接著是一層的定向濃縮。

1. 開放濃縮

我們建立了與第一次閱讀資料和敘說描繪有關的代碼，如圖 7.12 所示，節點「第一個分類」包含我們在語義濃縮過程中建立的所有代碼。它呈現了三個開放編碼的例子（亦即從歸納性閱讀建立的代碼）：人類學概念、階級經驗、美國社會的論述。「階級經驗」此一節點首先出現在 Parenti 描述中產階級孩子取笑他口音的文本內容。我們還有一個與他父母社會階級習慣有關的開放代碼。

2. 定向濃縮

如本書稍早之前提到的（請見第六章），定向語義濃縮與演繹過程有關。身為進行歸納性工作的研究者，我們慢慢地提出假設，我們需要特定的資訊來理解它們。

以社會參與的例子來說明，我們假設組織是進行社會參與的載體，接著我們需要為 Parenti 在演講中所提到每個團體、機構、政黨等編碼關於「組織」的代碼，如此一來，我們建立的代碼（在「組織」之下，請見圖 7.13）會與 Parenti

圖 7.12　開放編碼樹狀圖的摘錄

圖 7.13　定向編碼樹狀圖的摘錄

演講中提到的組織一樣多。

肆、本章摘要

　　本章向你介紹了每個資料的縱向分析內涵，更準確地說，我們向你說明了脈絡和語義濃縮的過程。前者包括辨識每個資料並記錄其產出背景，而後者則涉及深入研究每個資料的內容。我們呈現了兩個語義濃縮的例子，第一個例子逐步向你展示使用詮釋性劇碼論述分析進行語義濃縮的過程，第二個例子則向你說明如何使用受到紮根理論與敘說分析啟發的混和方法來進行語義濃縮。我

們也使用我們研究中一份社會參與的資料來說明每一個步驟——Michael Parenti 如何成為一位社會運動家的演講稿。

你的研究計畫檢核清單

現在，你對縱向分析的整個過程更熟悉了，你可以：

√ 回到對你選擇的方法所做的閱讀，以查看是否安排了分析步驟來完成每個資料的垂直分析。

√ 也許可以考慮其他例子。從「後續你應該閱讀」以及我們在第三章中所介紹關於不同質性方法的參考資料開始，尋找有說明如何應用你選擇的方法的其他方法論文章。如果你已經熟悉的文章在分析細節方面還不夠明確，這可能是必要的補充。事實上，一些文章會很詳細地解釋一種方法的歷史和哲學，但不會明確說明「如何」進行實際的分析。你需要有一些很好的文本例子，來說明你選擇的方法如何應用在實徵性資料上。

√ 採用或根據先前的閱讀資料和範例建立一個必要的步驟列表，以繼續對你為研究計畫蒐集或產出的每份資料進行脈絡和語義濃縮。花點時間定義每個步驟，像是你正在向其他人解釋一樣。這不僅會在分析過程中對你有所幫助，在你撰寫研究計畫或研究報告中關於方法的內容時，也會對你有所助益。

√ 最後，採取行動。從你的資料中選擇一個實徵性資料，並使用你之前列出的步驟開始分析它。此時的目標是完成對你的第一份資料的垂直分析，並要調整你對資料進行脈絡化和語義濃縮的方式。確認你可以從第一次經驗中有所學習，以便促進、明確和系統化你的第二份資料以及所有其他資料的垂直分析。

後續你應該閱讀

Butler-Kisber, Lynn. 2010. 'Phenomenological Inquiry', pp.50-61 in *Qualitative Inquiry: Thematic, Narrative and Arts-Informed Perspectives,* ed. L. Butler-Kisber. Thousand Oaks, CA: Sage.

- 如果你對現象學方法有興趣，這本書的章節巧妙地解釋和說明了完成現象學縱向分析所必須經歷的過程。

Kohler Riessman, Catherine. 1993. 'Practical Models', pp. 25-53 in *Narrative Analysis*, ed. C. Kohler Riessman. Newbury Park, CA: Sage.

- 在這本優良簡潔著作的這一章中，Catherine Kohler Riessman 根據不同敘說分析學派的規則，說明了進行縱向分析的三種方法。這一章的比較性內容對於那些屬意敘說分析的人來說非常有用。這三個例子是已發表的研究，可閱讀以了解更多詳細的資訊。

McMullen, Linda M. 2011. 'A Discursive Analysis of Teresa's Protocol: Enhancing Oneself, Diminishing Others', pp. 205-223 in *Five Ways of Doing Qualitative Analysis: Phenomenological Psychology, Grounded Theory, Discourse Analysis, Narrative Research, and Intuitive Inquiry*, ed. F. J. Wertz et al. New York: Guilford Press.

- 在這本書的章節中，Linda McMullen 手把手地向讀者展示了她如何逐步完成訪談的縱向分析。

Saldaña, Johnny. 2009. *The Coding Manual for Qualitative Researchers*. Thousand Oaks, CA: Sage.

- 許多研究者不一定會從頭到尾遵循紮根理論的整個過程，而是使用我們從紮根理論借來的工具來分析他們的資料：編碼。在這本書，Johnny Saldaña 會向你說明所有的代碼類型，並示範如何定義與應用這些代碼。這是一本為你自己的研究產出編碼想法的好書。

Spector-Mersel, Gabriela. 2011. 'Mechanisms of Selection in Claiming Narrative Identities: A Model for Interpreting Narratives'. *Qualitative Inquiry* 17(2): 172-85.

- 在這篇期刊文章中，Gabriela Spector-Mersel 說明了一種分析自傳式敘說的方法。她將此方法逐步應用在一份訪談逐字稿中。

Thai, Mai Thi Thanh, Li Choy Chong and Narendra M. Agrawal. 2012. 'Straussian Grounded-Theory Method: An Illustration'. *The Qualitative Report* 17(Art. 52): 1-55.

- 這篇文章以細緻的方式說明了紮根理論的應用，文章所附的附件特別有啟發性。

想獲得更多支援與啟發嗎？這裡有線上資源可以幫忙！請使用**詞彙表教學字卡**掌握關鍵詞，查看**SAGE案例和期刊文章資料庫**中的實際方法，並跟隨本書中所討論資料的完整逐字稿逐步分析。

第八章
橫向分析

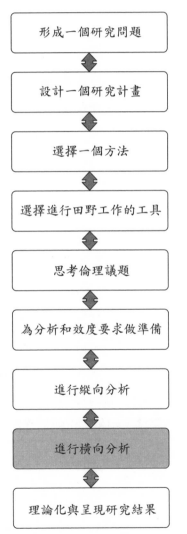

形成一個研究問題

設計一個研究計畫

選擇一個方法

選擇進行田野工作的工具

思考倫理議題

為分析和效度要求做準備

進行縱向分析

進行橫向分析

理論化與呈現研究結果

圖 8.1　我們在研究過程中的位置

在本章你將學習：

● 定義與區分橫向分析和縱向分析。

● 使用兩種不同的分析策略對多個資料進行橫向分析：詮釋性劇碼論述分析以及受紮根理論和敘說分析啟發的混和方法。我們將以前兩章介紹的社會參與研究計畫為例。

壹、前言

在本章，我們將說明如何處理羊皮書卷的第二層。在前一章已詳細說明一次處理一個資料的縱向分析，我們現在要探索處理為特定計畫產出或蒐集的所有實徵性資料的方法，稱之為橫向分析——比較每份資料之間的縱向分析，以產出對全部資料的反覆性詮釋。這個過程可以正確地被稱為實徵性資料的橫向語義濃縮。事實上，你會看到它捕捉了你在縱向分析的語義濃縮段落中介紹過的許多分析步驟。我們將繼續上一章的工作，並使用相同的兩種分析策略來示範橫向分析：(1)透過詮釋性劇碼的論述分析；(2)受紮根理論和敘說分析啟發的混和方法。我們也將繼續使用之前的社會參與研究資料來說明橫向分析（請見第六章與第七章）。當初進行這個研究的動力是，在許多國家的人民普遍不關心公民生活的脈絡下，我們想了解社會參與的意義。因此，我們鎖定那些在不同年代裡（從 1960 年代開始）積極投入社群的不同世代北美參與者。因為橫向分析需要比較不同參與者的資料，所以除了在前一章使用的 Parenti 演講之外，我們也將使用其他參與者的演講和訪談逐字稿。在詮釋性劇碼論述分析的段落，我們會使用 Jodi 的訪談逐字稿，她是一位傳播學家，同時也是一位社會運動家。在受紮根理論和敘說分析啟發的混和方法段落中，我們還會使用除了 Parenti 和 Jodi 之外的另兩位參與者的資料。

為了幫助你跟上本章內容，我們建議你先暫停一下，先花點時間閱讀輔助網站 https://study.sagepub.com/gaudetandrobert 上關於 Jodi 的訪談逐字稿。

　　隨著橫向分析的進行，你會注意到最初的研究問題在研究者的腦海中變得愈加明顯。透過系統性地比較每個資料的縱向分析，並將我們在資料中發現的特定和個別型態抽取出來，我們可以慢慢得到問題的答案。然而，我們在此建議的反覆性研究過程類型，很可能需要調整和重寫最初的研究問題，以合理地對資料進行分析。一致性與彈性是關鍵。

貳、以詮釋性劇碼論述分析進行橫向分析

　　從縱向分析進入到橫向分析，需要改變你的心態。相較於揭示每份資料的獨特性和理解它們所呈現的論述性效果，此時的任務是後退一步，將全部的資料視為一個整體進行檢視。作為一個整體，這些資料完成了什麼？它們創造了什麼樣的世界？它們將什麼主題帶入生活？如何帶入？

　　為了要發展這個廣大的圖像並前進到橫向分析，我們採取四個步驟透過詮釋性劇碼進行論述分析，如圖 8.2 所示。

步驟一：
比較第一印象

步驟二：
整合出現的詮釋性劇碼
及其功能

步驟三：
發展出一個詮釋

步驟四：
保持警覺，記住關鍵問題
和議題

圖 8.2　以詮釋性劇碼論述分析進行橫向分析的四個步驟

如前所述，我們會用 Parenti 的演說和加拿大傳播學家 Jodi（化名）的訪談逐字稿來說明這四個步驟。Jodi 是一位中年女性，同時也是一個資歷豐富的社會運動家，關注政治和女性權利的議題。她生長在移民家庭。

一、步驟一：比較第一印象

就每個檔案文件的垂直分析結果之間進行比較，需要創建一個表格來記錄我們「給自己的筆記」。你可能還記得作為每份資料縱向分析的一部分，我們所建立的表格，我們把它稱作「初次閱讀資料的提問表格」（見表 7.1）。跟這個表格很相似，我們在此建議你建立的新表格是由三個主題組織而成，如表 8.1 所示。

表 8.1　比較資料第一印象的提問表格

1. 比較資料內容產生的一般性想法：它們有什麼共同點？它們之間的差異是什麼？	●
2. 連結到概念與參考文獻：作為一個整體，它們呼應、質疑或呼籲什麼概念、理論或特定參考文獻？	●
3. 關於資料形式方面的初步想法：它們有什麼共同點？它們之間的差異是什麼？	●

此表格是一個重要的工作工具，可以決定下一階段的資料產出和分析。

請記住，我們建議你將「專門用於製作或蒐集資料的時間」與「專門用於分析資料的時間」穿插在一起，這麼做將讓你的資料和分析工作可以引導你進行下一輪。這種反覆性歷程可以強化研究與結果的內部一致性。

比較性提問表格也是一個很可能出現詮釋性想法和探問線索的文件，這些都很寶貴，將在分析的理論化階段加以使用和發展。以下是我們在完成每份資

料的縱向分析後，對 Parenti 的演講和 Jodi 的訪談進行印象比較時所記下的一些
筆記摘錄。

---

1. 比較資料內容產生的一般性想法

- 「Jodi 訪談中的組織性類別之一是有償／無償社會運動和最終的『空閒』時間。她解釋說，她迫切地想回到自己的寫作和音樂領域，她不能再迷失在工作中。這似乎與 Parenti 相反，她積極地在有償／無償社會行動之外為自己定義一個空間，這在 Parenti 的演講中沒有出現，他似乎滿足於以「社會運動家」為主要身分。在這個觀察之後，出現三個提問：(1)將參與者以投入程度進行區分是否有用？甚至有可能為下一階段的資料產出修改抽樣嗎？(2)這種自我和時間之間的界定關係是性別問題嗎？有沒有可能一些女性更清楚地劃分她們的生活，將公領域／私領域的劃分作為自我定義的關鍵類別，而男性則更樂意由他們生活的公領域來定義自己？(3)這種觀察是資料類型的產物嗎？」

- 「Parenti 和 Jodi 都對社會變革持批判態度，Parenti 的立場似乎更接近於性別權力經常被消音的正統批判理論，而 Jodi 則受到批判女性主義理論更多的影響。這種比較為下一個資料產出階段提供了兩條途徑：(1)我們應該確認在我們的樣本中，有演講和訪談是來自更保守的政治派別的參與者以及沒有被明確政治化的參與者。確認我們能夠比較高度政治化（包括左派和右派）和其他政治化程度較低的人對社會參與的理解，這將使我們能夠抽取出與社會參與相關的一般共同性，而不僅僅是左翼社會運動家的顯著政治社會參與。(2)⋯⋯」

2. 連結到概念與參考文獻

- 「Parenti 演講與 Jodi 訪談之間的比較，帶出了回頭檢視 Goffman 關於地位以及更普遍的認同理論可能帶來的好處。作為一名社會運動家，似乎至少在某些程度上，與自我定義和自我展演有關。」

---

3. 關於資料形式方面的想法

- 「儘管事先經過深思熟慮和編寫，Parenti 的演講是為預期觀眾和現場觀眾量身訂做的表演和對話（正如我們在他與聽眾互動時看到的那樣）。Jodi 的訪談則告訴我們，私下進行的訪談也是一種表演和對話。以下是 Jodi 的訪談中一些非常明確的引述，足以說明我們所要表達的：

    ○ 訪談者：你說你有過三個女人。有沒有男人在你……Jodi：是的，我知道。這很有趣。就像，當我說『女人』時，我想，『哦，她會明白這一點的。』
    ○ 所以我會說人們打電話，而不是朋友打電話。我並不是要糾正你的措辭。但是，就像，人們經常打電話給我。

    Jodi 知道自己在聚光燈下，她知道訪談者會引起她的反應。舉例來說，她提出了一個免責聲明來管理她的投射性認同。從這個意義上來看，訪談實際上是一種對觀眾的表演，就像演講一樣。在談論她生活的各個方面時，她的敏感度跟在談論政治時是一致的。也許這是她的溝通能力、她對寫作的興趣和她對文字的敏感度所帶來的影響？然而，兩種類型的資料（演講和訪談）都具有相同的性質：都在產生自我表徵。因此，繼續採用混和著演講和訪談的資料似乎是合理的。」

　　這些一般性想法是對方法論說明的來源之一，對其餘的田野工作和撰寫最終報告的方法論部分都具有影響力。它們也是分析筆記的來源，隨著理論的建立，這些筆記可能會被重新審視，以作為記錄或捨棄資料的途徑。

二、步驟二：整合出現的詮釋性劇碼及其功能

　　兩份資料（Parenti 的演講稿與 Jodi 的訪談逐字稿）的縱向分析是分開完成

的，當開始分析 Jodi 的訪談逐字稿時，我們並未試圖將這份資料中發現的劇碼與稍早之前在 Parenti 演講稿中發現的劇碼加以同質化。表 8.2 並列呈現從兩位參與者資料中發現的劇碼以及它們暫時性的功能，呈現方式沒有以特定順序排列。

在橫向分析階段的任務是比較、融合、重新命名以及重新定義詮釋性劇碼，這是關於將不同資料合併為一的過程。此任務是要將每份資料縱向分析後得到的結果加以合理化與精煉。在每份資料完成縱向分析之後，必須重新進行這個比較工作。可以預期的是，一個資料的劇碼與另一個資料的劇碼之間不會有完美的配對。事實上，通常情況遠非如此，如表 8.2 所示。然而，一點一點地，隨著與其他資料進行橫向分析的進展，浮現的劇碼群集將成為整合資料的關鍵。當然，還是會有一些劇碼是比較邊緣的。將所有資料劇碼完美整合成一個整齊的包裹可能是人為的、強迫的，並且會破壞每個資料的豐厚性和獨特性，也會危害歸納過程。

藉由比較我們目前已完成的兩份資料縱向分析結果，如表 8.2 所呈現，我們可以看到一系列平行的劇碼：

- 兩個參與者都將他們的社會參與和他們在生活中某個時刻所經歷的邊緣化或他們仍在經歷的邊緣化加以連結（Parenti：「將自我建構為貧困階級」；Jodi：「建立經驗的合理性」、「區分社會運動和志願服務」）。從這些內容來看，社會參與和任何其他活動不同，個人不會因為純粹興趣而進行社會參與。社會參與在此成為經歷過不正義後出現的具有生命的產物。這些劇碼不僅在社會參與中建立了一種真實感，而且還標記著：參與者即使不是英勇的，也是有韌性的。它也可能作為區分社會運動和志願服務的基礎。同樣的，Parenti 和 Jodi 敘述的這些相呼應的劇碼有助於產生從 Parenti 的縱向分析（建立社會運動的真實性說法）和 Jodi 的縱向分析（建立經驗的合理性）中確認的那些功能。

表 8.2　Parenti 與 Jodi 資料的劇碼與暫時性功能

Parenti 的劇碼：定義與暫時性功能	Jodi 的劇碼：定義與暫時性功能
強調戰鬥或掙扎：在這個劇碼中發現的我們與他們的二分法使敘說兩極化，並將社會建構為難以對抗活動。 強調戰鬥或掙扎（生理上與政治上）創造了一條傳記性連貫線，用戰爭的劇碼來述說故事，讓他的參與變得嚴肅莊嚴。他為自己的信念冒險，他是一個真正且執著的鬥士。 **與族群團體建立連結（種族化）**：與族群建立的聯結有助於採用利害關係者有關的特徵，提及義大利裔美國人和拉丁裔喚起了辛勤工作的移民形象，工人階級的團結以及被邊緣化種族群體對不公平或虐待他人的敏感性。提及猶太人有助於採用參與者或者認為的政治意識和智慧。 **將自我建構為貧困階級**：提出早年生活中的經濟困難和文化剝奪有助於為他打上真實印記，他遭受了他現在正在與之抗爭的經濟不平等，並受到其物質和文化後果的影響。同時，強調卓啟的出身使他的走向和成就顯得更加卓越。	**區分「核心」和「基層」**：該劇碼是根據權力場所和受權力影響場所之間的對立來加以表達。這種高層和基層之間的二分法，強化了一種觀念：權力（或至少是決策）集中在一個特定的地方，財產掌握在少數人手中，而苦難是由基層人民承受。它強化了核心是與基層分開的、獨立的想法。但同樣的劇碼也強調參與者與基層的益處和重要性來抵制這一想法，來平衡（在高層）權力。 **建立社會問題的關聯性**：這個劇碼將社會問題（女性議題、種族歧視、勞工議題、學運、環境議題、人權與貧窮）連結在一起。它們獨特的特徵只是表象，我們面對的是共同的源頭：資本主義。與其說她的參與是分散的、不如說是多重的。因為總是與一個共同的源頭相關，因此是有連貫的。 **合併底層階級與意識**：勞動／底層階級社區和意識的連結顛覆了階級制度。透過強調勞動階級／底層階級的真實性和深度，她將他們塑造成有意識的社會行為者，而不是困乏的、隱藏的。他們被描繪為對耗盡我們社會的嚴重社會問題是有意識的。

表 8.2　Parenti 與 Jodi 資料的劇碼與暫時性功能（續）

Parenti 的劇碼：定義與暫時性功能	Jodi 的劇碼：定義與暫時性功能
個體化／集體化：將社會變革定義在個人意識和行動中，可以分散責任和價值。有些角色受到表揚，有些角色受到批評。在個體化和集體化的連續線上運作，調和了將特定人物塑造成英雄的可能性，同時仍然認可群眾和歷史的力量。 **呼喚本性**：穿描談及本性，給對話者灌輸一種真誠、真實，以及我們猜測也有自信的感覺。 **質疑權力**：這個劇碼與先前的劇碼協同運作，亦即「呼喚本性」與「將自己建構為貧困階級」。後兩者歸化了參與這者的正義尋求者的命名感。它們建構了他的真實性，沿著這者的真實和條線，將權力描述為欺騙為在他的敘說中建立真實和虛假之間的基本二分法。	**建立經驗的合理性**：這個劇碼顯示了她在生活的許多方面，即使沒有受害，也有被欺騙的情況：種族、階級與性別，還包括她主動選擇站在少數群體那邊的例子；身體上、地理上和政治上。強調一個人的邊緣性而建立經驗的合理性，以反對學術上的合理性。 **區分理論與實務**：這個劇碼反對實務和理論，是圍繞在身體的隱喻而建立的。例如：看見「就是讓它具體」以及它反面對象的知識如「學術上的理解」，它重視經驗勝過知識，重視行動勝過分析。這個劇碼呼應了真實性和參與過程的重要性。一旦它被生活、被體驗，它就可以被倡議，它可以成為一個志業，一個人可以成為一個問題的合法代言人。 **區分社會運動和志願服務**：這個劇碼產生了一個連接政治和非政治參與的階層制度。前者被定義為社會運動，而後者被定義為「分析」。志願服務意味著完成與個人利益（籌款，為她母親，為父母）符合的單獨任務，而不是對長期社會變革的政治承諾。Jodi 在談論其他人的參與時主要使用「志願服務」這個詞。當她談到自己的參與時，使用的詞是「社區發展」、「大眾意識」和「政治工作」，這種類型的參與顯然受到重視，而志願服務則沒那麼重要。

表 8.2　Parenti 與 Jodi 資料的劇碼與暫時性功能（續）

Parenti 的劇碼：定義與暫時性功能	Jodi 的劇碼：定義與暫時性功能
足智多謀：因為參與者將自己建構為貧困階級，使得這個劇碼更加值得注意，正如另一個劇碼所證明的那樣。這兩者連結在一起以完成相同功能──建立動能。 將經驗理論化：引用社會科學的概念，具有與他的聽眾建立連結的效果，並讓他對美國不義情境的分析和他作為社會運動家的行為具有可信度。這也證明了他所居住世界的廣闊性：貧民窟和象牙塔。	呈現她作為社會運動家付出的代價：該劇碼認為有償和無償工作之間的界限是滲透性的。透過這種混和有償和無償工作的方式，她展示了她的奉獻精神：薪資是一種獎勵。這種淡化薪資角色的方式，增加了通常與嚴肅的社會運動緊扣在一起的嚴謹性。社會運動家必須為其參與付出代價，按照其生活的原則，並且以身作則等。否則，她將失去其地位、聲望、影響力和信譽。她還表示社會運動涉及生活的多個面向：空閒時間、工作、社會興趣、你選擇居住的社區和社區交誼。社會運動有一些覆蓋入性。 建立個人認同：這個劇碼反映社會運動是建立認同的一種形式。從事一項志業就是確定一個人的信念和原則，並在情況需要時協商這種認同。該劇碼強調商在出現歧果時，對信念和行動、強列的失衡和積極尋找，重新評估聯盟和自我質疑之間一致性的渴望。社會運動也是一個尋找自我的過程。

表 8.2　Parenti 與 Jodi 資料的劇碼與暫時性功能（續）

Parenti 的劇碼：定義與暫時性功能	Jodi 的劇碼：定義與暫時性功能
	強調集體的重要性：這個劇碼帶出了集體性在社會運動中的價值。成為社群的一分子，不僅是一種存在的狀態，而是需要個人的投入、參與、關懷、團結。在「動員權力」中得到「肯定」和「相互連結並為共同目標或共同利益而努力」是社會運動的象徵性薪資。這個劇碼顯示社會運動也與確認一個人對政治制度和人類的信念有關。它也讓社會運動顯得更大器，這是為了更大的利益，而不僅僅是追求私利。 **將智性和情緒性別化**：在這個劇碼中，出現了男性／大腦與女性／心靈的二分法。她認為女性是情緒支持、男性則是冷靜、理智的榜樣。在這麼做的過程中，她助長了一種刻板印象，正如她所知，這種刻板印象與她的女性主義立場相矛盾。但她也在創造必要的條件，以對年輕女性社會運動家等造成影響。影響一個人不僅是一種理性的活動；這是一個關係和認同的議題。

表 8.2　Parenti 與 Jodi 資料的劇碼與暫時性功能（續）

Parenti 的劇碼：定義與暫時性功能	Jodi 的劇碼：定義與暫時性功能
	典型化社會運動軌跡與正常化她從社會運動中的退出：她回憶起自己二十多歲時的「迷惘」，那段期間她被各種活動「消耗殆盡」，而現在，在她四十多歲的時候，她明顯更有選擇性。這個劇碼不僅僅是描述一個從強烈參與到「缺乏後續行動」的特定故事，它正在創造一個正常化的效果，對集體實體的提及（「關於社會運動家耗竭的經典故事」、「很多年輕的社會運動家」、「很多社會運動家」、「我們都這樣做」）將 Jodi 緩慢退出社會運動視為典型社會運動家生涯的一部分。此外，這個劇碼也將社會運動家生涯和追尋認同加以合併。

- 有趣的是，在這兩個例子中，我們都發現了提升被邊緣化群體特質並顛覆西方社會傳統階層價值的劇碼（Parenti：「與族群團體建立連結」；Jodi：「合併底層階級與意識」）。社會參與不僅僅是參與，它被視為對實際政治秩序的一種補救方式或替代方案。

- 在這兩種敘述中，我們還發現對權力的兩極化定義（Parenti：「強調戰鬥或掙扎」；Jodi：「區分核心和基層」與「建立社會問題的關聯性」）。在這兩個例子中，社會變革都採取對立的方式；戰鬥是一項必要的活動，也是社會參與的隱喻。

- 權力在很大程度上是由那些需要改變自身理解和行為的個體掌握著。事實上，Parenti 和 Jodi 都參與了公眾意識，試圖改變個人的良知（Parenti：「個體化／集體化」；Jodi：「建立個人認同」與「強調集體的重要性」）。雖然他們對社會問題有鉅觀理論，但他們仍然有基本的人文主義方法。結果就是，必須先改變人，然後結構才能依序改變，而這種個人的改變是有代價的（Parenti：「強調戰鬥或掙扎」；Jodi：「呈現她作為社會運動家付出的代價」）。這種觀點使個人有責任同意被改變或自我改變，也就是說，發展出對造成不平等權力結構的覺察。

- 最後，這兩個系列詮釋性劇碼之間的共同線索，是在社會參與的故事中發現介於個人發展和渴望參與集體性事務之間有一條連續線（Parenti：「個體化／集體化」；Jodi：「建立個人認同」與「強調集體的重要性」）。

基於對兩個參與者之間相似性的初步觀察，我們提出了初次的劇碼合併，如表 8.3 所示。

表 8.3　共同劇碼列表

共同劇碼	每位參與者的劇碼合併後的結果
建立經驗的合理性	• Parenti：「將自我建構為貧困階級」 • Jodi：「建立經驗的合理性」、「區分理論與實務」、「區分社會運動和志願服務」
顛覆傳統階級的價值	• Parenti：「與族群團體建立連結」 • Jodi：「合併底層階級與意識」
為權力或社會變革而戰	• Parenti：「強調戰鬥或掙扎」 • Jodi：「區分核心和基層」、「建立社會問題的關聯性」、「集中權力」
將社會變革奠基在個人轉變上	• Parenti：「個體化／集體化」、「強調戰鬥或掙扎」、「具體化動能在社會變革中的重要性」 • Jodi：「建立個人認同」、「強調集體的重要性」、「呈現她作為社會運動家付出的代價」
為自己和他人而努力	• Parenti：「個體化／集體化」 • Jodi：「建立個人認同」、「強調集體的重要性」、「社會運動是尋找自我與集體」

　　我們為前兩份資料之間的劇碼進行部分合併後留下了一些劇碼和功能，這些劇碼和功能是為 Parenti 和 Jodi 的敘述進行垂直分析階段產出的，它們仍然是這兩個資料所獨有的。就 Parenti 的部分，這些劇碼是：

- 「呼喚本性」
- 「足智多謀」
- 「質疑權力」
- 「將經驗理論化」

它們的功能是：

- 「將閾限作為社會運動的工具」

在 Jodi 的例子，這些劇碼是：

- 「將智性和情緒性別化」
- 「典型化社會運動軌跡與正常化她從社會運動中的退出」

再次提醒，不必因此而感到恐慌，因為當後續的資料被整合到橫向分析時，這些劇碼和效果很可能會與來自其他資料的劇碼和效果合併（圖 8.3）。

三、步驟三：發展出一個詮釋

從我們已經產生和融合的劇碼開始，接下來是一個概念性反思的開始，這需要進一步尋找概念，並將它們與已存在的社會參與相關知識加以連結起來。借用傅柯取向和強調展演性的詮釋，亦即社會是透過敘說而被製造出來，與詮釋性劇碼論述分析的準則是相容的。

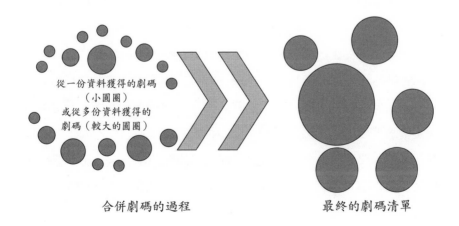

從一份資料獲得的劇碼
（小圓圈）
或從多份資料獲得的
劇碼（較大的圓圈）

合併劇碼的過程　　　　　最終的劇碼清單

圖 8.3　整合劇碼的過程

社會參與和社會運動家主體的形成有關，是一個經歷過不正義、意識到它、能夠表達它，並有動力成為社會變革的推動者。即使不是苦行主義，社會參與也會讓參與者付出代價：有一種陌生感、中間性或閾限感需要因應。社會運動家主體是一個被夾在許多不完全兼容的精神世界或社群之間的存在（例如童年的環境與選擇的道路）。甚者，社會運動家主體遵循其社會運動生涯中捍衛的語言和道德準則講述自身故事。他們所表達的世界觀與對自己生活的具體分析之間有連貫性，才能被視為有可信度。經歷過的不正義和為社會參與付出的代價，都會使社會參與者處於合理性和價值的連續線中。

我們可以初步認為，Parenti 在其敘述中體現的社會運動家主體與 Jodi 敘述中所體現的社會運動家主體截然不同。前者提出服務倫理，為需要服務的群體和志業服務；後者是建立在自我關照的倫理基礎上，呈現在 Jodi 的敘述中強調追求自我發現。雖然如履薄冰，但我們一定可以依據社會運動家的主體來提出工作假設，即在維持共同面向的核心時，也呈現一個特定的歷史形象，以反映一個時代的更廣大論述。

在這一個時間點上，只分析來自不同歷史時期的兩個參與者資料，我們仍然無法回答最初的研究問題：社會參與的意義如何隨著歷史和結構轉變而改變？透過對更多資料進行的分析，我們也許能夠看出隨著時間推移，所使用劇碼的型態有更清晰的變化。如果是這樣，我們將能夠依據我們最初的研究問題來進行理論化；如果沒有，我們將調整我們最初的研究問題，以公正地處理資料允許我們發現的內容。請記得：依據定義，反覆性研究過程是動態的，且需要持續的調整。

四、步驟四：保持警覺，記住關鍵問題和議題

　　橫向分析中產生的共同劇碼和功能，以及我們仍然保留的、每個資料所獨有的劇碼和功能，是將所研究現象加以理論化所需的推進燃料。這種理論化是在劇碼和研究者的背景知識、不定概念以及理論傾向的交匯處進行精心雕琢。

　　為了提高分析的強度和可信度，以下是進行分析時可能需要作為理想標準而落實的一些準則：

1. **記錄所遵循的程序，以便能夠詳細描述它們。**這是對效度更廣泛關注的一部分。藉著閱讀研究報告，讀者必須有足夠的資訊來判斷研究者的詮釋，如同我們在下一章將討論的，分析的透明度是關鍵（Jorgensen and Phillips, 2002: 125-6）。

2. **所發展的詮釋與作為分析策略基礎的假設和技術之間的連貫性。**舉例來說，透過詮釋性劇碼的論述分析假設語言是具有展演性的，目標是要揭示人們在說話和寫作時有意識或無意識產生的論述性功能或效果。因此，對資料的詮釋必須牢記這一點，而不要過度地將意圖歸因於研究參與者。

3. **從發展詮釋到研究者成功地提供新的或更豐富的理解，或者至少對所研究的現象提出新的向度。**隨著橫向分析的進行，研究者將在抽象化的過程中發展詮釋。目標不僅僅是描述資料中存在的內容，而是對一種現象形成新的理解，包括需要調整最初的研究問題，以確保其與資料可以提供的內容是最一致的。

4. **依據論述性效果進行詮釋。**分析的重點並非聚焦在一個或另一個參與者使用這樣劇碼或那個劇碼的心理動機，而是關注於使用這些劇碼的社會結果。

　　理論化的過程將在下一章說明，但是以上的準則應該能讓你敏覺到記錄決定和見解出處的重要性。

參、以受紮根理論和敘說分析啟發的混和方法進行橫向分析

與透過詮釋性劇碼進行的論述分析一樣，對於受紮根理論和敘說分析啟發的混和方法而言，橫向分析基本上是對資料進行系統性的比較。我們比較每份資料進行縱向分析後的語義濃縮，從這些比較中重新建立一個語義濃縮。此過程的目標是對資料產生疑問，以準確地辨識資料之間的共同點和每份資料的具體特徵。橫向分析這一層邀請我們從資料中後退一步，回到文獻回顧以及先前發展的概念和理論架構。

在這個例子中，基於紮根理論和敘說分析，我們呈現以多元案例抽樣為基礎的建立語義濃縮過程。在紮根理論中，理論抽樣是研究設計的一個關鍵要素，因此，很難只用兩個案例（例如 Jodi 和 Parenti）來建構完整的橫向語義濃縮。在下面的例子，我們使用了四份資料，但在採用混和方法完成的橫向分析，我們使用了包含 Parenti 演講稿和 Jodi 訪談逐字稿在內的 14 份資料。理論抽樣的標準是：

1. 在加拿大或美國的社會和／或政治參與的延伸經驗。
2. 參與者自述參與的年代（1960 年代以後）。
3. 性別。
4. 族群。

我們招募了一樣多的男性和女性，並試圖從主流族群中抽取一半樣本，而另一半樣本來自少數族群。我們還確認參與者是在 50 年內（1960 年代以後）投入社會參與。我們的樣本數很少，但已足夠讓從資料中浮現的主要類別達到飽和：社會和政治參與過程的順序。

一、步驟一：建立橫向語義濃縮

因為對社會與政治參與的歷程感興趣，因此我們將歷程中的順序加以編碼。

什麼時候開始？為什麼？是誰或什麼事觸發了初次的參與？脈絡是什麼？參與者請求的原因是什麼？對於每份資料，我們濃縮了相關資訊，並細化所使用的代碼定義。圖 8.4 是在分析四份資料後所呈現的三個節點。

縱向分析引領我們發現每位參與者投入社會與政治參與的「轉捩點」，我們提問下列這些問題來辨識它：他們的生活敘說在什麼時間點顯示出更高強度的參與？是什麼將他們的生命歷程導向新的目標或新的存在探求？

在閱讀每一份資料後，我們找出引發社會與政治參與的事件或情境。對第一位參與者來說，一家國際公司決定在他家鄉的主要河川岸邊建造一座小型工廠，這促使他組織了一場抗議活動，並促使他擔任環保組織的領導人。對第二位參與者來說，在一家大型律師事務所工作時的無力感，使他投入了童年時期的社區。他決定為年輕的黑人男性組織籃球賽事以作為他們的課後活動。他的志願服務受到孩子們的歡迎和讚賞，於是他辭去工作，創辦一家社會企業，幫助籃球教練成為生活教練。對 Parenti 來說，我們將他在大學期間為爭取更多權利而抗議的經驗辨識為一個關鍵因素；對 Jodi 而言，我們將性別不平等的個人經驗，編碼為她後來參與的觸發因素。

圖 8.4　社會參與歷程的編碼

　　辨識這些共同的事件、情況和／或心理狀態會自動引導我們建構橫向語義濃縮。換句話說，我們試圖對具有共同特徵的社會現象進行分類。這種智性和邏輯性任務在社會科學中很常見，例如種族、年齡和性別等社會類別的分類，社會科學家的一項主要任務是描述群體的社會界限。在自然科學中，物種、蛋白質或化學元素等類別都回應重要的分類，我們需要將元素一一進行區分，我們也需要辨識每一個類別的特徵以能夠辨識特別的元素。這個歸納陳述過程開啟了概念化。

　　這個分類過程看起來與主題分析相似（如我們在縱向分析所做的），給一個現象一個描述性的「標籤」。在橫向分析的過程，分析會更深入，我們在尋找一種超越資料描述的「文本性表達」。這種尋找定錨於資料的嚴謹性、創意性與「文本性表達」，是所有分析歷程的探求。它會隨著時間而改變。

　　以下我們將說明橫向分析第一步驟的細節。我們使用「觸發」這個詞來濃縮與說明參與者敘說中的關鍵時刻，並且了解隨著我們的概念化，它將會有所改變。藉由辨識生命歷程的片段，我們開始分類生活事件的順序——它不是單純的主題標記。「觸發」的概念引領我們理解歷程的時序性：有觸發前與觸發後。這似乎是一個很小的增加，但它導致如圖 8.5 所示三個節點的結構。這個新概念也會影響我們對資料的進一步閱讀，因為我們將會嘗試去理解在時間點一（觸發）之前和之後發生了什麼。

　　在這個例子中，我們依據在資料中發現的資訊重新分類與重新概念化「觸發事件後」的順序。我們觀察到參與者在觸發事件後不久就改變了他們的職業，這可能是因為阻礙迫使他們更加反思自己的專業身分（我們創立正在進行中的專業認同此一概念）。我們也注意到創新的概念，因為他們都嘗試在其社區或社會和政治參與形式中做一些改變。

二、步驟二：撰寫備忘錄

　　備忘錄是給自己的筆記，內容關於慣例、理論性和實徵性閱讀、方法選擇

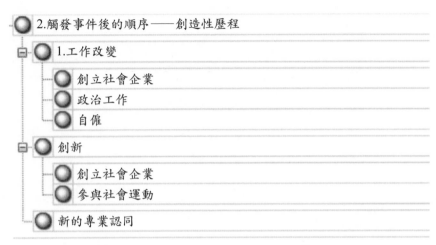

圖 8.5 「觸發事件後」此類別的重新概念化

或與研究相關的任何決定或見解。從研究設計就應該開始撰寫備忘錄,但在進行資料分析時,撰寫備忘錄尤其重要。因為橫向分析是類別或代碼定義的豐厚階段,撰寫備忘錄更是必不可少。以下有四個備忘錄的範例:

備忘錄 1:觸發?

　　「觸發」這個詞在字典裡的定義是「用來緩和或啟動一個機制的裝置」,這種文本性或慣例性的表達不足以正確地分類或解釋這四個代碼,因為「觸發」這個詞指的是「爆發」,一個突發事件。在這四個案例中,它更像是一種「生活經驗」而非一個特定事件,尤其是在工作中出現無用武之地感受的受訪者案例。

備忘錄 2:測試

　　回到法國理論,我們閱讀 François Dubet 關於社會經驗的書(1995)。對他來說,個人經驗是理解當代現象的首選操作者,而不是關注群體、階級或其他社會類別。最近,Danilo Martuccelli(2006)透過「障礙」(hurdle）（法語 épreuve，測試的意思）的概念重新思考了這個主張。因為我們將研究定錨在社會學的觀點，所以障礙的概念具有特定的含義，它是一種透過特定視框研究社會現象的方法。Martuccelli 認為在多元化和個別化的社會中，很難理解社會類別和社會邊界的新形式，因此，為了產生有用的描述，我們需要追蹤個人的路徑，以了解他們如何經歷這些社會阻礙。這種理論性影響類似於 Dewey 的實用主義，是透過社會問題或經驗來理解社會。不同之處在於 Martuccelli 的視框是一個社會和歷史過程，而不僅僅是一個「問題」。

備忘錄 3：客位 vs. 主位 (a)

在參考了我關於觸發、社會經驗和障礙的閱讀和備忘錄之後，我們決定將類別重新命名為「挑戰」，我們將嘗試根據資料來辨識，讓觀察到的現象成為每個受訪者生活經歷中「社會挑戰」的特徵。

備忘錄 4：客位 vs. 主位 (b)

社會挑戰是一種客位觀點，是我們作為知情研究者的觀點；而主位觀點是參與者的觀點。

透過我們的橫向分析，我們嘗試在某種程度上加入那些客位和主位的觀點。

三、步驟三：在縱向分析與橫向分析之間來回

使用關於社會挑戰的理論性備忘錄，我們將回到 14 個縱向分析來「測試」或演繹我們的假設。我們之前辨識的情節是否與社會挑戰有關？因為我們已經濃縮了每份資料的資訊，所以我們不需要真的再全部閱讀一遍，我們有很好的理解，並且有相關的資訊來測試我們的工作性假設。我們投入縱向分析的時間在這個階段獲得了回報。

　　這一步驟包括對每個類別中社會人口統計資料的影響提出疑問，有了質性分析軟體的幫助，這部分變得相當容易。我們可以搜尋我們的資料庫，看看類別、主題或簡單的語義濃縮代碼是否在性別間、年齡間或地理位置間存在著差異。它簡單化測試假設的過程，可以很快速地捨棄那些不受資料支持的假設。

四、步驟四：回到研究問題

　　在整個橫向分析過程中，定期地回到研究問題是必要的。在此過程的一開始，研究問題聚焦在社會和政治參與的一般性歷程。然而，即使只分析了四個案例和備忘錄，我們也可以稍微將研究問題重新定向到社會挑戰所導致的不同社會參與之間更具體的關係上。現在問題可能是：投入社會參與的個人如何應對個人挑戰？這個方向將引導我們分析投入社會參與者的個人生活如何與其參與行為相關聯。我們也可以問一個更理論化的問題：人們如何在一個日益個體化的社會中投入社會參與？這將引導我們進一步去解釋社會歷程如何推動人們發展獨特性。在個體化過程中，文化規範和經濟掙扎迫使個體在身為員工、消費者或「幸福」的家庭成員時發展出獨特性。現在要理解基於階級、種族或性別等傳統界限的社會類別是困難的，然而，當人們失業、經歷不平等或汙名化時，他們就能理解自己在面對這些社會關係時是無能為力的。這些不是單一的問題，個人是在他們獨特的生活中體驗社會。

　　橫向分析步驟已在14個案例中舉例說明了四個，對於接下來的十份資料，我們將再次執行這些步驟。我們的研究問題可能會有所調整，但當我們的研究問題的答案明確時，分析工作就會結束。這意味著當我們的重要類別（例如挑戰或創造性過程）達到飽和，並且我們能夠解釋類別與研究問題之間的關係時，分析工作即告一段落。

　　這兩個例子顯示，即使來自相同的實徵性資料，也會出現不同的分析過程與結果。

肆、本章摘要

　　本章說明了羊皮書卷的第二層，亦即完成資料橫向分析所需要的步驟。這個過程需要對你從上一個縱向分析階段產出的分析結果進行深度的比較，目標是要將縱向分析的結果整合到一個具連貫性的整體。我們呈現了兩個橫向分析的例子。第一個例子是逐步向你說明如何進行詮釋性劇碼論述分析的橫向分析，我們藉由整合從 Parenti 演講稿和 Jodi 訪談逐字稿產出的縱向分析結果來說明這個過程。第二個例子是向你說明如何用受紮根理論和敘說分析啟發的混和方法進行橫向分析。我們從社會參與研究計畫的 14 位參與者中選出 Parenti 的演講稿、Jodi 的訪談逐字稿以及另兩位參與者的資料來說明這個過程，並與你分享在此橫向分析過程中所產生關於我們初始研究問題的想法。

你的研究計畫檢核清單

是時候對你的資料進行橫向分析了，為此你需要：

√ 獨立完成至少兩份資料的縱向分析。

√ 回到你對你選擇的方法所做的閱讀，查看分析步驟是否明確地清楚說明，以利於完成橫向分析。

√ 回到你找到的其他方法論文獻，這些文獻具體說明你所選擇的方法的應用。「後續你應該閱讀」中的清單也許有幫助。不幸的是，當進入到整個分析過程時，方法論文獻有時並非很具體，對橫向分析來說更是如此。請從我們在本章中向你說明的內容中汲取靈感。

√ 使用本章和你先前的閱讀來採用或創立必要的步驟列表，以對為研究計畫蒐集或產出的資料進行橫向分析。再次提醒，花時間定義每個步驟，就像是你正在向某人說明一樣。在你的分析過程中，以及在你撰寫研究計畫或報告的方法論部分時，這項工作都能為你提供幫助。

√最後，檢視這個過程。嘗試按照你設計的路徑整合為你的計畫產出的兩份資料縱向分析結果。此時的目標既是完成對幾份資料的橫向分析，又是調整此橫向分析的過程。你要的是確保可以從第一次經驗中有所學習，以便促進、明確和系統化所有資料的橫向分析。

後續你應該閱讀

Frank, Arthur. 1995. *The Wounded Storyteller: Body, Illness, and Ethics*. Chicago: Chicago University Press.

* 這本健康社會學著作呈現了使用敘說分析對數十位病人進行橫向分析的結果。書中所呈現的橫向分析採用類型學的形式。它連接了本章所涵蓋的橫向分析階段和下一章將介紹的類型學理論。

Miles, Matthew B. and A. Michael Huberman. 1994. *Qualitative Data Analysis: An Expanded Sourcebook*. London: Sage. And the more recent version: Miles, Matthew B., A. Michael Huberman and Johnny Saldaña. 2013. *Qualitative Data Analysis: A Sourcebook of New Methods*. Thousand Oaks, CA: Sage.

* 這本書是質性研究的經典之作。雖然深受紮根理論的影響，但它也是其他傳統的重要靈感來源，可以啟發其他傳統如何發展比較場域內和場域間不同資料的方法。作者堅信「你只能分析你能展示的東西」這句話，因此他們專注於使用圖、表、圖形、矩陣。

Wetherell, Margaret and Jonathan Potter. 1986. *Mapping the Language of Racism: Discourse and the Legitimation of Exploitation*. New York: Columbia University Press.

* 這本專著是透過詮釋性劇碼進行論述分析而產出研究報告的完整示例。即使沒有明確詳細說明橫向分析的過程，但藉由閱讀對八十多位歐裔白人紐西蘭

人進行訪談以了解他們與原住民毛利人的融洽關係，進而完成的嚴謹性分析結果，你也能體會它的分析過程。

想獲得更多支援與啟發嗎？這裡有線上資源可以幫忙！請使用**詞彙表教學字卡**掌握關鍵詞，查看**SAGE案例和期刊文章資料庫**中的實際方法，並跟隨本書中所討論資料的完整逐字稿逐步分析。

第九章
理論化與呈現研究結果

圖 9.1　我們在研究過程中的位置

在本章你將學習：

● 熟悉一些機制，將你在分析階段中縱向和橫向分析產出的結果加以理論
化：依類型學進行分類、運用對比鮮明的角色，以及在實徵性資料與文
獻概念之間建立對話。

● 了解並避免我們在質性研究中容易犯的一些常見錯誤：因摘要、過度引
用或孤立引用、選邊站、錯誤計算以及過度聚焦特徵而導致未充分分
析。

● 藉由強調反思性來提升研究品質，亦即讓你的決定透明化、使用與討論
反例，以及具體說明研究限制。

壹、前言

　　任何分析策略都會為研究者提供一些指引，以作為對實徵性資料進行縱向
分析（一次一份資料，詳見第七章）的步驟，或也可成為橫向分析（進行資料
間的比較，詳見第八章）的步驟。然而，羊皮書卷的下一個分析層，亦即理論
化，是一個較少被說明的過程，因而導致要達成的目標是更加模糊。理論化的
這一層必須讓我們能夠回答不斷發展的研究問題，因此，它應該讓我們能夠根
據實徵性證據做出詮釋。這個答案，因為基於豐富的質性資料，會有很多細微
的差別。這裡的挑戰是要將最重要的回應元素加以綜合，亦即使它們易於理解，
同時保留實徵性資料的豐富性。在研究過程這個階段的工作包括：展示我們的
詮釋，並說服讀者相信它的影響力。這項任務意味著要克服三個挑戰，第一個
是要求濃縮資料，使其達到高度抽象；第二個涉及記錄我們將資訊帶到這個抽
象層級的過程，我們必須實徵性地證明所採用的理論要素，必須能從期刊文章、
論文或研究報告中找到證據；第三個挑戰是熟練地以書面形式呈現所有內容。
因此，書面表達的準確性和結果呈現的清晰度是第三層分析的基本目標。

　　在本章的前半部分，我們探索在理論化和呈現研究結果時具幫助性的工具：
依類型學進行分類、帶出對比鮮明的角色，以及建立對話以豐厚概念。這些不

是達成理論化的唯一方法，但肯定是一個很好的起點。然後，在本章的後半部分，我們強調了在理論化和呈現研究結果時的一些「注意事項」。我們首先陳列一些須避免的錯誤示例，並透過討論反思性來結束本章。反思性是對良好研究品質有很大貢獻的原則。

貳、依類型學進行分類

　　無論使用何種質性研究方法，研究者的工作都包括產出一種詮釋，這種詮釋對於沒有看到或經歷過其所研究獨特現象的人來說別具意義。要使現象易於被理解，需要你辨識關係或建構連結。在自然科學和社會科學中，都是透過歸納分類讓現象變得可理解。我們將這種抽象關係分類的練習標記為：類型學（Schnapper, 2005）。在法國社會學傳統中，這種複雜連結的歸納分類是歷史社會科學特有的（Passeron, 2006）。

　　例如，如果我們想了解權力關係對社會參與實踐的影響，我們將必須對在資料中發現的權力關係進行分類。經驗不足研究者的第一個反應是分析基於個人社會地位而建立的關係，但這並不符合抽象關係的分析，相反的，這是基於社會角色的分類（Martuccelli, 2005）。例如，根據受訪者的社會經濟地位或他們的專業角色對訪談進行分類，就如同在統計分析中處理依變項和自變項一樣。抽象關係分析要處理的是社會行為者、社會和文化規範之間的關係。我們可以辨識人們或組織所擁有的權力其社會表徵與其實踐之間的連結，進而了解他們的社會地位如何影響這些關係。

　　在接下來的段落中，我們介紹四種形式的類型：

1. 描述性類型。
2. 概念性類。
3. 定位。
4. 理想類型。

一、描述性類型

描述性類型是第三層分析的一個階段，而不是研究結果。事實上，根據內部相似性和外部差異的標準對關係進行分類，是分析階段的一個持續性過程。這種分類藉由將在分析過程中圍繞著「核心意義單元」（Coenen-Huther, 2006）而發展的分析式關係加以聚集，是歸納性的過程。這種類型的聚集必然會導致我們放棄那些對於選擇的分析核心「意義不大」的元素。因此，在後續的分析過程，有一定程度的資料耗損是不容忽視的。

舉例來說，在對高中生參與學生會的情況進行研究時，我們找出了兩種類型的行動者，他們鼓勵學生參加學校選舉並參與其中：(1) 人際媒介；(2) 機構媒介。在訪談中，學生們說出在進入高中時鼓勵他們參與的人是誰，我們根據這些人與參與者的關係類型將他們分類。人際媒介與參與者有橫向關係，是其個人和家庭網絡的成員。機構媒介具有階層關係，並在學校內具有教育的角色。

我們很快地在機構媒介這個類別中找出一個子類別，我們發現成年人會用和年輕人建立橫向關係的方式來跳脫他們專業「角色」的正常界限。由於他們在教育機構中的社會地位本質以及與年輕人的關係類型，這種現象促使我們提出一個新的社會類別：職業媒介。因此，透過結合鼓勵年輕人參與的媒介特徵，我們開始辨識一些處於動員歷程核心的社會關係，如表 9.1 所示。

表 9.1　描述性類型

人際媒介	同儕（兄弟、姊妹、朋友）
	重要他人（父親、母親、家族成員）
機構媒介	教授、教育人員、教練、輔導員
職業媒介	啟發年輕人並與年輕人有橫向關係的教授或其他專業人員
無法分類	英雄、具鼓舞性的公眾人物

　　我們將那些在動員過程中發揮重要作用、能鼓舞人心的人物歸入「無法分類」的類別。為了避免排除不「適合」我們詮釋模式的資料，建立此類類別很重要。如同為詮釋階段保留的資料一樣，有必要以有條不紊的方式來處理要捨棄的資料。必須不計一切代價地避免將沒有「一致性」符合理論性分析層的資料從實徵性資料中消除的風險。這個過程相當於提出研究者的「有見識的」意見，而不是緊抓住實徵性資料來建構論點。因此，研究的品質和嚴謹性取決於在過程中對要捨棄的元素進行嚴謹的分類。首先，忽略這些資料會造成資料透明度的問題，而這是質性研究中有效性的標準之一。第二，不適合詮釋模式的資料通常可以作為重要的詮釋依據，「對比案例」，即非典型資訊的存在，迫使我們進一步精煉我們的詮釋。

二、概念性類型

　　抽象類型的建構是根據研究者透過縱向和橫向分析層建立的詮釋或工作假設，如果我們回到受紮根理論原則啟發的研究例子（第七章與第八章），我們的研究問題「人們如何投入社會參與？」引導我們對參與形式形成詮釋性見解。以我們的資料以及受訪者敘說中的情節為基礎，我們形成下列的假設：(1)參與的能見度；(2)參與的機構化程度。這兩個抽象關係讓我們能更好地區分參與形式。

　　縱向與橫向分析讓我們專注在能見度這個類別的意義單元，分析的第三層讓我們能區分此類別的納入和排除標準。我們必須回到我們的分析、我們的意義單元和我們的敘述，以便根據實徵性資料精煉我們在有形參與和無形參與之間建立的差異。這種理論性分析引導我們定義可見的參與實踐之間的內部相似性標準，反之也定義外部差異的標準。在這個例子中，這些差異被歸類在「無形參與」的範疇內。表9.2呈現了這些結果。

表 9.2　概念性類型

有形參與	無形參與
社會參與主要發生在家庭之外	社會參與發生在家庭之內和／或之外
敘說充分展示出分享問題的渴望	敘說聚焦在關注他人此一理性思維
參與的敘說是由認可一個理想、一個利益和一個群體的需求所驅動	參與的敘說是由真實性的理性思維和自我認可所驅動
參與的重點是影響機構的立場	行為者的參與是聚焦在個人的互動
參與包含陌生人在內	參與不必然包含陌生人在內

　　另一個區分參與者不同參與實踐的重要特徵，是參與實踐出現在哪一種社會「形式」中。政治社會學的學術文獻區分了參與的機構形式：長期存在受同儕認可的團體，以及零星「非正式」形式的參與。透過訪談，我們看見了這兩種形式。有像 Parenti 一樣的人，隸屬於正式機構（工會、社運團體、組織），這些社會組織可以有不同的定位（無政府主義者或其他），它們存在了很長一段時間，並被群體外的人所認可。然而，在 Jodi 的例子中，我們可以看到正式和非正式的做法。她參加了一個政黨，但她花了大量時間幫助在其所居住社區中有經濟和情緒困難的婦女。因此，她的社會參與是非正式的。

　　我們回到 Georges Simmel（1896）關於社會形式概念的教導，試圖辨識參與形式的特徵。Simmel 首先根據時間的持久性確定了「機構」的形式，因此，我們很容易辨識人們參與某些組織的持久性。有些機構是超越物理位置的：工會、女權社會運動、學生運動、共產黨、教會；有些組織的成立具有歷史和地域的永久性：華盛頓的美國國會、加拿大議會、蒙特婁大學或威斯康辛大學。表 9.3 將兩種參與形式的區分標準加以系統化。

三、定位

　　定位（mapping）包括將正在研究的案例（檔案文件、訪談、分析類別等）置於正在建構的空間類型學中（Demazière, 2013），此定位是分析的中間階段，

表 9.3　機構形式的參與

機構形式的參與	非機構形式的參與
參與具有歷史永久性的組織	參與臨時性的組織
參與具有地域性的組織	參與去地域性（de-territorialized）的網絡
參與大眾認可的組織	參與未被大眾認可的組織
參與具有集體使命的組織	參與不一定在具有集體使命的組織或網絡內，因為參與可以被視為一種「生活方式」

也就是說，它不一定要被放在報告中。它允許我們思考假設、質疑邊陲案例，並掌握「節點」（by nodes）類型學可以消除的細微差別。

如果我們回到上面呈現的概念性類型，社會參與的兩種融洽關係使我們建立兩條軸線，沿著這兩條軸線可以定位受訪者的承諾。但正如我們先前所提到的，有必要回到資料以精煉我們的分析，那就是定位可以發揮功用的時候了。

定位（見圖 9.2）允許我們置放我們的案例（在此情境是參與者）以辨識「不可分類」的內容。我們使用「正式－非正式」以及「有形－無形」這兩種分析式關係來形成一個平面圖。每當我們試圖定位參與者的敘說時，我們都會對其與機構的關係以及其參與的可見性提出疑問。我們透過以下方式對我們的類型提出疑問：它有助於回答我們的研究問題嗎？所做的詮釋是否有助於我們理解所觀察到的現象？採用的類型是否充分說明所研究的對象，或者在案例定位時，它是否受到太多扭曲？如果我們回到本書第一章，我們在這裡舉例說明的即是演繹操作，我們「測試」由溯因和歸納產生的詮釋。

四、理想類型

「理想類型」是韋伯傳統（Weberian tradition）的一部分，對 Weber 來說，研究者可以使用一個理想的結構來形塑分析，一個根據其觀察而建構成的結構。如果我們回到第七章與第八章所討論的由紮根理論和敘說分析混和成的方式，我們可以根據案例的類型來找出五種類別的參與者。在圖中，我們按照不同類

參與的實踐

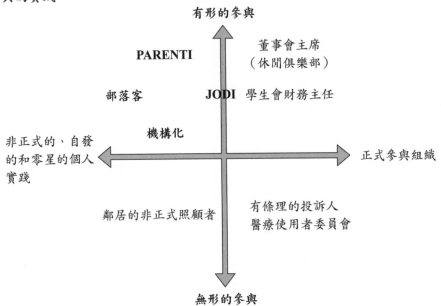

圖 9.2　依據社會參與的實踐來定位不同的參與者

別（正式－有形；正式－無形；非正式－有形；非正式－無形）的納入和排除
標準，呈現每個案例的定位。

　　在呈現我們的資料時，我們只會使用理想類型來解釋我們的分析。例如，
我們會解釋「好鄰居」此一類別，代表那些經常透過他們的鄰近社交圈、而不
是透過組織來貢獻時間進行參與的人。我們會列出「好鄰居」的特徵：一個四
十多歲的女人，她的孩子在讀高中，住在勞動階層的地區。因此，理想類型使
我們能夠理解一種社會現象。

　　在分析中，我們的男性參與者和女性參與者一樣多，但由於數字無密切相
關，我們只想描述看起來最重要的。通常是女性在其有償工作活動中擔任照護
的職位，或者是女性接受專業人士或組織的服務。例如，在我們的樣本中，有
一個無家可歸的女性參與了一個社會住宅的團體，但她認為自己是一個「好鄰

居」，因為她的參與主要包括幫助年輕的街頭女孩，將她們引向資源和關鍵人物。

　　為了回答我們的研究問題，我們將呈現透過類型學而建構的理想類型：「好鄰居」、「有影響力的人」、「志願者」、「網路空間參與者」以及「中輟者」（不活躍）。我們將根據資料中蒐集的事件和實踐，替與每種理想類型相關的參與者提出一個敘說。以下是一個中輟者理想類型的例子。

（一）理想類型的例子：中輟者

　　為了適應因接受高等教育而搬去的新環境，Martin 自願執教一支曲棍球隊，這是一項他在初級聯賽中打了很多年的運動，初級聯賽是職業聯賽之前的最後一個級別。這種志願服務經歷也使 Martin 能夠在涉及專業領域的層面進一步發展：教育。他的意圖是結識對執教曲棍球感興趣的同齡成年人，並思考他所精熟運動的教育實踐。他了解曲棍球的世界，但並不十分了解他所在城市的人民，而且他第一次體驗當教練的角色。

　　他很快意識到，他正在違反一個潛規範：他正在訓練一群年輕男孩，而他自己卻不是為人父母。該小組的幾名成員質疑他的動機：他可能是戀童癖者嗎？為了消除嫌疑，他的女朋友挺身支持並參與了大部分的練習。引述他的解釋，如果：「（我）一直單身，我可能會被指控為戀童癖……隨便你怎麼說。但至少……我知道有些人……總是……在那種環境中，你總是覺得你被監視。」

　　作為一名教練，每週需要大量的志願服務時間，並且必須在週末早上很早就出現在賽場上。這不是一個彈性和零星的承諾，投入是很重要的，因為在魁北克和加拿大，曲棍球是一項「全國性」運動，人們非常重視這項運動，甚至在年幼的孩子中也是如此。雖然 Martin 的參與要求極高，但球員家長並不認可這一點，家長們很難信任他，挑戰他做事的方式和他的決定。矛盾的是，當他們知道他有教育方面的專長時，反而對他的技能更加懷疑：

但我在很多事情上受到指責，因為每個人都在問我：「你在做什麼？」並且知道我是那個（老師）……我記得一位家長說：「最重要的是他是一名老師，而他竟然做那件事！」是啊（笑！）……我特別想到一位家長，她非常煩人，她總是想干涉每件事、控制每件事。我好像有用我的手背推開她，於是她就去抱怨。

這是一個很艱辛的經驗，Martin 說自己受到言語上和身體上的威脅。到底哪裡出錯了？為什麼他的志願服務，原本的目的是讓他與新環境中的人建立更好的連結，但結果卻是使他更孤立？Martin 難以理解這種情況。

我知道這個詞：裙帶關係——是這樣嗎？當我們在說朋友的朋友時。但是，我……我並不是朋友的朋友。我就是那樣出現並提供服務的一個人，如果你願意的話，我離核心還不夠近，所以我受到的保護較少。

我們使用 Martin 不知道這個環境的非正式規則此一事實來解釋這種現象，他是一個局外人。最近的研究強調缺乏參與更多是因為中介社會（組織、網絡與團體）的因素，而非個人目標（理想、政治理念）的因素。

在一項非常保守的運動實踐中，人們不斷提醒他和其他人的不同之處：一個 40 歲還在讀書的成年人、一個不是父母的教練、一個來自另一個城市的人。他在教育和曲棍球領域的過高資歷，甚至對他來說似乎是不利的。他可能對組織的既定秩序構成了威脅——它通常是一個由同一家族或血統控制的組織。曲棍球是一項「家庭事務」，是父親為兒子謀求職業生涯的夢想。曲棍球，對於成年人來說，他們通常不再玩，但仍然是他們日常談話的主題、他們的社交方式。他們每天討論球員交易、這個或那個球員的滑稽動作、收聽電台聽眾來電直播節目和觀看體育節目。

儘管擁有相同的語言、相同的種族血統和相同的曲棍球文化，Martin 卻有著特殊的狀態：他是一名年長的大學生，沒有全職工作，也沒有孩子。這些都

是將他與大多數其他身為父母的成年志願者或來到賽事場館的成年人區分開來的特徵。不是每個人都可以在這個環境中擔任志願者，要參與社會活動，仍然必須遵守團體的規範。如果不與當地人建立信任關係，就很難融入其中。Martin付出了很多代價才學會這件事。組織裡的人不保護他，他對組織的決策沒有影響力；他被拒絕了。因此，他和他們之間存在不平等的關係——那些他認為是核心的人。這些人已經在這裡生活多年，他們的孩子在城市的曲棍球隊打球，了解生存和做事的方式。

這次的經歷是如此艱辛，以至於 Martin 和他的伴侶決定離開該地區，並完全放棄社會參與活動：「我們參與其中，我們嘗試了一些事情，你知道，我們試圖看到⋯⋯融入這個環境⋯⋯這讓你更加沮喪。你付出時間，你會覺得他們當著你的面嘲笑你。」他成為一位中輟者。

Martin 的案例特別有趣，因為它顯示了被一個群體接受的難度。他沒有正式參與的經驗，面對權力遊戲和團體規範時顯得無能為力：如何在不被排斥的情況下，反對群體的做法？如何建立信任連結？我們可以想像一些少數群體在加入同質性相當高的志願服務組織時可能會遇到的困難。

Martin 的經驗似乎並非罕見，在許多政治或社會激進團體和組織中，少數人控制著這些組織的發展，從而限制了沒有掌握該團體內隱規則的新人的參與。組織文化，而不是理想（causes）（借用 Hirschmann 的詞彙），往往是放棄的原因。的確，當一個人既不能表達自己的想法，也不能證明自己的忠誠時，就會選擇退出——成為中輟者。

參、帶出對比鮮明的角色

雖然類型學有助於確定參與者在概念性連續線中的相互關係，但帶出參與者在其敘述中提及的對比角色，是一種描繪每份資料之間動力和多樣性的方式。

我們在前面的章節中看到，為了建立假設性命題，積極尋找資料中的對比是很有成效的。雖然一些分析策略是以分析變化性為基礎，例如透過詮釋性劇

碼進行論述分析，但有些分析策略並未明確地以此分析任務為主。對比摘錄內容以找出參與者在其演講、訪談或文本（在檔案文件的情況下）中所追求的事物以及參與者在其敘述中扮演的角色，可以是一種辨識分析路徑的有效方法。為了說明對比和角色對理論化過程的影響，我們將使用 Parenti 演講的一些摘錄。

當我們在表達自己時，我們並不總是呈現得清晰、連貫和穩定。我們似乎自相矛盾，我們會大聲測試自己的一種樣子，然後切換到另一種樣子。這就是所謂展演自己的意思。我們的角色並非總是有條理地進行排演，我們是多元的、猶豫不決的，即使是在寫作的時候。與其將這些對比視為缺乏真誠的指標，不如將其當作我們分析的定錨點，並就不同角色完成的行動提出假設。看看以下摘錄：

> 還有其他時候，當我們如此專注於個人成就時，我們忽略了這種集體努力以及它發生的社會脈絡。所有個人的努力也是一種集體的社會努力。

> 我記得我去俄亥俄州演講時，Sandy Levinson 跟我說：「嗯，你知道，這些事情（大規模動員和抗議）可能發生在像……」——他對為什麼這些事情會發生在像密西根、麥迪遜、柏克萊這樣的地方進行了非常精彩的分析。他說：「它不會發生在俄亥俄州。」然後，我發表了演說。四天後，俄亥俄州有重大突破，人們走上街頭與警察抗爭。

如果沒有正當性，人們會透過如何展開社會變革的願景來表達社會運動的經驗。從演講一開始，Parenti 就強調了歷史的力量、集體的力量和脈絡形塑出來的影響力。然而，雖然他公開認同政治左派，並分享對世界的結構性理解，但他的敘說中幾乎沒有結構決定論。正如我們在上面第二段摘錄中所看到的，清楚地說明個人動能的力量。此外，他所說的統治權力即使不是個人化的（personalized），也往往是個別化的（individualized）：

那些致力於讓世界免受不平等影響的人。

那些想要利用世界上的土地、勞動力、技術、自然資源和市場進行資本積累的人，這種資本積累使少數人愈來愈富有，相對於那些想要利用這些東西來集體改善大多數人福祉的人。

我們確實有證據證實那些從未進行過內心對話的人，他們現在都掌權了。

他所鎖定的權力體現在一群人中，而不是結構性權力。事實上，在整個演講中沒有提到結構，然而，有兩次提到「系統」：

然後我開始質疑製造出這些領導者的系統。

而系統所做的是，他們進行人身攻擊。他們攻擊抗議者，所以他們讓抗議者本身成為問題，而不是我們所抗議的事情。

在最後一個例子中，系統是可識別個體的集合體：「他們」。它不是透過人們行動的抽象力量。這種強烈植根於個人意識和行動的社會變革觀點，允許責任和價值的分配——這貫穿整篇演講。我們有點諷刺地描述，但在 Parenti 如何成為社會運動家的敘說中，有好人和壞人、有鬥士和他的敵人、有真正的正義尋求者和虛偽的正義尋求者，他們在符合自身利益時站在權力的那一邊。有些人物受到表揚，有些人物受到批評。這個生命故事有強烈的道德基調。

利用個體化和集體化的連續線，調和了使特定人物成為英雄的可能性，同時仍然承認背景中歷史和結構的力量。至少在這個案例，社會變革的歷史和結構觀點幾乎扮演免責聲明的角色，根據這種觀點，個人的努力也必然是集體的成就：它們被提及並很快被遺忘，以便將舞台留給 Parenti 敘說中那些動員起來

的個別角色。

當以這種方式蒐集對比時，我們看到參與者依靠許多角色來組合他們的故事。他們可以在個人英雄和結構性決定因素承擔者、害群之馬和權威人物、尋求正義者和受害者等等之間進行交換。意識到角色的多樣性，並尋找場景和型態來定義參與者何時依賴這個或那個角色來講述故事，是一種建立該故事所講述的社會參與文本觀點的方法。記錄參與者所動員的多重角色，也是一種創造社會參與敘事結構，並理解每個研究參與者隨時間和時代而持續發展的社會參與生涯的方法。因此，由受害感激發的社會參與生涯，其目標在解決個人傷痛，主要從受苦者、受傷者、弱者等角色的角度來講述；而由一種尋求正義使命（修復集體性傷痛）激發的生涯，主要是從倡導者和改革運動的鬥士等其他角色的角度來講述，這兩種社會參與的生涯可能會有不同的軌跡和形式。因此，尋找對比和角色是公正對待每一個社會參與軌跡內在動力的一種方式，也是一種辨識社會腳本的方式，無論是主流的，還是邊緣的，一個文化群體或一個時代仰賴社會腳本來理解社會參與的意義。

肆、建立對話以豐厚概念

歸納質性研究的最終產品，可以用豐厚概念的形式來充分捕捉人們的經驗。根據定義，概念是複雜實踐、想法或過程的抽象實體代稱，被用來區分出一些實踐、想法和過程。為了有助於分析，它們需要被操作化，也就是必須清楚說明它們的面向和元素。因此，豐富雕琢的概念不僅是幫助我們將資料理論化的工具，也是一種研究成果，其本身就是一種貢獻。為此，在資料和與該主題有關的文獻中發現的既有概念兩者之間進行對話，可以幫助研究者進行理論化。

例如，當 Jodi 談到她在女性與工會運動的經驗時，區分了志願服務者和社會運動家。她提出的對比有助於證實這種概念上的差異，也因此為我們研究問題的答案增加了細微差別：參與形式如何隨著歷史和結構轉型而改變？（詳見第六章以了解我們的初步研究計畫。）

　　一些實徵研究不加區別地使用一般性類別來指稱社會參與，例如社會投入、社區參與、志願服務和社會運動（Binder and Blankenberg, 2016），有些則將志願服務和社會運動加以區分（Gilster, 2012）。

　　為了有助於在這裡的舉例，我們將限制自己使用 Jodi 的訪談和 Gilster（2012）的研究來概念化志願服務和社會運動之間的區別。不過，所有從我們資料中發現的志願服務和社會運動相關實徵資料，以及我們關於該主題的全部文獻回顧，對於最終的研究報告都是有貢獻的。

　　Jodi 曾參與政黨和社區活動，她根據參與的性質區分社會運動和志願服務。她將自己視為社會運動家，將她母親描述為自願服務者：

> 訪談者：但是政府的角色是什麼？政府給予公民的幫助類型是什麼？
>
> Jodi：我想，對於那些不從事政治工作或不考慮政治的人來說，這將是一個困難的問題。就像我的媽媽一樣，她是個非凡的志願者，無論如何你都會問我，就像我想有很多志願者只是沒有思考這些層次。我媽媽沒有任何政治分析。

以及

> 像我媽媽這樣的人對她的志願服務時間做出的選擇，與政治分析一點關係都沒有。你知道，我問她問題，主要是逗她，比如：「那你為什麼要參加 CIBC 為乳癌治療而跑的活動，但我從來沒有聽你談論過關於政府沒有將資金投入在女性健康這件事？」就像，為什麼我們不討論何以我們需要為女性癌症進行私人募款？你知道的，諸如此類。

　　Jodi 認為志願服務主要與正式組織有關，她列舉了她母親參與的不同委員會、專業協會以及愈來愈多的慈善組織，如骨質疏鬆症協會和癌症協會。

　　Jodi 將志願服務定義為提供服務，她注意到，在她母親的志願服務生涯中，

她的母親已經專業化，並成為她所提供的服務的專家，這優先於她所從事的志業：

> 我認為對她來說，也發生了另一個轉變，就是隨著時間的推移，她開始注意到她身為志願服務者在募款方面的特殊優勢，所以我在你的另一個問題中想到了她，因為很多團體都來找她去參加募款活動。隨著時間的推移她變得非常擅長，所以有時候我認為她不是根據組織，而是根據工作來選擇方案。

她進一步建議，志願服務的這種服務向度，其形式可以採取謹慎和可估量的任務，完成這些任務本身就是一種回報：

> 就像我認為她也喜歡組織一個完整的募款活動，她喜歡從頭到尾參與，而且我想她喜歡——我了解她。這是一個如此明顯的目標，對吧？所以我認為對她來說真正的重點是可以決定你想募多少錢。你去募款，你可以衡量它。她喜歡那些事。

雖然她承認自己有時需要完成短期和可估量的任務，但 Jodi 也提到她的社會參與形式所帶來的長期投入和對成功的模糊衡量標準：

> 所以當那個人說：「你願意來為我們的新婦女權利方案制定溝通策略嗎？」你知道，我想我總是思考一些如果我們實現這些目標可能發生的變化。所以它可能是巨大的、無法估量的、不可估量的變化，或者只是非常具體的變化，對吧？我的意思是，進行公眾意識覺察工作，有一部分是你永遠不知道你的成功是什麼。但是，你知道，我經常說，如果我們改變了一個人的想法，我們就做得很好，你知道嗎？這是關於改變態度和想法，而不是數字總和。

此外，當談到關於人們的生活方式時，沒有孩子的 Jodi 也提出了非常重要

的動機和意識的議題：

> 我們知道，一旦你為人父母，你就會開始關注諸如「哦，那裡應該有
> 一個停止標誌」或「天哪，那個體育場正在倒塌，我們應該為此做點
> 什麼」，或者「我孩子學校的食物要更好」之類的事情，或者不管人
> 們怎麼想。但我從不思考這些事情，因為它們不在我的腦海裡。他們
> 思考那種事情。或者你最近聽說了所有關於玩具召回的故事。是的，
> 所以我不屬於另一個（聽不清楚）世界，但我認為這一定與他們對志
> 願服務時間所做出的選擇有很大關係。所以，你知道，他們在賣巧克
> 力杏仁之類的東西。那是志願服務工作，對吧？

這種反思與行動目標相關，並強調了志願服務者與其所提供服務的潛在受
益者之間的關係。可以假設志願服務者的經驗可能會有所不同，無論他們是偶
爾參與銷售巧克力杏仁以籌募資金來修復他們孩子玩耍的體育場，還是他們參
與食物銀行送餐給他們不認識的身障貧困年長者。

現在，讓我們看看 Jodi 的概念化是否以及如何得到支持，並豐富文獻。在
Gilster 的量化研究中，她主張社會運動和志願服務之間的確存在著差異：

> 社會運動者尋求在鄰里、社區或全球層面創造變革，社會運動者將社
> 會結構視為要介入處理的目標，而不是工作的架構。Musick 與 Wilson
> （2008）認為社會運動的特徵是為了**集體利益**採取的**集體行動**……另
> 一方面，志願服務者尋求的是透過正式組織提供服務……研究支持社
> 會運動者以提供服務為導向的傳統觀點——志願服務者則將他們與社
> 會運動的政治內涵拉開距離（例如 Eliasoph, 1988; Wuthnow, 1991）。
> 當然，社會運動和志願服務之間的界限是模糊的：通常社會運動者做
> 志願服務者的工作，而志願服務者成為社會運動者（2012: 770-1，加
> 粗字為引用文獻所強調）。

　　她著手透過實徵性衡量社會運動者和志願服務者在社會參與中所經歷的幸福感和社會連結的類型和程度，並以此來記錄這種差異。為了在操作上區分這兩個群體，她針對一些參與社區方案者和任何採取地方改革行動群體提出問題。那些正向回答問題的人被歸類為社會運動者。研究者還訪談了一些人們可能已經投入時間的組織，詢問他們投入了多少小時。那些在正式組織中付出至少一小時的人被歸類為志願服務者。在分析了一項全面性調查的答案後，Gilster 確認社會運動者和志願服務者的經驗確實存在著差異。前者帶來賦權，後者讓人們體驗到較少的無望感，兩者都促進社會連結的提升（Gilster, 2012: 779）。

　　離完成還有一段距離，我們在社會運動和志願服務的概念化之間所建立的對話取自 Jodi 的世界觀和一篇期刊文章，此對話已經提供了一個更複雜的命題來操作化這些概念，如表 9.4 所示。

表 9.4　社會運動和志願服務之間概念性區分的豐厚觀點

向度	元素	概念	
		社會運動	志願服務
目標	目標的時間表	在任何層面創造政治和社會變革	提供服務
	對成功的估量	大多是長期的 大多是模糊的	大多是短期的 可估量的
行動的目標	與所服務的潛在受益者的關係	集體利益 參與者大多不認識	個人幸福感 參與者認識
媒介		透過社區團體或方案工作	透過正式組織工作
結果		賦權與提升社會連結	無望感減少以及提升社會連結

　　毫無疑問，這個操作化表格過於簡略，它具體化的議題在現實生活中是更具流動性的。然而，它捕捉到我們所說的要點：藉由在實徵資料和文獻之間建

立對話來豐厚概念。這是開啟理論化歷程的可行方法之一。

　　我們在這裡介紹了一些用來進行理論化和呈現結果的工具，無論是類型學、對比角色分析，還是資料與現有概念之間的直接對話。我們無法在這個議題上做到詳盡無遺，因為選擇是相當多的。然而，我們想提醒你留意在理論化和呈現研究結果時要避免的一些陷阱。

伍、確保研究品質

　　在本章的後半部分，一方面我們強調在進行分析與理論化時要避免的錯誤，另一方面我們也強調提升研究品質的原則。

一、須避免的錯誤

　　Antaki 等人（2003）在其富有洞察力的文章中，指出從使用論述分析進行的研究中所發現的一系列分析缺點。我們相信無論使用的分析策略是什麼，其中有五項缺點能更廣泛地應用於質性研究：

- 因摘要而導致未充分分析。
- 因過度引用或孤立引用而導致未充分分析。
- 因選邊站而導致未充分分析。
- 因錯誤計算而導致未充分分析。
- 因過度聚焦特徵而導致未充分分析。

　　為了組織我們對於應避免的錯誤所進行的討論，我們將參考這五個要素，並將它們與其他作者已經辨識的錯誤以及我們自己的詮釋和示例加以合併。

（一）因摘要而導致未充分分析

　　任何分析策略都需要研究者在某一階段或另一階段進行資料的濃縮，無論是透過辨識主題、或代碼、或敘說結構、或論述特徵，所有分析策略都需要研

究者從豐富資料的混亂中辨識和提取元素。這個分析步驟導致資料的複雜性降低，進而變成群集，使資料在後續的分析過程變得可管理。然而，如同之前所提到的（詳見第六章），將分析工作停在那裡是不夠的。列出資料中的主題並總結參與者對它們的看法，或者描述各種資料的敘說結構，只是準備步驟，必須要遵循這些步驟，以利於分析式拆解這些資訊群集。如同 Dumez（2012）準確地指出，在所有研究中，參與者（主位）和研究者（客位）的觀點之間存在著必然的緊張關係，詮釋是從這種張力中浮現的。在摘要階段就結束分析過程，可能導致概念性模式發展不完全的結果。如果在研究過程的早期採用捷徑進行田野工作，卻損害了閱讀和發展研究目的的概念化內容，就會發生這種情況。這就是 Burman（2004）所說的「未充分分析」，因為沒有提出研究問題。詮釋，一方面是研究者在文獻回顧和研究目的概念化之間創造的對話，另一方面是在資料之間創造的對話。為了產出豐富的詮釋，研究者必須藉由該主題的現有研究來滋養自己，並在實徵研究的基礎上，對主要概念和原則進行徹底的反思。如果沒有這些，研究者在資料面前會變得沉默，因為沒有範本（以前的作者和理論家）來參與關於資料的對話。

（二）因過度引用或孤立引用而導致未充分分析

「不要陳述，要證明」（Don't state, demonstrate）是研究領域中一句古老而睿智的格言。研究者僅提供創造性的詮釋是不夠的，詮釋還必須完全是以資料為基礎的。一些研究者將此原則理解為要詳細引用參與者的話，卻幾乎沒有將多個引用與研究者所詮釋的句子加以連結。如果引用參與者的話到用盡資料中發現的經驗其所有例子這種程度，勢必會使讀者感到困惑，而不是受到啟發。雖然有難度，但必須在陳述（提出一種詮釋）和論證（將詮釋建立在實徵資料的基礎上）之間找到正確的平衡。此外，對於主要是遵循歸納邏輯的研究來說，資料不應僅是用來支持現有的理論性主張，相反地，資料應該是進行理論化的主要來源，並有文獻的支持。

Jodi 用一生經歷少數群體的狀態，她經歷過身為女性的困難：「所以身為女性，你一直受到不公平的評價和對待……就像，身為一個獨立、有自我效能感的女性，與抵押貸款經理人、金融機構和制度以及世界打交道，我每天都有這種感覺。」她也經歷她所說的「滲透型的不正義」：「我的家人──我的父親、母親以及我的兄弟所經歷的種族歧視，感覺就像我的經驗一樣。」在她年輕的時候，身為魁北克法語區的支持者，要同時在英語區生活並不容易：「我是住在 Regina 的心理分離主義者，沒有盟友，沒有盟友……我確實感到非常疏離。」而且，因為她重視底層階級，所以她選擇住在貧困社區。簡而言之，無論是否願意，她都經歷了很多層次的邊緣化。這種活生生的經驗建立了我們所謂身為社會運動家的「經驗合理性」。她不僅僅是透過學校、書籍或志願服務工作敏覺這些事件起因，而是親身經歷過這種無能為力感。對於在草根運動中倡導社會變革的人來說，這種合理性可能特別珍貴。這與正向邊緣化的文獻相呼應，在這些文獻中，邊緣化被重新定義並作為力量（Unger, 2000）和象徵性資本的來源。

未充分分析也可能發生在光譜的另一端，在這種情況下，不是因為大量引用而導致未充分分析，而是過度依賴一個引用。將全部論點建立在從參與者所說的內容選擇出來的關鍵引用，可能是很具吸引力的，尤其是當那一段陳述概括了參與者對所研究現象的解釋時更是如此。例如，在關於他如何成為社會運動家的演講中，Parenti 說：

但我可以用一個字來概括，那就是狗。也就是說，我祖父有一隻棕色的狗，他給牠取名 Brownie；我叔叔 Nick 有一隻白色的狗，大隻、毛茸茸、白色的狗，他給牠取名 Whitey；我們有一隻狗，牠的身上有斑

點，大家都叫牠 Spotty。那就是我家人的想像力程度，就是那時候，
我知道我必須趕快離開這個地方，並且去上學。

我們可能希望將這段話單獨作為一個論點的主要基礎，根據該論點，Parenti
的社會流動性和後來的社會運動，都是個人強烈回應被剝奪經濟和社會資本的
家庭後而出現的結果。在某種程度上，這意味著過度分析整個資料中的一個主
張。儘管這可能很有吸引力，但挑出這樣的摘錄並不能公正地體現資料的豐富
性。在演講的後面，Parenti 說明了歷史與社會脈絡如何形塑他的社會軌跡。因
此，從資料中選擇的一個引用，並無法承擔結論的全部重量。此外，分析需要
的不僅僅是提出論證和解釋論證，還需要「是真的，參與者有說」。透過這樣
做，研究者實質上是將分析工作授權給參與者。

（三）因選邊站而導致未充分分析

不可否認，任何研究都具有道德成分，但產生知識並不是要評價一種現象、
一種做法或一個人，而是要為其提供全面性的說明或解釋。舉例來說，我們對
社會參與的分析，可以集中在譴責志願服務者和促進政治參與的社會運動者缺
乏政治意識覺察，如此一來，我們的報告與其說是分析，不如說是對人們態度
的評估。以個人的角度，研究者會偏愛某些行為、想法和基本原理，甚過其他
行為、想法和基本原理。然而，將它們作為呈現分析結果的組織原則進而推廣
它們，就如同選邊站了。話雖這麼說，研究者可以在他們的報告中總結出行動
和政策改變的建議，事實上，許多人認為從長期的角度來看，為了可能的社會
和政治發展而進行研究是合理的。然而，為了極大化此類發展的可能性，研究
者可能將目標放在揭示與所研究現象相關的動力或機制。例如，一項研究可能
會試圖揭示志願服務者軌跡與社會運動者軌跡中的關鍵要素，另一種可能性是
辨識和記錄在志願服務者和社會運動者其文化中提倡的世界觀。分析的目的是
對一種現象提供可靠的解釋，而不是透過犧牲其他參與者的利益，來支持某些

參與者提倡的特定觀點或行動方針。

（四）因錯誤計算而導致未充分分析

　　通常一些與質性研究相關的分析策略會指定進行量化，即內容分析。但是，在這種情況下，將此類分析當作量化或混合研究設計的一部分來進行介紹會更適切。然而，即使我們選擇質性方法來深入研究情境、現象或世界觀，偏愛量化的實證主義文化（詳見第一章）仍然常常是我們的默認立場，尤其是當我們缺乏經驗且不確定分析策略時，反射動作可能是根據資料中的主題、代碼、敘事特徵或詮釋性劇碼出現的頻率進行分級。這裡有一個例子：

> 我們命名為「觸發」的代碼在女性參與者陳述內容中的使用頻率，比
> 男性參與者高出兩倍，且使用的句子也更長。這可能代表女性的社會
> 參與生涯更加動盪，並且更清楚地表達她們進行社會參與的原因。

　　如果分析止於這種評估，分析基本上就是一種量化摘要的形式，只透過一般常識來解釋。這種錯誤的計算錯過了質性分析的重點。首先，質性分析感興趣的是變化性，資料中的重複或共同性當然很有趣，但無損於先前發現的異常和差異的重要性。異常和差異也需要被考量。再者，頻率並非是判斷重要性的指標。最後，確定資料中常見或罕見的內容可能會導致一個隱含的假設，即透過統計將調查結果推廣到更大的人口群是適當的。這是一個錯誤，因為質性研究通常是基於數量少的、有目的性的樣本。我們必須控制我們的計算反射反應。

（五）因過度聚焦特徵而導致未充分分析

　　注意所用語言的特殊性，是許多論述分析、敘說分析流派以及許多混和分析策略（如我們在第七章和第八章所呈現）的要求。這種對話語特徵的密切關注，例如隱喻、轉喻、個人使用「我們」這個代詞或使用被動形式（Parenti：「錢一直都是一個問題和擔憂。」）可以幫助我們發現許多進行分析的路徑。

然而，這些對話語特徵的辨識，仍然需要進行詮釋。在她論述社會科學研究中的敘說一書中，Czarniawska 警告我們：「許多對故事的存在著迷的年輕學者，繼續進行能顯示這種存在的研究……許多（研究）屬於『快看，媽，有敘說』的類型」（2004: 40-1）。解釋這些故事所扮演的角色、所使用的話語脈絡以所產生的結果，都是理解它們的必要條件。當然，這個建議與任何話語特徵都有關。

被告知要避免什麼可能有助於引導你進行分析，但除了避免這些陷阱之外，我們還想在本章的最後一部分提出建議，即在整個分析過程中實踐反思性以引導分析進行的重要性。

二、良好分析的品質：反思性

身為研究者要培養的最重要技能是反思性。反思性是一種能力，指能夠看到自己的思考、意識到思維是如何將實徵性令人費解的情況加以組裝，以及願意提出問題來測試發展中的想法。見證我們分析資料的方式，至少在兩個重要方面是有幫助的。首先，它餵養分析，幫助分析愈加成熟。第二，這是進行更紮實研究的關鍵因素。反思性分析具有三個相互關聯的特徵：分析歷程的透明度、願意承認與討論反例，以及有能力具體說明與討論研究限制。

（一）透明度

研究者需要向第三方明確說明在整個分析過程中採取的步驟、思考的困境和做出的選擇。舉例來說，在以詮釋性劇碼論述分析來進行 Parenti 談話的縱向分析時，我們提到了將資料細分為反思性和經驗性兩種聲音的初步決定，這種邏輯不僅是為了讓資料更易於管理，也是為了滿足我們的直覺，即這兩種聲音會調動不同的劇碼。當完成縱向分析時，我們提到我們的直覺沒有得到證實，而且兩種聲音都部分地調動了相同的劇碼。這是一個平淡無奇的透明度示例，允許讀者評估在分析中投入的關注，以及評估管理分析決策的基本原理。理想情況下，我們的目標應該是為讀者提供可靠的分析，類似於在一家好餐廳用餐

的體驗：不僅食物美味，而且主廚還會來到你的桌前，為你講解食材的選擇、香料的調配，以及主菜和配菜的互補性。了解創作的準備過程，會增加對結果的享受和賞識。

（二）使用與討論反例

　　根據我們的經驗，無論在研究計畫中資料來源數量多麼的少，所形成的詮釋與資料的某些部分之間都會存在著矛盾。要雕琢出一個同等適用於所有資料的分析式主張，是有難度的。例如在我們的社會參與研究中，我們看到在參與者中出現一種模式，此模式將個人的不公正經歷與其參與社會和政治領域加以連結。然而，有兩位參與者並不符合這個模式，在他們的陳述中，沒有提到在加入各自的社會正義組織之前，曾經歷過某種形式的不公正。我們可以將這些反例轉化為具影響力的分析，而不是壓制它們。例如，雖然他們可能沒有提到親身經歷過不公正的事，但這兩位參與者是否提到在他們親近的人際關係裡曾目睹過不公正的事？他們的陳述是否強調他們參與公共領域時發生的政治鬥爭？難道他們對不公正現象有相當高的敏感度，有能力辨識不公正的現象以及認同那些遭受痛苦的人，進而足以觸發參與的渴望嗎？我們可能會傾向於將反例視為阻礙，然而，在我們的資料中積極尋找反例，並使用反例來發展更好的詮釋，是強化我們結論的好方法。舉例來說，我們對 Parenti 演講的論述分析顯示，它是基於個人主義的價值觀，並提倡個人意志對社會變革的重要性。在我們的分析中，我們本可以忽略或淡化 Parenti 承認歷史和結構的力量是變革驅動力的部分，因為這似乎與我們最初關於個人意志重要性的說明相互矛盾。但是相反的，藉由詢問個人價值觀與集體價值觀之間的關係，我們得出的結論是後者是對前者的免責聲明，實際上讓它們更加緩解。這樣的說明如何成功地說服讀者是另一回事，但使用反例來改進分析，無疑是一種值得發展的反射性反應。當我們無法找到一種方法來發展足以涵蓋所有研究中案例的詮釋時，最好的做法就是提及它，並大聲的反思為什麼會這樣。討論反例代表了研究者的嚴謹性，可以

提高研究的可信度，它所表達的是，我們並沒有將形成的詮釋不惜一切代價地強加於資料上。

（三）具體說明研究限制

具體說明研究限制能夠提升文稿的品質，但讓我們清楚說明在這裡所說的限制是什麼。很多時候，我們閱讀的研究報告在方法論部分或結論的一部分，會以自嘲的方式來寫研究限制。事實上，作者會特別說明由於自己沒有對更廣泛的樣本進行調查，因此結果不能推論到更廣泛的社會運動家群體；或者因為作者只訪談了參加正式社會正義組織的社會運動家，所以該研究與那些願意花時間照顧鄰居孩子或為一些年邁鄰居購物的人無關。以上這些不是我們所說的的那種限制。它們是經過仔細思考後（希望是）的方法論決定。具體說明研究限制並不是指為我們沒有選擇進行的研究而道歉，我們所說的是承認我們確實選擇去進行的研究中的缺點。例如，中上階級且不關心政治的研究者，可能想討論其階級和政治背景，對和貧困青年進行關於他們的政治參與的訪談所造成的影響。這些特徵如何影響研究者產出資料的類型和品質？權力關係在訪談中如何展現？哪些主題被遺漏或難以討論？我們在這裡提到的限制是所選擇執行研究計畫的內部議題，為了閱聽人的利益，應該明確反映這些議題。

陸、本章摘要

在最後一章，我們深入研究了理論化的過程，並向你介紹產生類型學的不同方法。我們還討論了在你的資料中探索角色多樣性的可能性，以及在你的實徵資料和概念之間展開對話的過程（如同它們在文獻中被定義的那樣）以豐厚它們。此外，我們也討論了理論化過程中常見的錯誤：因摘要、過度引用或孤立引用、選邊站、錯誤計算以及過度聚焦特徵而導致未充分分析。最後，我們強調了反思性，亦即具體說明你所做決定的能力。這種能力可以強化你的研究，並轉化為研究的透明度，尤其是開放地討論反例和研究限制的意願。

你的研究計畫檢核清單

現在，你對理論化的過程更加熟悉了，你可以：

√ 選擇一些跟你的主題有關、並與你的研究方法相似的實徵性研究，仔細閱讀它們，以辨識在這些文本採用了什麼理論化機制。作者如何從描述實徵研究結果到詮釋它們？使用了哪些明確或隱含的理論化機制（類型學、在資料與概念之間進行對話等）？你能想出一種方法來進一步發展詮釋嗎？你會如何進行？

√ 使用相同的實徵性研究，仔細閱讀它們的詮釋段落，並分析這些段落。它是怎麼寫的？此段落的結構是什麼？作者如何將實徵資料（如果有的話）帶入此段落？你有看到我們在本章所討論的任何錯誤嗎？其他錯誤呢？這些錯誤是可避免的嗎？是否因詮釋的優勢而彌補了這些錯誤？

√ 再次使用相同的實徵性研究，辨識作者用來使你相信他們的結果和詮釋的策略。他們使用什麼指標來聲明其結果和詮釋的品質？他們有提到研究的限制嗎？如果有，他們提到了什麼？他們如何處理或解釋這些限制？你會如何進行呢？

√ 最後，使用你之前產出的橫向分析部分內容（見第八章，當比較兩份資料後），並且嘗試發展一種類型、一個地圖，帶出對比鮮明的角色；如果適合的話，試著在你的實徵資料與文獻關鍵概念之間進行對話。此時的目標是嘗試我們在這裡列出的可能性，並評估它們是否有助於發展你對所研究現象的理論化。無論你是使用我們在此建議的理論化機制，還是你在上述練習分析的實徵研究中發現的機制，你現在都更能超越單純的描述，發揮創造力並訓練你的詮釋性想像力，以發展對所研究現象的實質性詮釋。

後續你應該閱讀

Alasuutari, Pertti. 1996. 'Theorizing in Qualitative Research: A Cultural Studies Perspective'. *Qualitative Inquiry* 2(4): 371-84.

- 在這篇文章中，Alasuutari解釋了社會科學的目標，更具體地說是文化研究的目標，是產生解釋特定現象的中層理論。他使用沙漏的類比和他對工人階級男性（也是酒吧常客）所進行田野調查的詳細例子，說明他如何著手產生詮釋以理解所研究的社會結構。

Silverman, David. 2005a. 'Quality in Qualitative Research', pp. 209-26 in *Doing Qualitative Research: A Practical Handbook*, ed. D. Silverman. Thousand Oaks, CA: Sage.

- Silverman是質性研究的重要人物，他在本章中提供了一個嚴肅的指引，以提高研究的效度和詮釋的可靠性。他為所建議的每個指標提供許多具體的例子。本章對採用訪談的研究者來說特別有趣。

Timmermans, Stefan and Iddo Tavory. 2012. 'Theory Construction in Qualitative Research: From Grounded Theory to Abductive Analysis'. *Sociological Theory* 30(3): 167-86.

- 這篇期刊文章以令人信服的方式呈現溯因推理的成果，並利用分析中的異常和新穎性來產生理論的重要性，超越僅僅單純的描述或實質性發現。我們推薦你閱讀這篇文章，尤其是如果你採用紮根理論或受其啟發的較簡單分析類型，例如質性的內容分析與主題分析。然而，不論你使用何種方法，這篇文章都值得一讀。

Trent, Allen and Jeasik Cho. 2015. 'Interpretation Strategies: Appropriate Concepts', pp. 639-57 in *The Oxford Handbook of Qualitative Research*, ed. P. Leavy. Oxford: Oxford University Press.

- 本章以通俗易懂的方式精闢地說明詮釋的含義、實現詮釋的過程以及研究者在此過程中的角色。作者以六個單字的字首縮寫 TRAVEL〔透明度（Transparency）、反思性（Reflexivity）、分析（Analysis）、效度（Validity）、證據（Evidence）以及文獻（Literature）〕來表示產出良好詮釋的建議。

Wolcott, Harry F. 2009. *Writing Up Qualitative Research*. Newbury Park, CA: Sage.

- 在這本書中，你會發現關於如何處理研究報告或論文寫作的大量技巧和建議，從時間管理到結構，從編輯自己的寫作到保持動機。無論你是否遇到完成寫作的困難，這都是很好的資源和鼓舞人心的讀物。

想獲得更多支援與啟發嗎？這裡有線上資源可以幫忙！請使用**詞彙表教學字卡**掌握關鍵詞，查看 **SAGE 案例和期刊文章資料庫**中的實際方法，並跟隨本書中所討論資料的完整逐字稿逐步分析。

詞彙表

- 溯因（Abduction）：我們想像問題及其可能答案的心理過程。形成最佳解釋的一種推論。

- 細胞抽樣（Cell sampling）：基於選擇類別的抽樣，但它們可以重疊。

- 理解取向（Comprehensive approach）：一種社會科學觀點，相信從主體的生活經驗和人類實踐中詮釋真實的重要性。

- 概念（Concept）：根據《韋伯字典》，它是「從特定實例推論而來的抽象或通用見解」。

- 結構主義知識論（Constructionist epistemology）：基於真實是部分由社會建構而成的信念，我們對它的了解是研究者與真實之間的一種建構。

- 建構主義知識論（Constructivist epistemology）：基於真實是完全由社會建構而成的信念，我們對它的了解需要考量到這一點。

- 建構主義本體論（Constructivist ontology）：基於真實是完全或部分由社會建構而成的信念。

- 隱蔽觀察（Covert observation）：指研究者盡可能透露最少關於他們身為研究者身分和研究目的等相關資訊的情況。

- 批判現實主義知識論或批判現實主義者或批判現實主義（Critical realist epistemology or critical realist or critical realism）：其信念是客觀真實存在於我們之外，但我們透過感官、認知基模和知識對真實所形成的不同類型的理解是由社會建構而成的。

- 演繹（deduction）：以普遍前提為基礎的邏輯運思，我們從中推斷出特定資訊。

- 歷時性的或歷時性地（Diachronic or diachronically）：關於一段期間內的現象。

- 揭露觀察或揭露（Disclosed observation or disclosure）：指研究者選擇明確揭示自己的身分和研究目的，並預先處理參與者反應的情況。在這種情況下，研究者試圖建立信任關係，並在環境中停留足夠長的時間以「融入」其中。
- 論述（Discourse）：我們翻譯了《拉魯斯字典》（*Larousse Dictionary*）的定義（該定義解釋了此專有名詞的常見用法，並有助於理解 Foucault 對論述的看法）：一組由特定和一致的邏輯結合在一起的陳述，由不一定屬於自然語言的規則和法則組成，並提供關於物質性或想像性實體的資訊。
- 主位（Emic）：指參與者的觀點。
- 實徵性（Empirical）：我們用這個詞來指稱真實的具體表現，這種表現是可以被感官所捕捉的。在此種脈絡下，「實徵性」一詞與理論性或概念性是相對立的。當我們說實徵性研究時，是指該研究建立在對任何形式研究資料的分析之上，並且不限於概念性文本。
- 知識論（Epistemology）：是「對知識的性質和基礎的研究，尤其是關於知識的局限性和有效性的研究」（www.merriam-webster.com/dictionary/epistemology）。
- 客位（Etic）：指研究者的觀點。
- 推論（Generalization）：研究者將實徵觀察到的關聯性，擴展到尚未實徵觀察的更大範圍人群、情境或現象的過程。從特殊到一般，從具體到抽象的過程。
- 霸權論述（Hegemonic discourse）：在一個文化範疇內的主流性論述。
- 橫向分析（Horizontal analysis）：多個資料的比較分析，無論是一段期間的觀察、訪談或是檔案文件。目標是找出全部實徵資料的共同性和差異性。
- 假設（Hypothesis）：對科學問題的初步解釋。
- 假設演繹（Hypothetico-deduction）：研究者首先需要建立一個假設，然後使用研究資料對該假設進行測試，最後透過接受或拒絕該假設來得出結論的模式。假設演繹不同於歸納和溯因的模式。

- 歸納（Induction）：研究者據以產出廣泛理解或從頭建立理論的模式，該模式首先是以蒐集或產出的實徵資料為基礎。

- 慣例（Institution）：我們支持將慣例定義為長期存在並被接受為特定社會重要組成部分的習俗或傳統（*Cambridge Advanced Learner's Dictionary & Thesaurus* © Cambridge University Press）。

- 詮釋與詮釋性理解（Interpretation and interpretive understanding）：我們支持將詮釋（和詮釋性理解）定義為一種方法，該方法強調理解具意圖性人類行為的重要性。就語義而言，任何陳述都是一種詮釋。詮釋性典範與其他趨勢的區別，在於承認任何關於社會世界的陳述，都必然與其他陳述相關（*Collins Dictionary of Sociology*, 3rd edition. © HarperCollins Publishers 2000）。

- 詮釋性劇碼（Interpretative repertoires）：繼 Wetherell 與 Potter（1988: 172）之後，我們將詮釋性劇碼定義為「相對內部一致的、有界限的語言單元」，通常由許多參與者或檔案文件共享。它們具有特定的語言特徵，例如語義網絡和比喻。

- 反覆性歷程（Iterative process）：反覆是在一個過程中重複一個序列的行為。反覆性歷程是為了接近預期目標而重複進行決策和分析目標的序列。

- 在地知識（Localized knowledge）：沒有渴望成為普遍知識，而是與時間和地點相關的知識。

- 邏輯實證主義（Logical positivism）：強調驗證主義極其重要的哲學流派。依據此流派，只有可以透過實徵驗證的，才算是科學知識。

- 形而上學（Metaphysics）：在希臘語中，meta 的意思是超越，形而上學意指超越物理性真實。它也是哲學的一個分支，探究超出科學知識的事物，例如上帝的存在。

- 方法論取向（Methodological approach）：指導研究者對世界進行探討的概念、前提和原則的連貫性集合體。方法論取向是由本體論和知識論立場決定的（上游），並且體現在研究工具的選擇上（下游）。

- 方法（Methods）：一套捕捉真實元素的工具。

- 敘說（Narrative）：是一種主觀時間線索，人們用它來安排一系列事件，並分享他們的經驗。

- 本體論（Ontology）：「關於存在的本質或存在事物的種類」的討論或反思（www.merriam-webster.com/dictionary/ontology）。

- 操作化（Operationalization）：一種分析式的過程，包括將一個複雜的概念拆開以辨識其向度、組成部分，有時還包括指標，以使該概念在實徵上是可觀察的。

- 實證主義知識論（Positivist epistemology）：此知識論基於知識是透過客觀性辨識自然法則而產生的此一信念。

- 實踐（Practice）：實踐是指人們採取的行動。對 Bourdieu（1980）來說，社會實踐同時是客觀的和主觀的。它是一種由社會規範和約束構成的行為，同時它是主觀的，因為它也是一個人可能想採取用來定位自己的一組行為。

- 程序性倫理（Procedural ethics）：法律、法規或規則中編纂的倫理。

- 目的性抽樣（Purposive sampling）：與隨機抽樣相反，此抽樣是基於資料來源的資訊價值。

- 定額抽樣（Quota sampling）：是基於要探索的最少案例來進行抽樣。

- 現實主義本體論（Realist ontology）：基於真實存在於觀察者之外此一信念。

- 反思性（Reflexivity）：能看到自己思考的能力，意識到大腦是如何組裝實徵性難題，並培養描述這個過程的能力。

- 表徵（Representation）：社會表徵是「被視為與被感知的事物相對應的心理狀態或概念」（*Oxford English Dictionary Online*, n.d.）。表徵與論述息息相關。區別在於社會表徵表示特定對象，例如酒精的社會表徵；而論述表示一個歷史性歷程，在這個歷程中，某種現象的更全面化觀點會得到發展。

- 研究設計（Research design）：展現研究探究的架構，其目的是在研究問題、研究議題、知識論觀點、理論架構和方法之間建立連貫性的關係。

- 嚴謹性（Rigor）：研究中的嚴謹性，就像在日常生活中一樣，是「極致徹底和謹慎的品質」（https://en.oxforddictionaries.com/definition/rigor）。
- 樣本、抽樣（Sample, sampling）：抽樣是使用明確的標準和原理，從更大項目群中選擇項目（無論是參與者、觀察地點、文件）。
- 科學知識（Scientific knowledge）：由研究者建構的知識，研究者以實徵觀察與邏輯主張為基礎來挑戰對真實的詮釋。
- 科學典範（Scientific paradigms）：對 Thomas Kuhn 來說，科學典範是科學家在特定時期內採用的一組概念和規則，科學典範會隨著時間的推移，因新的發現而改變。
- 語義（Semantic）：指對字詞或符號意義的研究。
- 情境（Situation）：鑲嵌在時間和空間中的社會互動。
- 滾雪球抽樣（Snowball sampling）：基於參與者的推薦，而產生其他參與者的抽樣方法。
- 統計推論（Statistical generalization）：研究者依照特定指標的統計代表性原則建構樣本的過程，以利於該樣本的結果可以應用於更大的群體。為了進行統計推論，研究需要有一個樣本，該樣本是縮影，可以代表其所來自的人口群主要特徵。
- 分層抽樣（Stratified sampling）：基於每個類別的回應者數量進行抽樣，以進行比較。
- 主觀上、主觀性（Subjectively, subjectivity）：真實和經驗是透過人類意識而被調節的。
- 同時性、同時性地（Synchronic, synchronically）：關於在有限時間內發生的事件。
- 理論性分析（Theoretical analysis）：也稱為分析式推論，指的是必須將案例（或實徵資料）與理論或概念連結起來的研究階段。

- 理論推論（Theoretical generalization）：研究者根據情境、個人資料和經驗的多樣性來建構樣本的過程，樣本在較大群體中存在的比例並不會被考量，以確保能產生豐富的分析，也就是對所建立的概念其所有向度的分析都會被呈現。跟統計推論不同的是，理論推論仰賴的是從研究中產出的概念，解釋類似現象的能力。

- 理論性抽樣（Theoretical sampling）：在整個田野工作中進行抽樣，分析工作是取決於被分析類別的飽和度。

- 可遷移性（Transferability）：可遷移性是指結果可以推論到其他脈絡的程度。

- 三角驗證（Triangulation）：蒐集或產出的資料需要被驗證或補充的原則，以確保能最準確地描述真實。

- 普遍性（Universal）：說明適用於同一個環境中所有情境的專有名詞。萬有引力定律是普遍性的，因為它可以應用於地球上的所有物體。

- 效度（Validity）：質性方法中的品質指標，指所產生的知識是基於透明的實徵事實，且詮釋是具連貫性的。

- 逐字稿（Verbatim）：口語溝通的逐字謄錄，無論是演講、談話或訪談。

- 逼真性（Verisimilitude）：可靠的、令人信服的、真實的、可信的屬性。

- 縱向分析（Vertical analysis）：將資料作為一個整體進行分析，無論是一段時期的觀察、訪談或檔案文件，目標是到達這個資料的核心。

參考文獻

Abrams, Laura. S. 2010. 'Sampling "Hard to Reach" Populations in Qualitative Research: The Case of Incarcerated Youth'. *Qualitative Social Work* 9(4): 536–50. doi: 10.1177/1473325010367821.

Adams, Jill. 2009. 'The Civil Restraining Order Application Process: Textually Mediated Institutional Case Management'. *Ethnography* 10(2): 185–211.

Alasuutari, Pertti. 1995a. 'Narrativity', pp. 70–84 in *Researching Culture: Qualitative Method and Cultural Studies*, ed. P. Alasuutari. London: Sage.

Alasuutari, Pertti. 1995b. *Researching Culture: Qualitative Method and Cultural Studies*. London: Sage.

Alasuutari, Pertti. 1995c. 'The Factist Perspective', pp. 47–62 in *Researching Culture: Qualitative Method and Cultural Studies*, ed. P. Alasuutari. London: Sage.

Alasuutari, Pertti. 1996. 'Theorizing in Qualitative Research: A Cultural Studies Perspective'. *Qualitative Inquiry* 2(4): 371–84.

Aluwihare-Samaranayake, Dilmi. 2012. 'Ethics in Qualitative Research: A View of the Participants' and Researchers' World from a Critical Standpoint'. *International Journal of Qualitative Methods – ARCHIVE* 11(2): 64–81.

Alvesson, Mats. 2002. 'Taking Language Seriously', pp. 63–89 in *Postmodernism and Social Research*, ed. M. Alvesson. Buckingham: Open University Press.

Alvesson, Mats. 2011. 'Rethinking Interviews: New Metaphors for Interviews', pp. 75–104 in *Interpreting Interviews*, ed. M. Alvesson. London: Sage.

Alvesson, Mats and Dan Karreman. 2011. *Qualitative Research and Theory Development: Mystery as Method*. Thousand Oaks, CA: Sage.

Andrews, Tom. 2012. 'What Is Social Constructionism?'. *Grounded Theory Review* 11(1) (http://groundedtheoryreview.com/2012/06/01/what-is-social-constructionism/).

Angrosino, Michael. 2003. 'L'Arche: The Phenomenology of Christian Counterculturalism'. *Qualitative Inquiry* 9(6): 934–54.

Antaki, Charles, Michael Billig, Derek Edwards and Jonathan Potter. 2003. 'Discourse Analysis Means Doing Analysis: A Critique of Six Analytic Shortcomings'. *Discourse Analysis Online* 1(1).

Arborio, Anne-Marie and Pierre Fournier. 1999. *L'enquête et ses méthodes. L'observation directe.* [Research Inquiry and Its Methods. Direct Observation]. Paris: Nathan Université.

Atkinson, Paul and Amanda Coffey. 1997. 'Analysing Documentary Realities', pp. 45–62 in *Qualitative Research: Theory, Method and Practice*, ed. D. Silverman. London: Sage.

Atkinson, Paul, Amanda Coffey, Sara Delamont, John Lofland and Lyn H. Lofland. 2001. 'Introduction to Part One', pp. 8–11 in *Handbook of Ethnography*, ed. P. Atkinson et al. London: Sage.

Atkinson, Paul, Sara Delamont and Martyn Hammersley. 1988. 'Qualitative Research Traditions: A British Response to Jacob'. *Review of Educational Research* 58(2): 231–50.

Bachelard, Gaston. 1999. *La formation de l'esprit scientifique* [Formation of the Scientific Mind]. Paris: Librairie philosophique Vrin (1st edition, 1938).

Becker, Howard S. 1963. *Outsiders: Studies in the Sociology of Deviance*. New York: Free Press.

Berger, Peter L. and Thomas Luckmann. 1966. *The Social Construction of Reality: A Treatise in the Sociology of Knowledge*. Garden City, NY: Anchor Books.

Bertaux, Daniel. 2010. *Le récit de vie – L'enquête et ses méthodes* [Life Narrative: Research Inquiry and Its Methods]. 3rd edition. Paris: Armand Colin.

Bhaskar, Roy. A. 1975/1997. *A Realist Theory of Science*. London: Verso.

Binder, Martin and Ann-Kathrin Blankenberg. 2016. 'Environmental Concerns, Volunteering and Subjective Well-Being: Antecedents and Outcomes of Environmental Activism in Germany'. *Ecological Economics* 124: 1–16. doi: 10.1016/j.ecolecon.2016.01.009.

Birch, Maxine and Tina Miller. 2000. 'Inviting Intimacy: The Interview as Therapeutic Opportunity'. *International Journal of Social Research Methodology* 3(3): 189–202.

Blanchet, Alain. 1987. 'Interviewer', pp. 81–126 in *Les Techniques d'enquête en sciences sociales. Observer, interviewer, questionner* [Research Techniques in Social Sciences. Observations, interviews and surveys], ed. A. Blanchet. Paris: Dunod.

Blanchet, Alain. 1989. 'Les relances de l'interviewer dans l'entretien de recherche. Leurs effets sur la modalisation et la déictisation du discours de l'interviewé' [The effect of the interviewer's prompts on the interviewee's discourse]. *L'année psychologique* 89(3): 367–91.

Blumer, Herbert. 1954. 'What Is Wrong with Social Theory?' *American Sociological Review* 18: 3–10.

Blumer, Herbert. 1969. *Symbolic Interactionism: Perspective and Method*. Englewood Cliffs, NJ: Prentice Hall.

Bourdieu, Pierre. 1980. *Le sens pratique* [Outline of a Theory of Practice]. Paris: Éditions de Minuit.

Bourdieu, Pierre, Jean-Claude Chamboredon and Jean-Claude Passeron. 1983. *Le métier de sociologue* [The Craft of Sociology]. Paris: Mouton.

Bowen, Glenn A. 2009. 'Document Analysis as a Qualitative Research Method'. *Qualitative Research Journal* 9(2): 27–40.

Brown, Sheila. 2006. 'The Criminology of Hybrids: Rethinking Crime and Law in Technosocial Networks'. *Theoretical Criminology* 10(2): 223–44.

Bruner, Jerome. 1987. 'Life as Narrative'. *Social Research* 54(1): 11–32.

Bruner, Jerome. 1991. 'The Narrative Construction of Reality'. *Critical Inquiry* 18(1): 1–21.

Bruner, Jerome. 2002. 'The Narrative Creation of Self', pp. 63–87 in *Making Stories: Law, Literature, Life*, ed. J. Bruner. Cambridge, MA: Harvard University Press.

Bryant, Anthony and Kathy Charmaz. 2007. 'Grounded Theory in Historical Perspective: An Epistemological Account', pp. 31–57 in *The Sage Handbook of Grounded Theory*, ed. A. Bryant and K. Charmaz. Thousand Oaks, CA: Sage.

Bülow, Pia H. 2004. 'Sharing Experiences of Contested Illness by Storytelling'. *Discourse & Society* 15(1): 33–53.

Burke, Shani and Simon Goodman. 2012. '"Bring Back Hitler's Gas Chambers": Asylum Seeking, Nazis and Facebook – A Discursive Analysis'. *Discourse & Society* 23(1): 19–33. doi: 10.1177/0957926511431036.

Burman, Erica. 2004. 'Discourse Analysis Means Analysing Discourse: Some Comments on Antaki, Billig, Edward and Potter "Discourse Analysis Means Doing Analysis: A Critique of Six Analytic Shortcomings"'. *Discourse Analysis Online* 1(1).

Burri, Regula Valérie. 2012. 'Visual Rationalities: Towards a Sociology of Images'. *Current Sociology* 60(1): 45–60. doi: 10.1177/0011392111426647.

Busino, Giovanni. 2003. 'La place de la métaphore en sociologie' [Metaphor's Role in Sociology]. *Revue européenne des sciences sociales* No. XLI–126: 91–101. doi: 10.4000/ress.539.

Butler-Kisber, Lynn. 2010. 'Phenomenological Inquiry', pp. 50–61 in *Qualitative Inquiry: Thematic, Narrative and Arts-Informed Perspectives*, ed. L. Butler-Kisber. Thousand Oaks, CA: Sage.

Campbell, Marie and Frances Gregor. 2002. *Mapping Social Relations: A Primer in Doing Institutional Ethnography*. Aurora, ON: Garamond Press.

Campenhoudt, Luc Van and Raymond Quivy. 2011. *Manuel de recherche en sciences sociales* [Research Handbook of Social Science]. 4th edition. Paris: Dunod.

Carabine, Jean. 2001. 'Unmarried Motherhood 1830–1990: A Genealogical Analysis', pp. 267–310 in *Discourse as Data: A Guide for Analysis*, ed. M. Wetherell et al. London: Sage and The Open University Press.

Carrabine, Eamonn. 2012. 'Just Images'. *British Journal of Criminology* 52(3): 463–89. doi: 10.1093/bjc/azr089.

Cellard, André. 1997. 'L'analyse documentaire' [Document Analysis], pp. 275–96 in *La Recherche qualitative. Enjeux épistémologiques et méthodologiques* [Qualitative Research. Epistemological and Methodological Issues], ed. J. Poupart et al. Montreal: Centre international de criminologie comparée.

Charbonneau, Johanne. 2003. *Adolescentes et mères* [Teenagers and Mothers]. Saint-Nicolas: Presses de l'Université Laval.

Charmaz, Kathy. 2000. 'Grounded Theory Objectivist and Constructivist Method', pp. 509–35 in *Handbook of Qualitative Research*, ed. N. Denzin and Y. Lincoln. Thousand Oaks, CA: Sage.

Charmaz, Kathy. 2014. *Constructing Grounded Theory*. 2nd edition. Thousand Oaks, CA: Sage.

Clarke, Adele E. 2005. *Situational Analysis: Grounded Theory after the Postmodern Turn*. Thousand Oaks, CA: Sage.

Coenen-Huther, Jacques. 2006. 'Compréhension sociologique et démarches typologiques' [Sociological Understanding and Typologies]. *Revue européenne des sciences sociales* No. XLIV–135: 195–205. doi: 10.4000/ress.272.

Collins Discovery Encyclopedia. 2005. London: HarperCollins.

Cooper, Geoff, Nicola Green, Kate Burningham, David Evans and Tim Jackson. 2012. 'Unravelling the Threads: Discourses of Sustainability and Consumption in an Online Forum'. *Environmental Communication* 6(1): 101–18. doi: 10.1080/17524032.2011.642080.

Corbin, Juliet and Anselm Strauss. 1990. 'Grounded Theory Research: Procedures, Canons, and Evaluative Criteria'. *Qualitative Sociology* 13(1): 3–21.

Creef, Elena Tajima. 2002. 'Discovering My Mother as the Other in the Saturday Evening Post', pp. 73–89 in *The Qualitative Inquiry Reader*, edited by N. K. Denzin and Y. S. Lincoln. Thousand Oaks, CA: Sage.

Creswell, John W. 2012. *Qualitative Inquiry and Research Design: Choosing among Five Approaches*. Thousand Oaks, CA: Sage.

Czarniawska, Barbara. 2004. *Narratives in Social Science Research*. London: Sage.

Daunais, Jean-Paul. 1992. 'L'entretien Non Directif' [Non-directive Interviews], pp. 273–93 in *Recherche sociale. De la problématique à la collecte de données* [Social Research. From Modelization to Data Gathering], ed. B. Gauthier. Sainte-Foy: PUQ.

De Fina, Anna and Alexandra Georgakopoulou. 2008. 'Analysing Narratives as Practices'. *Qualitative Research* 8(3): 379–87.

Della Porta, Donatella. 2013. *Can Democracy Be Saved? Participation, Deliberation and Social Movements*. Cambridge: Polity Press.

Demazière, Didier. 2013. 'Typologie et description. À propos de l'intelligibilité des expériences vécues' [Typologies and Description. Understanding the Lived Experience]. *Sociologie* 4(3): 333–47.

Demazière, Didier and Claude Dubar. 1996. *Analyser les entretiens biographiques. L'exemple des récits d'insertion* [Analysing Biographical Interviews. An Example of Social Insertion Narratives], Essais et recherches en sciences humaines [Essays and Research in Human Sciences]. Paris: Nathan.

de Montigny, Gerald. 2014. 'Doing Child Protection Work', pp. 173–94 in *Incorporating Texts into Institutional Ethnographies*, ed. D. E. Smith and S. M. Turner. Toronto: University of Toronto Press.

Deslauriers, Jean-Pierre and Robert Mayer. 2000. 'L'observation directe' [Direct Observation], pp. 135–57 in *Méthodologie de la recherche pour intervenants sociaux* [Research Methods for Social Services Professionals], ed. R. Mayer et al. Montreal: Gaétan Morin.

Diamond, Timothy. 1992. *Making Gray Gold: Narratives of Nursing Home Care*. Chicago: University of Chicago Press.

Dictionnaire Larousse en ligne (www.larousse.fr/dictionnaires/francais/discou rs/25859?q=discours#25733). Retrieved June 6, 2017.

Dilthey, Wilhelm. 1942. *Introduction à l'étude des sciences humaines. Essai sur le fondement qu'on pourrait donner à l'étude de la société et de l'histoire.* [Introduction to Human Sciences Study. Essay on the Principles of Studying Society and History]. Paris: Presses Universitaires de France.

Dubet, François. 1995. *Sociologie de l'expérience* [Sociology of Experience]. Paris: Seuil.

Dumez, Hervé. 2012. 'Qu'est-ce que l'abduction, et en quoi peut-elle avoir un rapport avec la recherche qualitative?' [What is Abduction? How It Is Related to Qualitative Research]. *Le Libellio d'AEGIS,* 8(3): 3-9. http://lelibellio.com/wp-content/uploads/2013/02/DOSSIER-Abduction.pdf.

Durkheim, Emile. 2013. *Le suicide* [Suicide]. Paris: Presses Universitaires de France (1st edition, 1897).

Elder-Vass, Dave. 2012. 'Towards a Realist Social Constructionism'. *Sociologia, Problemas E Práticas*, 70: 9–24.

Eliasoph, Nina. 1998. *Avoiding Politics: How Americans Produce Apathy in Everyday Life*. Cambridge: Cambridge University Press.

Ellis, Carolyn and Jerry Rawicki. 2013. 'Collaborative Witnessing of Survival During the Holocaust: An Exemplar of Relational Autoethnography'. *Qualitative Inquiry* 19(5): 366–80. doi: 10.1177/1077800413479562.

Esterberg, Kristin G. 2002. *Qualitative Methods in Social Research*. Boston, MA: McGraw-Hill.

Fairclough, Norman. 1995. *Critical Discourse Analysis: The Critical Study of Language*. London: Longman.

Fairclough, Norman. 2001. 'Critical Discourse Analysis as a Method in Social Scientific Research', pp. 121–38 in *Methods of Critical Discourse Analysis*, ed. R. Wodak and M. Meyer. Thousand Oaks, CA: Sage.

Farge, A. 1989. *Le goût de l'archive* [Allure of the Archives]. Paris: Seuil.

Festinger, Leon, Henry W. Riecken and Stanley Schachter. 1956. *When Prophecy Fails*. Minneapolis: University of Minnesota Press.

Finley, Nancy J. 2010. 'Skating Femininity: Gender Maneuvering in Women's Roller Derby'. *Journal of Contemporary Ethnography* 39(4): 359–87.

Flick, Uwe. 2006. 'Focus Groups', pp. 189–203 in *An Introduction to Qualitative Research*, ed. U. Flick. London: Sage.

Fontan, Jean-Marc and Isabel Heck. 2017. 'Parole d'exclués: croisement des savoirs, des pouvoirs et des pratiques au sein de l'incubateur universitaire. Parole d'exclués' [Exclusion: Cross-fertilization of Ideas, Powers and Practices within the University Incubator. Testimonies of marginalized people]. *Éducation et socialisation. Les Cahiers du CERFEE*, no. 45 (septembre): http://edso.revues.org/. doi:10.4000/edso.2540.

Fontana, Andrea. 2001. 'Postmodern Trends in Interviewing', pp. 161–75 in *Handbook of Interview Research*, ed. J. F. Gubrium and J. A. Holstein. Thousand Oaks, CA: Sage.

Fontana, Andrea and James H. Frey. 2005. 'The Interview: From Neutral Stance to Political Involvement', pp. 695–727 in *The Sage Handbook of Qualitative Research*, ed. N. K. Denzin and Y. S. Lincoln. Thousand Oaks, CA: Sage.

Foucault, Michel. 1971. *L'ordre du discours* [The Discourse on Language]. Paris: Gallimard.

Fouche, Fidéla. 1993. 'Phenomenological Theory of Human Science', pp. 111–44 in *Conceptions of Social Inquiry*, HSRC Series in Methodology, ed. J. Snyman. Pretoria: HSRC.

Frank, Arthur. 1995. *The Wounded Storyteller: Body, Illness, and Ethics*. Chicago: Chicago University Press.

Gee, James Paul. 2005. *An Introduction to Discourse Analysis: Theory and Method*. New York: Routledge.

Geertz, Clifford. 1973. *The Interpretation of Cultures: Selected Essays*. New York: Basic Books.

Gilster, Megan E. 2012. 'Comparing Neighborhood-Focused Activism and Volunteerism: Psychological Well-Being and Social Connectedness'. *Journal of Community Psychology* 40(7): 769–84. doi: 10.1002/jcop.20528.

Giorgi, Amadeo. 1985. *Phenomenology and Psychological Research*. Pittsburgh: Duquesne University Press.

Glaser, Barney G. 1978. *Theoretical Sensitivity: Advances in the Methodology of Grounded Theory*. Mill Valley, CA: Sociology Press.

Glaser, Barney G. and Anselm L. Strauss. 1965/1970. *Awareness of Dying*. Chicago: Aldine.

Glaser, Barney G. and Anselm L. Strauss. 1967. *The Discovery of Grounded Theory*. New York: Aldine.

Glaser, Barney G. and Anselm L. Strauss. 1968. *Time for Dying*. Chicago: Aldine.

Glaser, Barney G. and Anselm L. Strauss. 1971. *Status Passage*. London: Routledge & Kegan Paul.

Goffman, Erving. 1961. *Asylums: Essays on the Social Situation of Mental Patients and Other Inmates*. New York: Anchor Books.

Green, Helen. 2014. 'Use of Theoretical and Conceptual Frameworks in Qualitative Research'. *Nurse Researcher* 21(6): 34–8.

Greenwood, Davydd J. and Morten Levin. 2005. 'Reform of the Social Sciences and of Universities Through Action Research', pp. 43–64 in *The Sage Handbook of Qualitative Research*, ed. N. Denzin and Y. S. Lincoln. Thousand Oaks, CA: Sage.

Greimas, Algirdas Julien. 1966/1983. *Structural Semantics: An Attempt at a Method*. Lincoln: University of Nebraska Press.

Groenewald, Thomas. 2004. 'A Phenomenological Research Design Illustrated'. *International Journal of Qualitative Methods* 3(1): Art. 4.

Guba, Egon. G. and Yvonna S. Lincoln. 2004. 'Competing Paradigms in Qualitative Research: Theories and Issues', pp. 17–38 in *Approaches to Qualitative Research: A Reader on Theory and Practice*, ed. S. Hesse-Beiber and P. Leary. New York: Oxford University Press.

Gubrium, Jaber F. and James A. Holstein (eds). 2001. *Handbook of Interview Research*. Thousand Oaks, CA: Sage.

Halse, Christine and Honey, Anne. 2007. 'Rethinking Ethics Review as Institutional Discourse'. *Qualitative Inquiry,* 13(3): 336–52.

Harvey, Lee. 2011. 'Will Wright: Sixguns and Society', in *Critical Social Research*, ed. L. Harvey. London: Unwin Hyman (available at qualityresearchinternational. com/csr).

Heidegger, Martin. 1927/1962. *Being and Time*. San Francisco: Harper & Row.

Herman, Luc and Bart Vervaeck. 2005. *Handbook of Narrative Analysis*. Lincoln: University of Nebraska Press.

Hine, Christine. 2007. 'Multi-Sited Ethnography as a Middle Range Methodology for Contemporary STS'. *Science, Technology & Human Values* 32(6): 652–71. doi: 10.1177/0162243907303598.

Hirsch, Paul M. 1986. 'From Ambushes to Golden Parachutes: Corporate Takeovers as an Instance of Cultural Framing and Institutional Integration'. *American Journal of Sociology* 91: 800–37.

Hsu, Wendy F. 2014. 'Digital Ethnography toward Augmented Empiricism: A New Methodological Framework'. *Journal of Digital Humanities* 3(1) (http://journalofdigitalhumanities.org/3-1/digital-ethnography-toward-augmented-empiricism-by-wendy-hsu/). Retrieved June 15, 2014.

Jacob, Evelyn. 1987. 'Qualitative Research Traditions: A Review'. *Review of Educational Research* 57(1): 1–50.

James, Nalita and Hugh Busher. 2012. 'Internet Interviewing', pp. 177–92 in *The Sage Handbook of Interview Research: The Complexity of the Craft*, ed. J. F. Gubrium et al. Thousand Oaks, CA: Sage.

Jefferson, Gail. 2004. 'Glossary of Transcript Symbols with an Introduction', pp. 13–31 in *Conversation Analysis: Studies from the First Generation*, ed. G. Lerner. Amsterdam: John Benjamin.

Jorgensen, Marianne and Louise Phillips. 2002. *Discourse Analysis as Theory and Method*. London: Sage.

Kandel, Liliane. 1972. 'Réflexion sur l'entretien, notamment non directif et sur les études d'opinion' [Reflecting on Interviews. Non-directive Interviews and Surveys]. *Épistémologie sociologique* 13: 25–46.

Kindon, Sara, Rachel Pain and Mike Kesby. 2007. *Participatory Action Research Approaches and Methods: Connecting People, Participation and Place*. London: Routledge.

Kohler Riessman, Catherine. 1990. 'Strategic Uses of Narrative in the Presentation of Self and Illness: A Research Note'. *Social Science and Medicine* 30(11): 1195–200.

Kohler Riessman, Catherine. 1993. 'Practical Models', pp. 25–53 in *Narrative Analysis*, ed. C. Kohler Riessman. Newbury Park, CA: Sage.

Kohler Riessman, Catherine. 2008. *Narrative Methods for the Human Sciences*. Thousand Oaks, CA: Sage.

Kools, Susan. 2008. 'From Heritage to Postmodern Grounded Theorizing: Forty Years of Grounded Theory', pp. 73–86 in *Studies in Symbolic Interaction* Vol. 32, ed. N. K. Denzin et al. Bingley: Emerald.

Labov, William and Joshua Waletzky. 1967. 'Narrative Analysis', pp. 12–44 in *Essays on the Verbal and Visual Arts*, ed. J. Helm. Seattle: University of Washington Press.

Lapadat, Judith C. 2000. 'Problematizing Transcription: Purpose, Paradigm and Quality'. *International Journal of Social Research Methodology* 3(3): 203–19.

Laperrière, Anne. 2003. 'L'Observation directe' [Direct Observation], pp. 269–91 in *Recherche sociale. De la problématique à la collecte de données* [Social Research. From Modelization to Data Gathering], ed. B. Gauthier. Sainte-Foy: PUQ.

Larsen, Mike and Kevin Walby (eds). 2012. *Brokering Access: Power, Politics and Freedom of Information Process in Canada*. Vancouver: University of British Columbia Press.

Latour, Bruno. 1999. 'Circulating Reference: Sampling the Soil in the Amazon Forest', pp. 24–79 in *Pandora's Hope: Essays on the Reality of Science Studies*, ed. B. Latour. Cambridge, MA: Harvard University Press.

Latour, Bruno. 2005. *La Science en action. Introduction à la sociologie des sciences* [Science in Action]. Paris: Éditions La Découverte.

Latour, Bruno and Steve Woolgar. 1979/1996. *Laboratory Life: The Social Construction of Scientific Facts*. Beverly Hills, CA: Sage.

Lefrançois, David, Marc-André Éthier and Stéfanie Demers. 2009. 'Justice sociale et réforme scolaire au Québec. Le cas du programme d'Histoire et éducation à la citoyenneté' [Social Justice and Educational Reform in Quebec. The Case of the Curriculum of History and Citizenship Education]. *Éthique publique* 11(1): 72–85.

Lévi-Strauss, Claude. 1963/1999. *Structural Anthropology*, trans. C. J. and B. G. Schoepf. New York: Basic Books.

Lincoln, Yvonna and Gaile Cannella. 2009. 'Ethics and the Broader Rethinking/ Reconceptualization of Research as Construct'. *Cultural Studies: Critical Methodologies* 9(2): 273–85.

Lofland, John, David A. Snow, Leon Anderson and Lyn H. Lofland. 2006. *Analyzing Social Settings: A Guide to Qualitative Observation and Analysis*. Belmont, CA: Wadsworth/Thomson Learning.

Los, Maria. 2006. 'Looking into the Future: Surveillance, Globalization and the Totalitarian Potential', pp. 69–94 in *Theorizing Surveillance: The Panopticon and Beyond*, ed. D. Lyon. Cullompton: Willan.

Loseke, Donileen R. and Spencer E. Cahill. 1999. 'Reflections on Classifying Ethnographic Reflections at the Millennium's Turn'. *Journal of Contemporary Ethnography* 28(5): 437–41. doi: 10.1177/089124199129023514.

Madison, Soyini. 2005. *Critical Ethnography: Methods, Ethics and Performance*. Thousand Oaks, CA: Sage.

Malinowski, Bronislaw. 1922/1966. *Argonauts of the Western Pacific: An Account of Native Enterprise and Adventure in the Archipelagoes of Melanesian New Guinea*. London: Routledge.

Mallozzi, Christine A. 2009. 'Voicing the Interview: A Researcher's Exploration on a Platform of Empathy'. *Qualitative Inquiry* 15(6): 1042–60.

Marcus, George E. 1995. 'Ethnography in/of the World System: The Emergence of Multi-Sited Ethnography'. *Annual Review of Anthropology* 24(1): 95–117. doi: 10.1146/annurev.an.24.100195.000523.

Marcus, George E., Tom Boellstorff and Bonni Nardi. 2012. *Ethnography and Virtual Worlds: A Handbook of Method*. Princeton, NJ: Princeton University Press.

Marquart, James. 2003. 'Doing Research in Prison', pp. 383–93 in *Qualitative Approaches to Criminal Justice: Perspectives from the Field*, ed. M. R. Pogrebin. Thousand Oaks, CA: Sage.

Marshall, Catherine and Gretchen B. Rossman. 2006. *Designing Qualitative Research*. Thousand Oaks, CA: Sage.

Martineau, Stéphane. 2005. ' L'observation en situation: enjeux, possibilités et limites. L'instrumentation dans la collecte des données: choix et pertinence' [Situated Observations: Issues, Possibilities and Limits. Instruments in Data Collection: Choice and Relevance], pp. 5–17 in *Actes du Colloque de l'Association pour la Recherche Qualitative (ARQ)*, Hors-Série numéro 2, ed. C. Royer et al. Trois-Rivières: UQTR.

Martuccelli, Danilo. 2005. 'Les trois voies de l'individu sociologique' [The Three Roads of the Sociological Individual]. *Revue électronique des sciences humaines et sociales*. EspacesTemps.net (www.espacestemps.net/articles/ trois-voies-individu-sociologique/), June 8.

Martuccelli, Danilo. 2006. 'Forgé par l'épreuve' [Forged through Adversity]. *L'individu dans la France contemporaine* [The Individual in Contemporary France]. Paris: Armand Colin.

Maxwell, Joseph. 2013. *Qualitative Research Design: An Interactive Approach.* Thousand Oaks, CA: Sage.

Mayer, Robert and Marie-Christine Saint-Jacques. 2000. 'L'Entrevue de recherche' [The Research Interview], pp. 115–33 in *Méthodologie de recherche pour intervenants sociaux*, Research Methods for Social Services Professionals] ed. R. Mayer and F. Ouellet. Montreal: Gaétan Morin.

McGraw-Hill Dictionary of Scientific & Technical Terms. 2003. New York: McGraw-Hill.

McMullen, Linda, M. 2011. 'A Discursive Analysis of Teresa's Protocol: Enhancing Oneself, Diminishing Others', pp. 205–23 in *Five Ways of Doing Qualitative Analysis: Phenomenological Psychology, Grounded Theory, Discourse Analysis, Narrative Research, and Intuitive Inquiry*, ed. F. J. Wertz et al. New York: Guilford Press.

Mead, George Herbert. 1934/1963. *Mind, Self, and Society.* Chicago: University of Chicago Press.

Merleau-Ponty, Maurice. 1945/2012. *Phenomenology of Perception*, trans. D. A. Landes. New York: Routledge.

Merriam-Webster Online (https://www.merriam-webster.com/dictionary). Retrieved June 6, 2017.

Merton, Robert K. 1968. *Social Theory and Social Structure*, Enlarged edition. New York: Free Press.

Messerschmidt, James W. 1993. *Masculinities and Crime: Critique and Reconceptualization of Theory.* Lanham, MD: Rowman & Littlefield.

Michelat, Guy. 1975. 'Sur l'utilisation de l'entretien non directif en sociologie' [The Use of Non-directive Interviews in Sociology]. *Revue française de sociologie* XVI: 229–47.

Miles, Matthew. B. and A. Michael Huberman. 1984. *Qualitative Data Analysis: A Sourcebook of New Methods.* London: Sage.

Miles, Matthew. B. and A. Michael Huberman. 1994. *Qualitative Data Analysis: An Expanded Sourcebook.* London: Sage.

Miles, Matthew B., A. Michael Huberman and Johnny Saldaña. 2013. *Qualitative Data Analysis: A Sourcebook of New Methods.* Thousand Oaks, CA: Sage.

Mishler, Elliot G. 1986. *Research Interviewing: Context and Narrative.* Cambridge, MA: Harvard University Press.

Mol, Annemarie. 2002. 'Cutting Surgeons, Walking Patients: Some Complexities Involved in Comparing', pp. 228–57 in *Complexities*, ed. J. Law and A. Mol. Durham, NC: Duke University Press.

Monceau, Gilles and Marguerite Soulière. 2017. 'Mener la recherche avec les sujets concernés: comment et pour quels résultats?' [Conducting Research with the Concerned Subjects: How and for Which Results?]. *Éducation et socialisation* 45 (septembre): http://edso.revues.org/2525. doi:10.4000/edso.2525.

Moore, Robert J., E. Hankinson Gathman and Nicolas Ducheneaut. 2009. 'From 3D Space to Third Place: The Social Life of Small Virtual Spaces'. *Human Organization* 68(2): 230–40.

Moustakas, Clark. 1994. *Phenomenological Research Methods*. Thousand Oaks, CA: Sage.

Munhall, Patricia L. 2007. 'A Phenomenological Method', pp. 145–210 in *Nursing Research: A Qualitative Perspective*, ed. P. L. Munhall. Sudbury, MA: Jones and Bartlett.

Murthy, Dhiraj. 2008. 'Digital Ethnography: An Examination of the Use of New Technologies for Social Research'. *Sociology* 42(5): 837–55. doi: 10.1177/0038038508094565.

Musick, Marc A. and John Wilson. 2008. *Volunteers: A Social Profile*. Bloomington, IN: Indiana University Press.

Ocejo, Richard E. and Stéphane Tonnelat. 2014. 'Subway Diaries: How People Experience and Practice Riding the Train'. *Ethnography* 15(4): 493–515. doi: 10.1177/1466138113491171.

Ochoa, Alberto, Julio Ponce, Rubén Jaramillo, Francisco Ornelas, Alberto Hernández, Daniel Azpeitia, Arturo Elias and Arturo Hernández. 2011. 'Analysis of Cyber-Bullying in a Virtual Social Networking', pp. 229–34 in *11th International Conference on Hybrid Intelligent Systems*. Malacca, Malaysia.

Oliver, Carolyn. 2011. 'Critical Realist Grounded Theory: A New Approach for Social Work Research'. *British Journal of Social Work* 42(2): 371–87. doi: 10.1093/bjsw/bcr064.

O'Reilly, Karen. 2005. *Ethnographic Methods*. London: Routledge.

O'Toole, Paddy and Prisca Were. 2008. 'Observing Places: Using Space and Material Culture in Qualitative Research'. *Qualitative Research* 8(5): 616–34.

Oxford English Dictionary Online (https://en.oxforddictionaries.com/definition/representation). Retrieved June 6, 2017.

Paillé, Pierre. 1994. 'L'analyse par théorisation ancrée' [Grounded Theory Analysis]. *Cahiers de recherche sociologique* 23: 147–81.

Paillé, Pierre and Alex Mucchielli. 2003. 'L'analyse thématique' [Thematic Analysis], pp. 123–45 in *L'analyse qualitative en sciences sociales et humaines* [Qualitative Research in Social and Human Sciences], ed. P. Paillé and A. Mucchielli. Paris: Armand Colin.

Paillé, Pierre and Alex Mucchielli. 2010. *L'analyse qualitative en sciences sociales et humaines* [Qualitative Analysis in Social and Human Sciences]. Paris: Armand Colin.

Parazelli, Michel. 2002. *La rue attractive. Parcours et pratiques identitaires des jeunes de la rue* [Attractiveness of the Street. Paths and Identity of Street Youth], Collection Problèmes sociaux & interventions sociales, 5. Sainte-Foy: Presses de l'Université du Québec.

Pascale, Céline-Marie. 2011. *Cartographies of Knowledge: Exploring Qualitative Epistemologies.* Thousand Oaks, CA: Sage.

Passeron, Jean-Claude. 2001. 'La forme des preuves dans les sciences historiques' [Proofs in Historical Sciences]. *Revue européenne des Sciences Sociales* 39(120): 31–76.

Passeron, Jean-Claude. 2006. *Le raisonnement sociologique* [Sociological Reasoning]. Paris: Albin Michel.

Peled-Elhanan, Nurit. 2010. 'Legitimation of Massacres in Israeli School History Books'. *Discourse & Society* 21(4): 377–404.

Peretz, Henri. 1998. *Les méthodes en sociologie. L'observation* [Sociological Methods. The Observation]. Paris: La Découverte.

Perreault, Isabelle and Marie-Claude Thifault. 2016. *Récits inachevés : réflexions sur la recherche qualitative en sciences sociales.* [Unfinished Narratives. Reflecting on Qualitative Research in Social Sciences] Ottawa: Presses de l'Université d'Ottawa.

Peterson, Eric E. and Kristin M. Langellier. 2006. 'The Performance Turn in Narrative Studies'. *Narrative Inquiry* 16(1): 173–80.

Phillips, Nelson and Cynthia Hardy. 2002. 'The Varieties of Discourse Analysis', pp. 18–39 in *Discourse Analysis: Investigating Processes of Social Construction*, Qualitative Research Methods Series, ed. N. Phillips and C. Hardy. Thousand Oaks, CA: Sage.

Pinnegar, Stefinee and Gary D. Daynes. 2007. 'Locating Narrative Inquiry Historically: Thematics in the Turn to Narrative', pp. 3–34 in *Handbook of Narrative Inquiry: Mapping a Methodology*, ed. J. D. Clandinin. Thousand Oaks, CA: Sage.

Pires, Alvaro. 1997. 'De quelques enjeux épistémologiques d'une méthodologie générale pour les sciences sociales' [Epistemological Challenges for a General Methodology for Social Sciences], pp. 113–69 in *La recherche qualitative. Enjeux épistémologiques et méthodologiques* [Qualitative Research. Epistemological and Methodological Issues], ed. J. Poupart et al. Montreal: Centre international de criminologie comparée.

Potter, Jonathan. 2012. 'Re-Reading Discourse and Social Psychology: Transforming Social Psychology'. *British Journal of Social Psychology* 51(3): 436–55.

Poupart, Jean. 1993. 'Discours et débats autour de la scientificité des entretiens de recherche' [Debates on the Scientificity of Research Interviews]. *Sociologie et sociétés* XXV(2): 93–110.

Prelli, Lawrence J. and Terri S. Winters. 2009. 'Rhetorical Features of Green Evangelicalism'. *Environmental Communication: A Journal of Nature and Culture* 3(2): 224–43.

Prior, Lindsay. 2003. *Using Documents in Social Research*. Thousand Oaks, CA: Sage.

Prior, Lindsay. 2004a. 'Following in Foucault's Footsteps: Text and Context in Qualitative Research', pp. 317–33 in *Approaches to Qualitative Research: A Reader on Theory and Practice*, ed. S. Hesse-Biber and P. Leary. New York: Oxford University Press.

Prior, Lindsay. 2004b. 'Documents', pp. 345–60 in *Qualitative Research Practice*, ed. C. Seale et al. London: Sage.

Prior, Lindsay. 2008. 'Repositioning Documents in Social Research'. *Sociology* 42(5): 821–36. doi: 10.1177/0038038508094564.

Propp, Vladimir. 1968. *Morphology of the Folktale*. Austin: University of Texas Press.

Prus, Robert. 2003. 'Policy as a Collective Venture: A Symbolic Interactionist Approach to the Study of Organizational Directives'. *International Journal of Sociology and Social Policy* 23(6/7): 13–60.

Reynolds, Jill and Margaret Wetherell. 2003. 'The Discursive Climate of Singleness: The Consequences for Women's Negotiation of a Single Identity'. *Feminism & Psychology* 13(4): 489–510.

Richards, Lyn and Morse, Janice M. 2012. *README FIRST for a User's Guide to Qualitative Methods* (3rd edition), London: Sage.

Robert, Dominique and Shaul Shenhav. 2014. 'Fundamental Assumptions in Narrative Analysis: Mapping the Variety in Narrative Research'. *Qualitative Report* 19(38): 1–17.

Robinson, Oliver C. 2014. 'Sampling in Interview-Based Qualitative Research: A Theoretical and Practical Guide'. *Qualitative Research in Psychology* 11(1): 25–41. doi: 10.1080/14780887.2013.801543.

Rosenfeld Halverson, Erica, Michelle Bass and David Woods. 2012. 'The Process of Creation: A Novel Methodology for Analyzing Multimodal Data'. *Qualitative Report* 17: 1–27.

Roulston, Kathryn. 2011. 'Working through Challenges in Doing Interview Research'. *International Journal of Qualitative Methods* 10(4): 348–66.

Roy, Subhadip and Pratyush Banerjee. 2012. 'Finding a Way out of the Ethnographic Paradigm Jungle'. *Qualitative Report* 17(Art. 61): 1–20.

Said, Edward. 2000. 'Invention, Memory, and Place'. *Critical Inquiry* 26(2): 175–92.

Saldaña, Johnny. 2009. *The Coding Manual for Qualitative Researchers*. Thousand Oaks, CA: Sage.

Sanjari, Mahnaz, Fatemeh Bahramnezhad, Fatemeh Khoshnava Fomani, Mahnaz Shoghi and Mohammad Ali Cheraghi. 2014. 'Ethical Challenges of Researchers in Qualitative Studies: The Necessity to Develop a Specific Guideline'. *Journal of Medical Ethics and History of Medicine* 7: August (www.ncbi.nlm.nih.gov/pmc/articles/PMC4263394/).

Savoie-Zajc, Lorraine. 2003. 'L'entrevue semi-dirigée' [Non-directive Interviews], pp. 263–285 in *Recherche sociale. De la problématique à la collecte des données* [Social Research. From Modelization to Data Gathering], ed. B. Gauthier. Sainte-Foy: Presses de l'Université du Québec.

Schnapper, Dominique. 1999. *La compréhension sociologique.* [Sociological Understanding] Paris: Presses Universitaires de France.

Schnapper, Dominique. 2005. *La compréhension sociologique. Démarche de l'analyse typologique* [Sociological Understanding. The Typological Analysis Process], Édition revue et augmentée. Paris: Presses Universitaires de France.

Schutz, Alfred. 1973. *Structures of the Life-World.* Evanston, IL: Northwestern University Press.

Schwartz-Shea, Peregrine and Dvora Yanow. 2012. *Interpretive Research Design: Concepts and Processes.* London: Routledge.

Serres, Michel. 1995. *Conversations on Science, Culture and Time with Bruno Latour*, trans. R. Lapidus. Ann Arbor, MI: University of Michigan Press.

Shaffir, William. 1999. 'Doing Ethnography: Reflections on Finding Your Way'. *Journal of Contemporary Ethnography* 28(6): 676–86. doi: 10.1177/089124199028006009.

Silverman, David. 2005a. 'Quality in Qualitative Research', pp. 209–26 in *Doing Qualitative Research: A Practical Handbook*, ed. D. Silverman. Thousand Oaks, CA: Sage.

Silverman, David. 2005b. *Doing Qualitative Research: A Practical Handbook.* Thousand Oaks, CA: Sage.

Silverman, David. 2013. 'Innumerable Inscrutable Habits: Why Unremarkable Things Matter', pp. 1–30 in *A Very Short, Fairly Interesting and Reasonably Cheap Book about Qualitative Research*, ed. D. Silverman. London: Sage.

Simmel, Georges. 1896. 'Comment les formes sociales se maintiennent' [How Social Forms Persist]. *L'Année sociologique (1896/1897–1924/1925)* 1: 71–109.

Smith, Dorothy E. 2002. 'Institutional Ethnography', pp. 17–52 in *Qualitative Research in Action*, ed. T. May. London: Sage.

Spector-Mersel, Gabriela. 2010. 'Narrative Research: Time for a Paradigm'. *Narrative Inquiry* 20(1): 204–24.

Spector-Mersel, Gabriela. 2011. 'Mechanisms of Selection in Claiming Narrative Identities: A Model for Interpreting Narratives'. *Qualitative Inquiry* 17(2): 172–85.

Spencer, Jonathan. 2001. 'Ethnography after Postmodernism', pp. 443–51 in *Handbook of Ethnography*, ed. P. Atkinson et al. London: Sage.

Spradley, James. 1979. *The Ethnographic Interview*. New York: Holt, Rinehart and Winston.

Springgay, Stephanie, Rita L. Irwin and Sylvia Wilson Kind. 2005. 'A/R/Tography as Living Inquiry through Art and Text'. *Qualitative Inquiry* 11(6): 897–912. doi: 10.1177/1077800405280696.

Stake, Robert E. 1995. *Qualitative Inquiry and Research Design: Choosing among Five Approaches*. Thousand Oaks, CA: Sage.

Starkey, Ken and Andrew Crane. 2003. 'Toward Green Narrative: Management and the Evolutionary Epic'. *Academy of Management Review* 28(2): 220–37.

Strauss, Anselm L. and Juliet M. Corbin. 1990. *Basics of Qualitative Research: Grounded Theory Procedures and Techniques*. Newbury Park, CA: Sage.

TCPS 2. 2014. *Tri-Council Policy Statement: Ethical Conduct for Research Involving Humans*, Latest edition (www.pre.ethics.gc.ca/eng/policy-politique/initiatives/tcps2-eptc2/Default/).

Thai, Mai Thi Thanh, Li Choy Chong and Narendra M. Agrawal. 2012. 'Straussian Grounded-Theory Method: An Illustration'. *Qualitative Report* 17(Art. 52): 1–55.

Timmermans, Stefan and Iddo Tavory. 2012. 'Theory Construction in Qualitative Research: From Grounded Theory to Abductive Analysis'. *Sociological Theory* 30(3): 167–86. doi: 10.1177/0735275112457914.

Tracy, Sarah J. 2010. 'Qualitative Quality: Eight "Big-Tent" Criteria for Excellent Qualitative Research'. *Qualitative Inquiry* 16(10): 837–51. doi: 10.1177/1077800410383121.

Trent, Allen and Jeasik Cho. 2015. 'Interpretation Strategies: Appropriate Concepts', pp. 639–57 in *The Oxford Handbook of Qualitative Research*, ed. P. Leavy. Oxford: Oxford University Press.

Unger, R. K. 2000. 'Outsiders Inside: Positive Marginality and Social Change'. *Journal of Social Issues* 56(1): 163–79.

Vachon, Marie-Lyne. 2008. 'La construction de l'idée politique de la présomption d'innocence. Le cas de l'ADN dans la justice criminelle' [Construction of the Political Idea of the Presumption of Innocence. The Case of the DNA in Criminal Justice]. Masters thesis, University of Ottawa.

Van den Hoonaard, W. 2001. 'Is Research-Ethics Review a Moral Panic?', *Canadian Review of Sociology and Anthropology/Revue canadienne de sociologie et d'anthropologie*, 38(1): 19–36.

Van den Hoonaard, W. 2002. *Walking the Tightrope: Ethical Issues for Qualitative Researchers*. Toronto: University of Toronto Press.

van Dijk, Teun A. (ed.). 1985. *Handbook of Discourse Analysis*, Vol. 4. London: Academic Press.

van Manen, Max. 1990. *Researching Lived Experience: Human Science for an Action Sensitive Pedagogy*. New York: State University of New York Press.

Wacquant, Loic. 2004. *Body and Soul: Notebooks of an Apprentice Boxer*. Oxford: Oxford University Press.

Wang, Caroline C. and Mary Ann Burris. 1994. 'Empowerment through Photo Novella: Portraits of Participation'. *Health Education & Behavior* 21(2): 171–86.

Wang, Yong and Carl Roberts. 2005. 'Actantial Analysis: Greimas's Structural Approach to the Analysis of Self-Narratives'. *Narrative Inquiry* 15(3): 51–74.

Warren, Carol A. B. 2012. 'Interviewing as Social Interaction', pp. 129–142 in *The Sage Handbook of Interview Research: The Complexity of the Craft*, ed. J. F. Gubrium et al. Thousand Oaks, CA: Sage.

Watson, Rod. 1997. 'Ethnomethodology and Textual Analysis', pp. 80–98 in *Qualitative Research: Theory, Method and Practice*, ed. D. Silverman. London: Sage.

Wertz, Frederick J., Kathy Charmaz, Linda M. McMullen, Ruthellen Josselson, Rosemarie Anderson and Emalinda McSpadden. 2011. *Five Ways of Doing Qualitative Analysis: Phenomenological Psychology, Grounded Theory, Discourse Analysis, Narrative Research, and Intuitive Inquiry*. New York: Guilford Press.

Werunga, Jane, Sheryl Reimer-Kirkham and Carol Ewashen. 2016. 'A Decolonizing Methodology for Health Research on Female Genital Cutting'. *Advances in Nursing Science* 39(2): 150–64. doi: 10.1097/ANS.0000000000000121.

Westheimer, Joel, and Joseph Kahne. 2004. 'What kind of citizen? The politics of educating for democracy'. *American Educational Research Journal* 41 (2): 237–69.

Wetherell, Margaret and Jonathan Potter. 1986. *Mapping the Language of Racism: Discourse and the Legitimation of Exploitation*. New York: Columbia University Press.

Wetherell, Margaret and Jonathan Potter. 1988. 'Discourse Analysis and the Identification of Interpretative Repertoires', pp. 168–83 in *Analysing Everyday Explanation: A Casebook of Methods*, ed. C. Antaki. London: Sage.

Whyte, William Foote. 1956. *Street Corner Society: The Social Structure of an Italian Slum*. Chicago: University of Chicago Press.

Wilkinson, Sue. 2000. 'Women with Breast Cancer Talking Causes: Comparing Content, Biographical and Discursive Analyses'. *Feminism & Psychology* 10(4): 431–60.

Wodak, Ruth. 2002. 'What CDA Is About – A Summary of Its History, Important Concept and Its Developments', pp. 1–13 in *Methods of Critical Discourse Analysis*, ed. R. Wodak and M. Meyer. Thousand Oaks, CA: Sage.

Wolcott, Harry F. 1990. *Writing Up Qualitative Research*. Newbury Park, CA: Sage.

Woodgate, Roberta L., Melanie Zurba and Pauline Tennent. 2017. 'Worth a Thousand Words? Advantages, Challenges and Opportunities in Working with Photovoice as a Qualitative Research Method with Youth and Their Families'. *Forum Qualitative Sozialforschung/Forum: Qualitative Social Research* 18(1): Art. 2.

Wright, Will. 1975. *Sixguns and Society: A Structural Study of the Western.* Berkeley: University of California Press.

Wright Mills, Charles. 1959. *The Sociological Imagination.* New York: Oxford University Press.

Wuthnow, Robert. (1991). *Acts of Compassion: Caring for Others and Helping Ourselves.* Princeton, NJ: Princeton University Press.

Yodanis, Carrie. 2006. 'A Place in Town: Doing Class in a Coffee Shop'. *Journal of Contemporary Ethnography* 35(3): 341–66.

國家圖書館出版品預行編目（CIP）資料

質性研究的旅程：從設計到發表/Stéphanie Gaudet,
Dominique Robert 著；張曉佩譯. -- 初版. -- 新北市：
心理出版社股份有限公司, 2024.02
　面；　　公分
譯自：A journey through qualitative research: from design to
reporting.
ISBN 978-626-7178-99-7(平裝)

1.CST: 質性研究　2.CST: 社會科學　3.CST: 方法論

501.2　　　　　　　　　　　　　　　　　　113000969

社會科學研究系列 81245

質性研究的旅程：從設計到發表

作　　者：Stéphanie Gaudet、Dominique Robert
譯　　者：張曉佩
執行編輯：高碧嶸
總 編 輯：林敬堯
發 行 人：洪有義
出 版 者：心理出版社股份有限公司
地　　址：231026 新北市新店區光明街 288 號 7 樓
電　　話：(02) 29150566
傳　　真：(02) 29152928
郵撥帳號：19293172　心理出版社股份有限公司
網　　址：https://www.psy.com.tw
電子信箱：psychoco@ms15.hinet.net
排 版 者：辰皓國際出版製作有限公司
印 刷 者：辰皓國際出版製作有限公司
初版一刷：2024 年 2 月
I S B N：978-626-7178-99-7
定　　價：新台幣 360 元